THE BARTENDER'S MANUAL
新バーテンダーズマニュアル

BAR TOOL

1. **シェーカー** 写真のものは2〜3人用
2. **メジャー・カップ** 写真のものはごく一般的な30mlと45mlの組み合わせのもの
3. **ストレーナー** 大きさはミキシング・グラスに合わせていろいろ。グラスの縁にとめる部分のないものもある
4. **ミキシング・グラス** 脚付きのもの、容量の大きいものなどいろいろある
5. **ビターズ・ボトル** カクテルに欠かせない薬味料であるビターズを入れるための容器
6. **グラス・ホルダー**
7. **コースター** グラス・マットのこと。吸水性のある厚紙のものが多い
8. **スクイザー**
9. **シャンパン・ストッパー**
10. **ポアラー** ボトルに差し込む注ぎ口。出てくる液体の量が決まっているものもある
11. **ワイン・クーラー** 写真のものはテーブルに置くタイプ。脚付きのものもある
12. **スピンドル・ミキサー** 電動式シェーカー
13. **ブレンダー** ミキサーのこと。モーターの強力な機種がよい
14. **水差し** ガラス製、陶器製などがある
15. **アイス・ペール**
16. **ボストン型シェーカー**
17. **アイス・クラッシャー** 手動式のもの。ハンドルを回す方向を変えることにより、大きさの違うクラッシュド・アイスがつくれる
18. **アイス・シャベル** 製氷機などから取り出すときの大きなスコップ
19. **アイス・ピック**
20. **カン・オープナー** 缶切り専用のもの
21. **アイス・シャベル** クラッシュド・アイスをすくう小さめのスコップ
22. **アイス・トングズ** ステンレス製が最適
23. **グラス・タオル**
24. **まな板**
25. **牛刀**
26. **ペティ・ナイフ** 使う人の手に合わせて選ぶとよい
27. **ロング・スプーン**
28. **マドラー** 素材はいろいろあるが、がっしりした材質のものがよい
29. **カクテル・ピン** ピンの先が針状のものは口に入れたとき危険なので、避けたい
30. **バー・スプーン**
31. **ストロー** カクテルの色、容器の形などに合わせて、太いもの、細いもの、長いものなど、いろいろ取り揃えるとよい
32. **オープナー**
33. **コルクスクリュー** 写真のものはナイフの付いたテコ型のもの

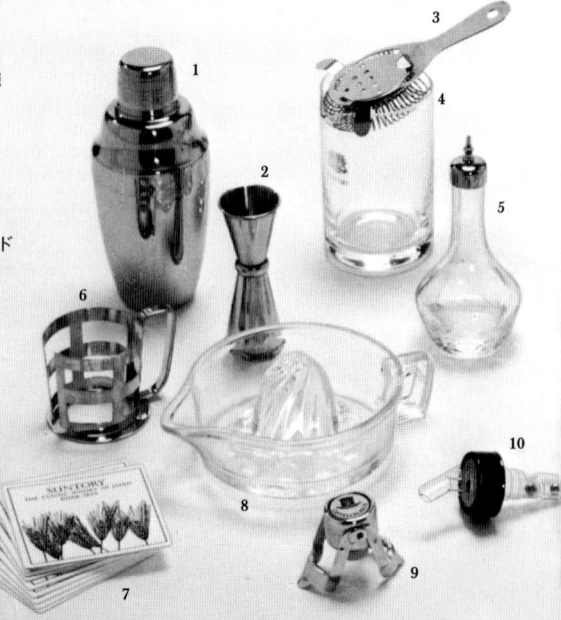

GLASS

ウイスキー・グラス
ショット・グラスまたはストレート・グラスとも呼ばれる。容量は30mlと60mlの2種類がある（写真は60ml）。

ロック・グラス
正式名称はオールド・ファッションド・グラス。ウイスキーやカクテルをオン・ザ・ロック・スタイルで提供するとき使う。

リキュール・グラス
主にリキュールをストレートで提供するときに用いる。容量は30mlのものが一般的。

ブランデー・グラス
ブランデーをストレートで提供するときに使う。上部がすぼまっていて、香りを逃がさない。

カクテル・グラス
ショート・ドリンクとしてのカクテルに専用のグラス。容量は90mlのものが標準。

シャンパン・グラス
スパークリング・ワインを飲むためにつくられたグラスで、これは乾杯用に使われるソーサー型。

タンブラー
俗にコップと呼ばれているグラス。主にハイボールやジン・トニックなどのロング・ドリンクに使用する。

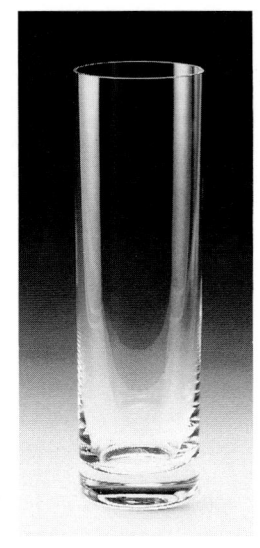

コリンズ・グラス
チムニー・グラス、トール・グラスとも呼ばれる円筒形の背の高いグラスで、主に炭酸ガス含有のカクテルに使用する。

フルート・シャンパン・グラス
スパークリング・ワインを食卓でじっくり味わうのに向いている。

ワイン・グラス
写真は標準的な形のワイン・グラスだが、国や地方の風俗などにより、形や大きさはさまざま。

サワー・グラス
サワー（一種のカクテル）を提供するときに使用するグラス。容量は120mlが標準。

ゴブレット
ビールやソフト・ドリンク、氷をたっぷり使うカクテルなどに使用する。容量は300mlが標準。

ビアー・グラス
ビール専用のグラス。ビールの色、香り、泡立ち、味わいを楽しむのに最適の形をしている。

器協力／佐々木硝子株式会社

SHAKE
& STIR

シェーカーの正しい持ち方

1. シェーカーを両手で軽く持ち左の肩の前にかまえる。
2. シェークの仕方 やや斜め上へスナップをきかせて振りだす。
3. 再びもとの左肩の前に戻す。
4. やや斜め下へスナップをきかせて振りだす。
5. ステアの仕方 ミキシング・グラスに左手を添え、バースプーンの螺旋部を中指と薬指で挟み、回転させる。
6. スプーンを抜き、ストレーナーをかぶせ、グラスに注ぐ。

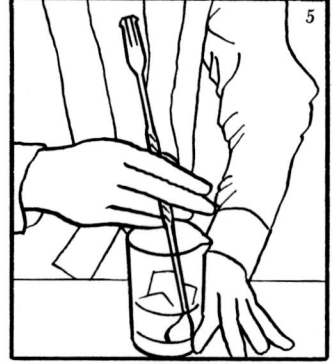
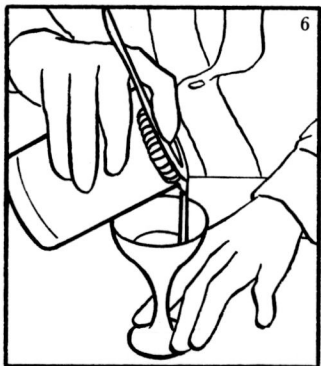

POINT 11

キャップの開け方 右手はビンの下部を持ち、内側に巻き込むようにし、左手の親指と人差し指で真横からキャップを握り、外側に回すとスピーディに開けられる。

メジャー・カップの持ち方 イラストのように人差し指、中指、薬指の3本でメジャー・カップを持ち、手前側から外側へ倒すようにして注ぐ。

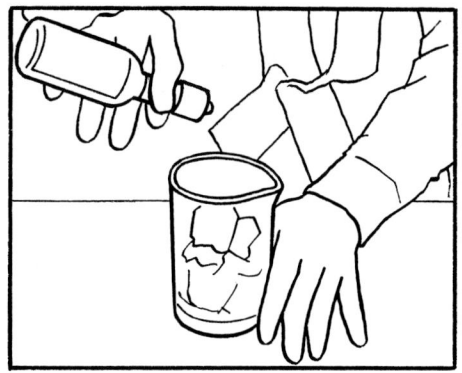

ビターズ・ボトルの持ち方 人差し指と中指で下からすくうようにしてビンを持ち、ひと振りすると1ダッシュの量が、静かにビンの口を振ると1ドロップの量が出る。

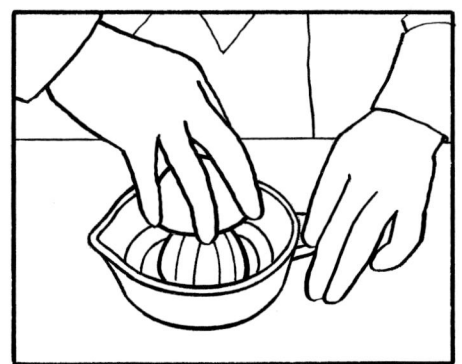

スクイザーの扱い方 胴切りしたフルーツを右手に持ち、なるべく握り変えないで、切り口を中央のとがった先に押し当て、ゆるく左右に回して絞る。

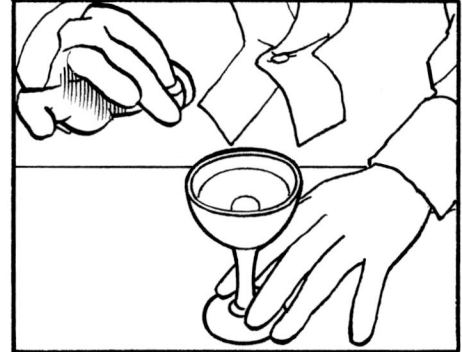

レモン・ピールの仕方 レモンやオレンジの皮の小片を軽く弓なりにつまんでカクテルなどに絞りかける。このとき、グラスの真上より外側から絞るとよい。

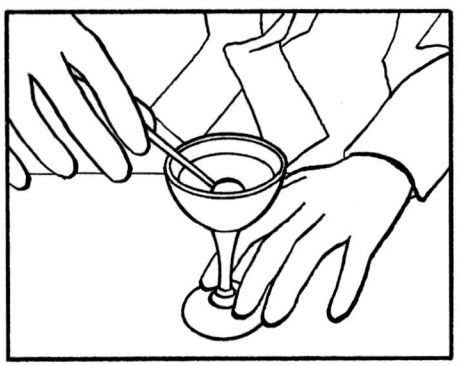

チェリーの刺し方 チェリーは種を抜いた穴が開いているので、カクテル・ピンは穴を避けて刺し、静かにグラスの中に沈める。

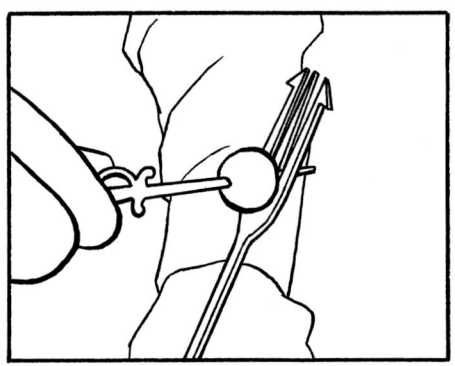

チェリーの刺し方 エンゼル・キッスやスノー・スタイルのカクテルにチェリーを飾るときは、バー・スプーンのフォーク部分を利用してカクテル・ピンを突き刺す。

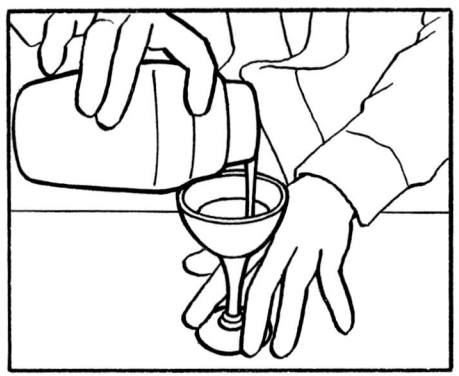

シェーカーの注ぎ方 グラスにカクテルを注ぐとき、シェーカーの中ぶた(ストレーナー)の肩の部分に人差し指を必ず添えて注ぐ。

2杯以上の注ぎ方 1杯ずつ注がず、イラストのように徐々に増やし、最後のグラスから再び最初のグラスに戻り注ぎ終わるようにする。

ビルドの仕方 ステアのとき同様に、グラスの下のほうに左手を添えて軽く混ぜる。使用材料により、軽く混ぜたり、よく混ぜたりする。

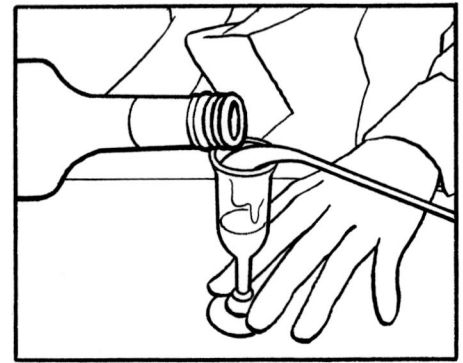

プース・カフェ(フロート)の作り方 バー・スプーンの背を使い、グラスの内側を伝わらせて静かに注ぎ重ねていく。

まえがき

　1987年2月、バーテンダーとして働いている人たち、また、バーテンダーへの道を志している人たちに対するテキストとして柴田書店から「バーテンダーズ・マニュアル」(著者福西英三、花崎一夫、堀切恵子、監修鴨川晴比古)初版を刊行させていただいて以来、すでに20年を超える年月が過ぎていきました。

　当時は、現代のようにインターネットも普及しておらず、バーテンダーにとっての参考書となる類書も少なく、バーテンダーはもちろんのこと、インポーターの方々をはじめとする洋酒会社の方、酒販業務に携わっておられる方、業界のジャーナリストの方、また、お酒に興味を持っておられる一般の方々にまで購入していただき、著者の一人として感謝の言葉もありません。

　そうした中、洋酒業界の再編や社会情勢も変化し、少しずつではありましたが手直しを加えて参りましたが、細部にまで手直しが難しく、8年後の1995年10月に全面的な書き直しをさせていただき、「新版バーテンダーズ・マニュアル」(著者花崎一夫、山﨑正信、監修福西英三)として改稿させていただきました。

　それから16年、今また時代の変化を身にしみて感じるようになり、ここに再度、改稿をさせていただきました。

　現在では、洋酒に関する情報もインターネットを検索することによりかなりのものが得られます。また、スコットランド、ケンタッキー、はたまた、ワインの生産地に直接赴き、自らの目と耳から新鮮な情報を吸収されるバーテンダーの方々も増えてきました。

　外食産業もさまざまな業態へと変化し、消費者の飲食のスタイルや嗜好の変化も見られ、環境が大きく変わってきています。また、日本ばかりでなくアジアをはじめとする海外へ出店する飲食店も増えました。さらには、韓国や台湾には日本とはまた違った文化のもと、新しいスタイルの飲食店も展開をはじめ、バーの世界も大きく変化をしてきています。

こうした中、マニュアル本としての範疇の中で、できる限り新しい情報を追加執筆して刊行させていただくことになりました。
　改稿にあたっては、新規に江澤が加わり執筆をさせていただき、福西英三氏に全面的にチェックをしていただきました。
　なお、改稿にあたっては、柴田書店の長澤麻美様に多大なご配慮をいただきました。記して、感謝の意を表します。

平成23年6月

著者代表　花崎 一夫

CONTENTS

酒場学　15

I　酒場の文化史　16
1　酒場の歴史　16
2　酒場の語源　17
3　日本の酒場の変遷　18

II　バーとバーテンダー　20
1　バーテンダーとは　20
2　欧米諸国のバーテンダーと日本のバーテンダー　21

III　調理技術者としてのバーテンダー　23
1　商品知識を身につける　23
2　活字からの情報収集　23
3　バーテンダーとカクテル　24

IV　接客技術者としてのバーテンダー　27
1　バーテンダーとサービス　27
2　Q.S.C.　27
3　顧客対応の実際　29

V　バーテンダーの基本業務の実際　32
1　開店前の準備　32
2　営業時間中の業務　35
3　閉店後の片付け　36

バーの商品学　37

I　酒類総論　38
1　酒の歴史　38
2　酒の分類　42

II　ワイン　47
1　ワインの歴史　47
2　ワインとは　48
3　ワインの種類　51
4　各国のワイン　54

5　バーでのワインの管理とサービス　68
        Ⅲ　ビール　71
                1　ビールの歴史　71
                2　ビールの原料　73
                3　ビールの製法　74
                4　ビールのタイプ　76
        Ⅳ　その他の醸造酒　81
                1　清酒　81
                2　黄酒　85
                3　その他　85
        Ⅴ　ウイスキー　86
                1　ウイスキーの歴史　86
                2　日本のウイスキー　90
                3　スコッチ・ウイスキー　101
                4　アイリッシュ・ウイスキー　107
                5　アメリカン・ウイスキー　109
                6　カナディアン・ウイスキー　114
        Ⅵ　ブランデー　118
                1　ブランデーとは　118
                2　ブランデーの製造工程　119
                3　コニャック　123
                4　アルマニャック　127
                5　フレンチ・ブランデー　128
                6　その他のフランス産のグレープ・ブランデー　128
                7　その他の国のグレープ・ブランデー　129
                8　フルーツ・ブランデー　132
        Ⅶ　スピリッツ　135
                1　ジン　135
                2　ウオツカ　139
                3　ラム　141
                4　テキーラ　145
                5　アクアビット他　148
                6　焼酎　151

Ⅷ リキュール　155
　　1　リキュールの歴史と語源　156
　　2　リキュールの原料と製法　157
　　3　代表的なリキュール　158
Ⅸ ソフト・ドリンク　169
　　1　人間と水分　169
　　2　ソフト・ドリンクの歴史　170
　　3　ソフト・ドリンクの分類　171
Ⅹ カクテルの副材料　185
　　1　ハーブ・スパイス類　185
　　2　野菜類　187
　　3　フルーツ類　188
　　4　砂糖類　199
　　5　シロップ類　200
　　6　氷　201

バーの設備（機器）・器具　203

Ⅰ バーの設備　204
　　1　設備の種類　204
　　2　設備調達のポイント　205
　　3　カウンター回りの設備　205
　　4　厨房回りの設備　207
Ⅱ バー・ツール　208
　　1　カクテル調製器具　208
　　2　その他の器具・備品類　210
Ⅲ バーのグラス学　214
　　1　ガラスの歴史　214
　　2　グラスの材質　215
　　3　グラスのタイプと選び方　216
　　4　バーでのグラスのT.P.O.　221
　　5　グラスの手入れ、拭き方　221

カクテルの基本技術　223

Ⅰ　カクテルの定義と語源　224
　　1　カクテルの定義　224
　　2　カクテルの語源　225

Ⅱ　カクテルの歴史と変遷　227
　　1　カクテルの歴史　227
　　2　カクテルの流行と変遷　229

Ⅲ　カクテル調製の5技法　234
　　1　ボトルとメジャー・カップの取り扱い　234
　　2　カクテルのアルコール度数の概算法　236
　　3　カクテルのスタイル　237
　　4　カクテル調製の手順　242
　　5　ビルド　242
　　6　ステア　243
　　7　シェーク　243
　　8　ブレンド　244
　　9　エスプーマ　245
　　10　カクテルの提供温度　245
　　11　その他のカクテルの調製用語　246

Ⅳ　デコレーションの知識と飾り方　248
　　1　デコレーションの取り扱い　248
　　2　デコレーションの実際　249

Ⅴ　オリジナル・カクテル考とカクテル・コンペティション　253
　　1　オリジナル・カクテルの創造　253
　　2　カクテル・コンペティションのために　255

カクテル・レシピ158　259

INDEX　339

主要参考図書一覧　364

PHILOSOPHY of BAR
酒場学

Ⅰ　酒場の文化史

1　酒場の歴史

　酒場とは、酒を商品として提供し、その場で飲ませる営業形態の店舗を指す。そのような店舗は、現在、世界的に「バー（BAR）」というアメリカ起源の言葉で呼ぶのが一般的であり、日本でもバーという用語は広く使われている。

　酒場に関するもっとも古い文献は、紀元前1800年ごろの楔形文字で粘土板に刻まれた『ハンムラビ法典』である。これは、古代バビロニア王国のハンムラビ大王（B.C.1728～1688年）が制定した法律であって、史上最古の成文法として、法的にも、文化的にも、極めて有名であるが、その中に次のような条文が含まれている。

　「もし、ビール酒場の女が、ビールの代金を穀物で受け取らず、銀で受け取るか、あるいは穀物の分量に比べてビールの分量を減らした場合には、その女は罰せられて、水の中に投げ込まれる」（108条）

　これによって、当時、経済的な交換の原則に基づいた酒場が存在していたことは確かである。しかし、いつごろからそのような酒場という営業形態が生まれたかは、文献や遺物が残っていないので、歴史のヴェールに覆われて不明であるとしかいえない。今後、考古学の発展によって解明されるのを待つしかないのである。

　一方、古代エジプトでは、紀元前1400年ごろのパピルス文書に、「ビールを飲ませる酒場で酔っぱらってはいけない」などという文言が残っており、その時代にエジプトに酒場が存在していたことが判明している。

　また、古代ローマは、ヨーロッパ、中近東、アフリカを勢力範囲に収めようと軍を進めた。その場合、いく先々で野営をしながら、前線を拡大していったが、その野営地は前線への補給基地として人々が駐留するようになり、宿泊施設の必要が生まれた。特に、今のフランスを越え、北のイギリスに進攻したローマ軍にとっては、その必要性が強かった。その地での施設は、やがてイン（INN、雨露がしのげ、眠ることができるところの意）と呼ばれるようになる。

　INNの周りに人々が多く集まり、集落ができあがると、その飲食部門を独立させたタバーン（TAVERN、居酒屋の意）が生まれ、INNは宿泊を主とした施設、

TAVERNは飲食を主とした施設となった。

TAVERNからは、さらに飲食の「飲」だけの需要に対応する小規模な酒場が独立し、主にビールを飲ませるALE HOUSE（エール・ハウス）の登場となる。15世紀後半、イギリスは、こうしたビール酒場全盛の時代であった。

こうして、これらの宿泊、飲食の形態が時代とともに変化し、

  INN   →HOTEL
  TAVERN →RESTAURANT
  ALE HOUSE→BAR

と業態変化し、現在に至っている。

2　酒場の語源

アメリカの歴史は東海岸から始まる。イギリスやアイルランドからの移民は、まず東海岸のボストンやフィラデルフィアを中心に住んでいたが、やがて、新天地を求めてアパラチア山脈を越え、一路西を目指した。一方で、フランスからの移民はフロリダ半島を迂回して、南部のニュー・オーリンズからミシシッピー川を遡り、セントルイスやシカゴへと進んだ。今からおよそ170年前のことである。

彼らが前進していった跡には村ができ、そこには古代ローマ軍のときと同様にTAVERNやSALON（サロン、フランス語で皆がくつろげるところの意）が生まれた。SALONはのちに訛ってSALOON（サルーン、大広間とか談話室の意）と呼ばれるようになり、これが西部開拓時代の前線の簡易居酒屋の名称となった。

こうした簡易居酒屋は、ビールやウイスキーを樽から計り売りしていた。荒くれ男たちの中には、酔っぱらうと、自分で樽に近づき、勝手に飲むものもいた。そこで、簡易居酒屋の経営者は、樽の前に客席と仕切るための横木（Bar、ハードル競技のバーと同じ言葉）を設け、酔漢が近づけないようにした。その横木は、やがて横板に変化し、そこで対面販売をするようになり、そういう業態の居酒屋をBARと呼ぶようになった。このバーという語が広く使われるようになったのは、だいたい1830年代から1850年代にかけてだといわれている。

当時のBARは立ち飲みスタイルがほとんどで、一部にテーブルとイスが用意されていた。

この立ち飲みスタイルのバーは、19世紀後半にヨーロッパにも導入されるようになったが、ヨーロッパでは、元来がテーブルに酒を運んでいくスタイルで商

売していたので、アメリカ式のカウンターでの立ち飲みスタイルのバーをアメリカン・バーといって区別した。1920年代には、ロンドンやパリ、ベルリンにもこうしたアメリカン・バーが出現し、ヨーロッパでもBARが確立されたのである。

3　日本の酒場の変遷

　日本の酒場（BAR）の歴史は、船舶が海外との交通手段の中心であった時代に、船の寄港地であった神戸や横浜といった港街を中心に始まったが、それは主として外国人を対象とした営業であった。

　日本人を対象としたBARの誕生は、1911（明治44）年に東京・日吉町（今の銀座8丁目）に生まれた『カフェ・プランタン』が最初といわれる。ここは、クラブ的雰囲気の濃い店だったようだ。次いで、同年8月には『カフェ・ライオン』が尾張町（現在の銀座4丁目）にバーテンダーのいる店としてオープン。翌年、その向かいに『カフェ・タイガー』が生まれ、日本におけるBAR時代の黎明期を迎えた。

　その後、バー（カフェ）は続出し、大正ロマンの時代を現出するが、1923（大正12）年の関東大震災で東京の飲食業界は壊滅的なダメージを受けた。職を失ったバーテンダーの中には、大阪に移るものも現れ、大阪でのバー隆盛に一役を担った。ちなみに、大阪での最初のバーは、1911（明治4）年にミナミの道頓堀に開業した『旗のバー（別名、キャバレ・ド・パノン）』だったといわれる。

　東京では、震災後の復興期に再びバーが増えはじめ、1927（昭和2）年には銀座に『ボルドー』が開店。この店は、現在でも創立当初の場所でそのまま営業を続けている。こうして、震災後の銀座はしだいに活況を呈するようになる。

　ところが、第二次大戦が起こり、再び東京のバーの灯火は消えることになる。現在、戦前から名前の残っているバーは、『ボルドー』の他、場所は移っているが、1923（大正12）年開店の横浜の『パリ』、1928（昭和3）年開店の銀座の『ルパン』などである。

　戦後の酒場元年は1949（昭和24）年5月である。バーも営業再開が認可され、1949年7月には酒類販売が自由化され、スタンド・バーが全国の都市に生まれだした。しかし、当初は国産洋酒の数も少なく、細々と輸入品に頼って営業する状態だった。もちろん、そんな時代であっても進駐軍と呼ばれたアメリカ軍に接収されたホテルや会館のバーでは、戦前のバーテンダーたちによってカクテルがつくられ、進駐軍の将校たちに振る舞われていた。

その後、サントリーが1946 (昭和21) 年から販売してきたトリス・ウイスキーを1950 (昭和25) 年に大々的に売り出すようになり、トリス・バーの時代が幕開けする。国産洋酒も次々と発売され、さらに、戦後初めてのカクテル・コンクールも開催され、カクテル・ブームの走りが見えはじめる。1960 (昭和35) 年に入ると、トリス・バーが大型化したコンパの時代を迎え、さらに1970年代にかけてはスナック、カラオケ・パブへと展開し、ウイスキーのボトル・キープとウイスキーの水割り全盛時代へと移っていく。そして、1979 (昭和54) 年にはサントリーのキャンペーンもあって、カラフルでフルーティーなカクテルとして、トロピカル・カクテル・ブームが到来する。

　一方では、レストランでのアペリティフとしてのキール人気がバーにも浸透し、また、トロピカル・カクテルに飽き足らなくなった人々を吸収してカフェ・バーが登場する。1980年代初めのことである。

　日本のバーは、このカフェ・バーの展開の中から、1990年代には本格バー (酒をメインとするバー) や、それを少しカジュアルにしたショット・バーの時代へ、さらに2000年代に入るとダイニング・バーやアジアン・テイストを目玉とした、料理のバラエティーさや味・雰囲気にも気を配ったサービスをする業態も生まれ、「商品 (酒やカクテル) をいかに売るか考えればいい時代から、お客をいかに店のファンにするかを考える時代」へと変化し、現在に至っている。

II　バーとバーテンダー

1　バーテンダーとは

　バーテンダー（Bartender）は、世界の共通語である。この語が生まれたのはアメリカで、Bar（酒場）という言葉と、Tender（世話人、見張り人）という言葉を合成して、1830年代に生まれた。そして、バーテンダーという職業が、社会的に確立したのは、19世紀後半のアメリカにおいてであった。

　その後、バーテンダーを職とする人が、世界的に増えるにつれ、Bartenderという呼び名の他に、Barkeeper（バーキーパー）、Barman（バーマン）という呼び方も用いられるようになった。Barkeeperのほうはアメリカ起源の英語で、バーの経営者という意味合いが濃い。Barmanのほうはイギリス起源の英語である。本書では、すべてバーテンダーという呼び方で統一したい。バーテンダーの業務は、一般的に①調理技術者としてのバーテンダーと②接客技術者としてのバーテンダーの二つに大別される。

　この技術者としての二つの側面をバランスよく備えた人が、理想的なバーテンダーといえるわけ（後述）だが、基本的には、客においしく、楽しい飲食をしてもらえるようにサービスする、ホスピタリティーの精神が必要となる。

　バーを利用する客の利用動機（モチベーション）は、ますます複雑多岐になってきている。つまり、いろいろな客がバーにやって来るが、その一人ひとりは、すべて違う目的で来ているというわけだ。

・酒（カクテルも含む）を飲みに来る
・バーテンダーと話しをしに来る
・バーの雰囲気を楽しみに来る
・友人、知人とのコミュニケーションの場として利用する
・商談の場として利用する
・帰宅前のインタースペースとして利用する

　など、さまざまな利用動機があるのだから、バーテンダーの対応（サービス）も通り一遍では通用しない時代になってきている。

　さらに、こうしたいろいろな客の中から、自分の描く理想のバーの雰囲気を醸し出してくれるいい客を育てていくこと（ある意味では客の教育ともいえる）も、

プロのバーテンダーの職務といえるのではないだろうか。

2　欧米諸国のバーテンダーと日本のバーテンダー

　ヨーロッパでは、20世紀の初頭から、アメリカで禁酒法の始まった1920年代にかけて、欧米のバーテンダーにより「カクテルの黄金時代」が築かれた。お互いに技術を競い合い、現在でも飲み伝えられているいろいろな名作のカクテルが生まれた。そして、バーテンダーはカクテルをつくるだけでなく、バー・カウンターを挟んで、客とのコミュニケーションをこなし、さまざまなタイプの客のよき話し相手ともなっていった。いわば、牧師や神父が告解台で信者の告白を聞くような役割も果たしていたのである。

　そんな中で、イギリス、フランス、イタリアでバーテンダー協会が設立され、バーテンダーの職業も社会的に認知され、一定の評価を受けるようになった。

　一方アメリカでは、カクテルに関してはつねに先進的な地位を保ってきたが、国が広いため、バーテンダー組織の確立はヨーロッパほど容易ではなく、その状況は今も変わっていない。

　日本の社会で、バーテンダーという職業を持つ人が増えたのは、大正末期から昭和初期にかけての1920年代だった。大正時代、横浜、神戸などのホテルで修行した人や、外国航路の客船で仕事を積んできた人たちから教えを受けて育った人が多かった。そういう人たちの作業マニュアルとしてのカクテル・ブックの出版も、大正末期から行われるようになった。

　1924（大正13）年10月刊行の宮内省大膳寮厨司長・秋山徳蔵編『カクテル』（国際料理研究所）、同じ年11月刊行の前田米吉著『コクテール』（カフヱ、ライン）などは、そうしたカクテル・ブックの中の代表例である。

　バーテンダーたちの職能組合としての日本バーテンダー協会は、1929（昭和4）年5月に結成された。当時の世相は、カフェ全盛期で、警視庁調査によると、東京市内のカフェ6000軒、バー1300軒。そのうち、銀座のバーは500軒だったといわれる。

　ちなみに、この1929（昭和4）年、寿屋（現サントリー）がわが国初めての本格的ウイスキー「サントリー白札」を発売している。また、3年後の1932（昭和7）年には、このウイスキーを使った創作カクテルを寿屋が公募し、成功をおさめた。

　これが、わが国最初のカクテル・コンテストであり、入選作の作者の多くは、

結成されたばかりの日本バーテンダー協会の会員によるものだった。

　第二次大戦中の暗黒時代を除き、日本バーテンダー協会（当時JBA）は、1948（昭和23）年に再編・再発足後、翌1949（昭和24）年には会員の技術向上のために創作ドリンクのコンクール（当時の洋酒事情からソフト・ドリンクのみのコンクール）を開催、一貫してバーテンダーたちの技術向上に努力しながら、現在に至っている。

　現在、日本のバーテンダーたちは、日本人気質の几帳面さ、きめの細かさ、味覚の鋭さといった資質を活かしながら、一杯のカクテルをつくりあげるというプロセスを非常に大切にしている。これは、ある意味では、客のほうがバーテンダーに要求している条件ともいえる。

　これに対して、欧米のバーテンダーは、カクテルをつくるプロセスがかなり大雑把なところがある。これは、つくるというプロセスよりも、つくりあげた一杯を客がどう楽しんでくれるかにポイントをおいているからで、ホスピタリティー溢れる表情で作業を進め、客が出されたカクテルを口にしたときの笑顔を、仕事への最大の評価と考えているからだ。

　欧米タイプがいいか、日本タイプがいいかは、社会環境にもよるので、一概に善悪の判断を下せるものではない。ただ、日本の飲食企業の多くが個人企業ではなく、大きな会社組織になりつつある現在、それらの中でサラリーマン化しつつあるバーテンダーが増えてくるのも事実である。

　サラリーマン化した表情は、職場におけるクオリティ・コントロールの締めつけの厳しいバーに見られることが多い。そういう職場のバーテンダーには、欧米のバーテンダーたちのようなホスピタリティー溢れる表情を持ってもらいたいが、これはないものねだりということになるのだろうか？

III 調理技術者としてのバーテンダー

　調理技術者としてのバーテンダーは、個々の酒の特徴を活かした提供法、カクテルの調製法などについて、知識と技術を同時に身につけなければ、プロのバーテンダーとはいえない。客にとってバーテンダーとは、「酒およびカクテルのプロフェッショナル」であり、そのプロのバーテンダーの知識や技術を楽しみに来店するからである。

1　商品知識を身につける

　酒、およびカクテルに関する情報は実に幅が広く、奥行きが深い。これらに関する勉強は、いくら勉強してもしすぎということはない。
　さいわいにも、現代は情報化時代といわれ、酒に関する出版物や、酒関連の記事を掲載した情報雑誌が書店にところ狭しと並んでいる。また、インターネットを検索すれば、信憑性はともかくとして、ほとんどの情報を得ることができる。情報収集には事欠かないわけである。
　しかし同時に、これらの情報は客も吸収しているのである。あるいは、もっと酒に興味を持っている客は、安い航空チケットを手に入れ、スコットランドやアメリカのケンタッキー、はたまたヨーロッパのワイン産地まで赴き、ブランド品のショッピング・ツアーの感覚で好みの品を、調達しているかもしれない。
　いわばさまざまな酒の情報と、豊富な商品が溢れていて、それらをバーテンダーと客が共有しているといえる。
　となれば、酒の品揃えにしても、ただいろいろな種類の酒を数多く置いてあるだけでは、コレクターの客となんの変わりもない。バーテンダーがコレクターの客と違うところは、それらの酒の品質特性をよく理解して、その特性を活かした提供方法（飲み方）を身につけていることである。
　そのとき、客はバーテンダーを「酒の専門家」と見てくれるのである。

2　活字からの情報収集

　商品知識を吸収するのに手っ取り早いのは、その商品なりカクテルを実際に味

わうことである。しかし、闇雲に味わうだけでは客の立場とさして変わりはない。

客に「酒の専門家」としてのバーテンダーと見てもらうためには、客の持っていないソフトな情報を身につけることである。

その手っ取り早い手段が、酒に関する情報誌やカクテル・ブックといえよう。グローバルな目で見た酒やカクテルの動向を見極めながら、情報と知識を客に提供（売る）しなければならず、そのための資料として、海外での出版物、特に酒やカクテルに関する新しい出版物にはつねに目を向けている必要がある。

また、日本の各出版社が出している情報誌も、客の動向を知る上では大いに参考となる情報が載っている。特に、バーテンダーという職人的な感性（ある意味では枠にはまった見識）とは別の目で捉えた記事や、女性客の増加等から見ても女性誌からの情報も、大いに参考になるはずである。少なくとも週に一度は立ち読みでもいいから、書店に足を運ぶべきである。バーテンダーは、つねに向上心に燃え、新情報には貪欲になってほしい。

その他、新しい酒の情報の発信源としては、書店で売っていない企業のPR誌や、内外の航空会社のPR誌、機内誌なども、新しい酒の情報が載っていることが多い。

これらの情報は、自分が実際に現地に行ったり、あるいは利用しなくても手に入れることは可能だ。たとえば、店の客に日ごろから信頼され、研究熱心なバーテンダーと認識されているならば、おみやげとして届けてくれるかもしれないし、来店したときに情報として話してもらえることもあるはずである。

また、航空会社の機内誌は、日本のオフィスに置いてある場合もあるし、前述のようにおみやげとして客が持参してくれる場合もあるだろう。

何にしても、新しい酒の情報の収集先は自分の周辺にいろいろあるはずだから、バーとか酒といった枠の中だけにとらわれずに情報収集することを勧めたい。

もちろん、海外の情報をこなすためには、ある程度の語学力も必要だ。少なくとも、英文の酒およびカクテルの情報くらいは、辞書片手にチャレンジするくらいの積極性がほしい。

3　バーテンダーとカクテル

バーテンダーは、情報だけが頭に詰まった「頭でっかち」であってはいけない。それでは、情報家か理論家で終わってしまう。ひとかどのバーテンダーと見なされるためには、情報を整理して、酒およびカクテルをその持ち味を最大限に活か

し、おいしく味わえるように考え抜いた方法で客に提供することである。

　特に、カクテルづくりはバーテンダーの業務の華といえる。カクテルの調製技術は先輩から教えてもらい、それを反復練習することが基本であるが、どこの店にも教われる先輩がいるとは限らない。運よく、そうした先輩に教えてもらえるならば、素直に受け入れて日々練磨すればよいが、そうでない場合も多い。そうしたときは初心に帰って、「酒（カクテル）の学校」へ通って基本技術の確認をするのもいいし、あるいは、自分の店が休みの日などに、有名なバーテンダーのいる店へ、その技術を学びに行くことも一考すべきである。

　どちらにしても教えられたり、目にしたら、その要領をしっかりと覚え、自分から進んで毎日練習に励み、体得することが大切である。いったん身についた技術は、やがて無形の財産となり、いつまでもその人の身について回る。毎日の研究、練習は、何より本人のためになるということを認識して、努力を積み重ねていきたい。

　カクテル技術の次に注視したいのは、標準メニュー（レシピ）を覚えることである。特に大事なのは、店のメニューに載っているカクテルのレシピを正確にマスターすることである。店の誰がつくっても均一した味がだせるということは、飲食業界にとって最重要課題であり、均一化によって客の側にその店に対する信頼感が生まれるのである。

　カクテルの数は星の数ほどあるといわれている。しかし、そのすべてを覚える必要もないし、覚えているバーテンダーも存在しないだろう。その中で、その店での注文頻度が高いだろうと予想されるカクテルがオン・メニューされる。その数は多くても60〜70種、積極的に売っていきたいものはせいぜい30種ぐらいだろう。このカクテルだけは絶対マスターしなければならない。

　カクテルをつくる技術は、レシピを覚えることだけではない。注文されたカクテルを、客に迅速にサービスするという意識を持たねばならない。一人の客が単品のカクテルを注文した場合、それが目の前に提供されるまで3分をすぎると、「まだか‥」という意識を持つようになり、さらに伸びればイライラが増幅する。複雑なレシピでない限りはスピーディーな対応が絶対的な価値を持つのである。

　また、複数のカクテルや、複数の客の注文を受けた場合も、客にとっては自分の注文したカクテルがサービスされるまでの時間は3分ぐらいを望んでいる。そこでバーテンダーは、さまざまな状況に対応できるイメージ・トレーニングを踏んで、どのような手順でつくれば、早く仕上がり、客に満足してもらえるかをつ

ねに考えていなければならない。プロのバーテンダーは、その場その場の状況に合わせた仕事に対する集中力と、機転の利くサービス「クイック・サービス」を発揮できることが求められる。

　また、バーテンダーにとってはカクテルだけがサービスの中心とはいえなくなっている。レストランに従事するソムリエがワインだけでなく、洋酒やカクテルの知識の習得に目を向けているのと同様、バーテンダーもワインの知識やサービスに目を向ける必要に迫られている。

　特に、経営者であれ、従業員であれ、その店の「店舗コンセプト」を理解し、コンセプトに合ったサービスを理解しておくことは絶対的に必要となる。「店舗コンセプト」とは、立地条件や物件、来店していただきたいターゲット、そのターゲットとなるお客様はどのような利用動機（モチベーション）で来店するのか、サービスはどのようにするか、満足していただくメニュー内容と価格といったことを決めることである。「店舗コンセプト」を十分に理解した上で、それに見合った酒やカクテルの知識、サービスが必要なのである。当然、バーテンダーはカクテル（酒全般を含む）をつくり、その代金をいただき、その中から自分の給料が出てくることを認識する必要がある。そのためには原価意識を持って、バーテンダーの業務に当たらなければならない。

Ⅳ　接客技術者としてのバーテンダー

1　バーテンダーとサービス

　日本で「サービス」というと、「値引き」、「無料（タダ）」、「おまけ」といった言葉の意味に捉えられがちだが、サービスとは「ほしいときに、ほしいものを差し上げて、お客様に満足してもらうこと」である。そして、サービスの善し悪しを判定するのは、サービスを受ける側（客）であって、サービスする側ではない。
　判定基準としては、
　　①総合的な判断
　　②具体的な個人の対応の善し悪しの評価
　　③お買い得、おまけがあるといった利用者側にとっての得となる評価
　　④営業活動そのものの評価
などがある。
　この中でバーテンダーのサービスとして評価されるのは②が中心となる。そのためには、「他人のために、その人がしてほしいと思っていることをしてあげる」という気持ち（ホスピタリティーの精神）を持つことである。ひらたくいえば、「客が来店した瞬間から、勘定を済ませて店を出るまで、飲みものや料理を、おいしく、気持ちよく飲食してもらえるように、すみずみまで心配りをする」ということになる。

2　Q.S.C.

　接客技術者としてのホスピタリティー精神だけでは、プロのバーテンダーとはいえない。もっとトータルにQ.S.C.を熟考できるバーテンダーであるべきだ。
　　Q＝クオリティ・コントロール
　　S＝サービス・マネジメント
　　C＝クリンリネス・スタンダード
　クオリティ・コントロールとは、商品の質のことである。もちろん、バーテンダーとしての調製技術もこの中に含まれるが、その他に商品の品揃え、仕入管理に関連した原材料（酒）の質や、調製された飲みものや料理を入れるグラス類や

皿などの什器備品揃えのセンス、また、調製のプロセスやデコレーションなど、おいしさの演出が含まれる。酒周辺の知識だけでなく、美的感覚やカラー・コーディネートといった感性の部分の研究・訓練も必要となる。
　そして、商品の質を維持するためには、原材料（酒）など在庫品の貯蔵管理、安全衛生管理、納品のシステム、スタンダード・レシピ、調理マニュアル、バック・バーの適正配置などの検討も重要となる。
　サービス・マネジメントとは、サービスそのもの、ホスピタリティーの精神を養うことである。そのためには、基本となるサービス・マニュアルの立案、オペレーションのチェック、サービス技術の店内研修などの見直しの必要な場合も出てくる。
　また、この中には苦情処理などに臨機応変に対応するマニュアル、教育の徹底も含まれる。苦情はなにもそのときに起きたことが直接の原因とは限らない。ごく些細なことが原因であっても、以前からの積み重ねが、たまたま今爆発したのかもしれない。苦情が起きたときは、まず相手の身になって対応し、必ず最後まで話を聞く。そして、誠意を持って迅速に対処し、納得のいかないこと、初めてぶつかる事例などは個人で処理せず、必ず上司の判断を仰ぐという習慣を身につけるべきだろう。苦情をいう客も、店の大事な客の一人ということをわきまえておくべきである。
　クリンリネス・スタンダードとは、輝くような清潔感を意味する。いわば接客サービスの基本といえる。
　輝くような清潔感の中には、身だしなみや化粧といった清潔感も含まれるが、その他に、店舗周り（サイン・タワーや看板、入り口周り）や店舗内（マット、床、テーブルやイス、カウンターおよびバック・バー、化粧室）、そして店舗デザインまで、幅広く含まれている。
　バーも外食産業のひとつである以上、クリンリネスが外食産業の重要なポイントになっていることを十分に意識するべきである。
　ところで、話を元に戻すが、ホスピタリティーの精神を持って心配りするためには、客の欲求を想像するところからスタートするべきで、その第一は会話である。
　バーでの会話の基礎としては、まず「接客8大用語」をマスターすることが不可欠で、これを使いこなせないようでは、バーテンダーとして不適格と判断されてもやむを得ない。

①いらっしゃいませ
②かしこまりました（はい、かしこまりました）
③少々お待ちください（ませ）
④お待たせいたしました
⑤ありがとうございます（ました）
⑥申し訳ございません
⑦恐れ入ります
⑧失礼いたします

　この8つの言葉は、客が来店してから帰るまでに一度は使うであろう大切な言葉である。バーテンダーとなった以上は、普段からこれらの言葉を適切に使え、しかも惜しみなくその都度使えるように心がけねばならない。
　そして、この8大用語のうち⑥の「申し訳ございません」以外の言葉は明るく、張りのあるトーンでいうように努力しなければならない。

3　顧客対応の実際

　来店客は、一人ひとり顔が違うように、性格もタイプも異なっている。バーテンダーは、そうした客の気質や利用目的・動機を素早く察知して、きめ細やかな対応をするように心がけねばならない。
　しかし、味の最終決定は客がするのだから、できる限り客の目的や嗜好に合わせたカクテル選びをする心を養う必要がある。
　カクテルは、基本的には嗜好品だから、どんなカクテルを客が注文しても構わないのだが、一杯のカクテルの最良の持ち味を出せる条件下で、客のT.P.O.に合わせて飲んでもらうことも、バーテンダーの業務のひとつといえる。
　カクテルのT.P.O.を考えるときは、食事と切り離して考えるわけにはいかない。しかし、欧米と違い、食習慣の微妙に違う日本では、大きく分けて次の三つに分類するのが一般的といえる。
　①アペリティフとしてのカクテル
　　甘みをグンと押さえ、できれば酸味、苦みを持ったものが理想的。
　②アフター・ディナーのためのカクテル
　　食後は、口直しとして甘いものがほしくなる。また、もうそれ以上は食欲増進の必要もないので、甘いカクテルやアルコール度数の高いもの。

③オール・デイ・タイプのカクテル
　　食事と関係なく飲むので、ほどほどの酸味や苦みを持ち、甘みもほどほどにのっている味のもの。日本の場合は、このタイプがバーの主力カクテルとなる。

　これらの三つの分類を考慮に入れ、最後は客の好む味に標準メニュー（レシピ）をアレンジして、より好む味に近づけることが可能かどうか検討、整理してサービスする。しかし、なかなかピッタリと客の好みの味にアレンジするのは難しく、それだけに、客から喜ばれたときは、バーテンダー冥利につきるといえるのではないだろうか。

TPOに合わせたカクテル一覧

	APERITIF	AFTER DINNER	ALL DAY TYPE
WHISKY ベース	MANHATTAN WHISKY SOUR OLD PAL	GODFATHER OLD-FASHIONED RUSTY NAIL	HOT WHISKY WHISKY & SODA MINT JULEP
BRANDY ベース	BRANDY SOUR	ALEXANDER FRENCH CONNECTION STINGER	HORSE'S NECK SIDECAR BRANY EGGNOG
GIN,VODKA ベース	\<GIN\> GIN RICKEY MARTINI NEGRONI \<VODKA\> BLOODY MARY SALTY DOG SCREWDRIVER	\<GIN\> ALASKA RUSSIAN \<VODKA\> BLACK RUSSIAN GODMOTHER	\<GIN\> GIMLET GIN & TONIC SINGAPORE SLING \<VODKA\> COSMOPOLITAN MOSCOW MULE SEA BREEZE
RUM,TEQUILA ベース	\<RUM\> DAIQUIRI	\<RUM\> PANAMA \<TEQUILA\> MOCKINGBIRD	\<RUM\> CUBA LIBRE MOJITO \<TEQUILA\> MARGARITA
WINE,LIQUEUR ベース	\<WINE\> BAMBOO KIR MIMOSA \<LIQUEUR\> AMERICANO CAMPARI & SODA PASTIS WATER	\<WINE\> SHERRY FLIP \<LIQUEUR\> B-52 GRASSHOPPER MINT FRAPPÉ	\<WINE\> BELLINI \<LIQUEUR\> FUZZY NAVEL KAHLUA MILK MALIBU BEACH

V　バーテンダーの基本業務の実際

　バーテンダーの業務は、接客技術者としての業務と、調理技術者としての業務との両面を持っている。また、それらの業務を一日の仕事の流れという点から見ると、開店前の準備業務と、営業時間中の販売業務、閉店後の片付け業務（一日の反省も含む）とに分かれる。
　以下、一日の業務の流れに沿って、基本的な心得を述べていきたい。

1　開店前の準備

　バーテンダーは、すべての業務を確実に行うことができるように、心に余裕を持って出勤しなければならない。営業開始時間の何時間前に出勤すればよいかは、店によって違ってくるが、時間ぎりぎりに来て慌てて駆け込むことがないように心がけたい。
　出勤後、前日に注文した製品（洋酒、副材料など）が納入されているかどうか確認する（開店直前、開店中に搬入の場合もある）。この際、伝票と照らし合わせて仕入価格を覚えるのも、原価管理意識を持つ上で重要である。
　バーテンダーは、カウンター内の清掃を、責任を持って行わなければならない。清掃がサービスの第一歩である。
　バーの顔である酒棚（バック・バー）の清掃は、特に念を入れて行いたい。洋酒類は、醸造酒（原則として冷蔵庫にて保存すべきである）、蒸留酒、混成酒ごとに分類して並べなければならない。また、同一分類内では、タイプ別にさらに細分類して並べるようにする。たとえば、ウイスキーなら、モルト、ブレンデッド、また、国産、スコッチ、アイリッシュ、アメリカン、カナディアンというふうに並べていくようにする。
　ウオツカならば、国産、ロシア産、フィンランド産（ヨーロッパ産）、アメリカ産というふうに国別に並べていくようにする。
　なお、カクテルに使用するジン、ウオツカなどは、棚に並べたボトル以外に、カクテル調製用にボトルを冷蔵庫に保存しておきたい。
　そして、この配列パターンが決まったら、むやみに変更しない。作業をするときにまごつく結果になるし、よく来店される客にも違和感を与えてしまう。原則

として、新規銘柄を棚に並べる場合以外は、変更しないようにすべきである。
　また、ハウス・ウイスキー（バー・ウイスキー、あるいはバー・スコッチ）やカクテル・ベースとなりやすいホワイト・スピリッツ類は、つねに取りやすい位置を念頭において置くよう配慮すべきである。
　ボトルは毎日酒棚から下ろして拭くのが最善だが、場合によっては、2～3日に一回でもよい。ただし、週に一度ぐらいしか拭かないような店は、営業する資格がない。
　拭くときは乾燥したグラス専用タオルを用いる。濡れた布巾は、どうしても拭き切れない成分が付着しているときだけ例外的に使うようにするが、その後必ず乾燥したタオルで拭きあげる必要がある。なお、ボトルを拭かない日には、羽根ブラシなどでボトルの肩のほこりを落とすようにする。
　また、リキュールなどエキス分が多い洋酒は、ビンのキャップを取って、ビンの口をよく拭き取るようにする。同様に、ポアラーを使っている場合は、ポアラーの中をよく洗うことも忘れないようにしたい。
　ボトルを拭き終わり、酒棚に正しく配置したら、必ずカウンターの外に出て、ラベルの向きや、配置が誤っていないかをチェックする。そのときボトルの肩の辺りだけを眺めてみよう。拭きあげたボトルの肩は、ツヤツヤと輝いているはずである。その輝きが、商品の価値を高めることに気付くはずである。それに気付けば、毎日ボトルを拭きたくなる。ボトルを拭く日の間隔は短ければ短いほどよいのである。もし、酒棚の奥のボードにミラーがはめ込まれている場合は、ボトルをはずしたときに、ガラス・クリーナーで磨きあげておく。
　グラス類は、同じ種類のグラスを縦、横、斜めなど定められた配列法で、幾何学的な配置に並べる。もちろん、このときグラスは上向きに置くのが望ましい。グラスはデザイン的にも上向きに並べるべきだし、下向きに伏せると、棚に敷いたクロスや、棚板などの匂いを吸ってしまうことになり、好ましくない。
　カクテル調製用の器具類は、作業台（コールド・テーブル等）に置く場合、清潔なグラス・タオルを横に二つに折って敷き、その上に並べるようにするとよい。シェーカーの置き方は、ボディを下、トップをはめたストレーナーを上に置く場合と、トップをはめたストレーナーの上にボディを置く場合があるが、どちらにするかは店の方針に従うべきである。
　その他、まな板の洗浄、ペティ・ナイフの砥石がけ、冷蔵庫内の整頓、デコレーションに用いるフルーツ類、オリーブ、チェリーなどの仕込み、冷やして提供す

る酒や副材料となるミキサー類の冷蔵庫への格納、おしぼりの保温（または保冷）の確認、氷のチェックなどを行う。

　余裕があれば、カウンターの客側、イスなども磨いておきたい。

　最後に、鏡に向かって身支度を整える。このときのチェック・ポイントには次のような点がある。

　＜男性＞
　　①ひげは毎日剃っているか（あるいは、出がけに剃っているか）
　　②鼻毛は伸びていないか
　　③頭髪は整っているか、フケや汚れが見えないか
　　④爪は短く切り揃え、爪先に垢がたまっていないか
　　⑤ワイシャツの襟や袖口はきれいか
　　⑥ワイシャツの第一ボタンはとまっているか、ネクタイはちゃんと結んであるか
　　⑦スラックスの折り目はちゃんとしているか
　　⑧靴は磨いてあるか、かかとは減っていないか
　　⑨口臭は大丈夫か
　　⑩バッジやネーム・プレートは決められた位置につけてあるか

　＜女性＞
　　①髪はまとまっているか（肩へかかるほどの髪は束ねるか、アップする）
　　②化粧は濃くしすぎていないか
　　③爪のマニュキュアは透明か薄いピンクが望ましい
　　④マニュキュアや化粧が落ちていないか
　　⑤爪は長く伸ばしていないか、爪の先が汚れたり、割れていないか
　　⑥派手なイヤリング、指輪、ペンダント、時計を身につけていないか
　　⑦靴が汚れていたり、かかとが壊れていないか
　　⑧香りの強い香水などをつけていないか
　　⑨ストッキングはユニフォームに合った薄い色のものを着用しているか
　　⑩バッジやネーム・プレートは決められた位置につけてあるか

開店の10分前には、以上のすべての点検を終了して、客の来店を待つ。

2　営業時間中の業務

　営業時間に入ったら、入口のほうを向いて、両足をやや開き、楽な姿勢で客の来店を待つ。このとき、片足を入口のほうに向けて半歩前に出すと、自然に身体が入口のほうを向き、いつでも機敏な行動に移れる。

　壁、柱、カウンターなどに寄りかかった姿勢で待機することは、絶対に避けるべきである。また、同僚同士の私語も慎むようにする。

　客を迎えるときは、明るい笑顔とともに、こちらから先に張りのある声で「いらっしゃいませ」とあいさつをする。できれば、来店した客の眼に視線を合わせ、目礼とともにあいさつしたい。

　客がカウンターに腰掛ける場合、カウンター内のバーテンダーは、空いている席に客を誘導し、もう一度「いらっしゃいませ」とあいさつを繰り返したあと、おしぼりを出す。おしぼりは受け皿にのせ、客が手を伸ばさなくても取れる位置に、カウンターと平行に置く。

　次に、客からのオーダーを正確に伺う。そのためにバーテンダーは、

　　①メニューが正しく読めて、また正しく書ける
　　②値段を正しく知っている
　　③調製方法をよく知っている
　　④できあがりの色、香り、味についての質問に答えられる
　　⑤客にふさわしい商品かどうかの判断ができる

などの点を正確にマスターしておく必要がある。そして、日ごろの勉強の成果をフルに活用して、自信を持ってセールスしなければならない。

　オーダーを伺うときのタイミングも大切である。客の身になって、「何にいたしますか」と声をかけるようにすべきである。

　客側が注文するものを決めかねているときは、店のお薦め品や、当日のサービス品などをアドバイスし、また、女性客であれば、女性向きの品をその場に応じてアドバイスしたい。

　オーダーを伺ったら、必ず確認を取る。復唱するときは、なるべく客の使った言葉を使うことが肝心である。ただし、客が略語を使ったときは、正しい呼び方に直して復唱して差し支えない。

　バーテンダーとしては、このあと、注文された飲みものの調製に入るわけだが、それは「カクテルの基本技術」で述べることとする。

オーダーされた品物を出し終わったあとは、その客の行動に関心を払いながら、一歩下がった態度で、次の客の来店を待機する姿勢に入る。なお、客の前の灰皿にタバコの吸殻が２本以上たまったら、灰皿は交換する。交換の際には、灰皿の上を新しい灰皿か、グラス・マットで覆い、灰が飛ばないように注意しながら下げ、改めて新しい灰皿を出すようにする。

　客が帰るときには、「ありがとうございました」という言葉を、誠意を持って、明るくはっきりといい、しばらくその後ろ姿を見送る。

　客が帰ったあとのグラス類は、すばやく片付けることが大切だが、ガチャガチャと音がするような乱暴な動作はよくない。その際、客の忘れ物があった場合には、速やかにレジに届けるようにする。

3　閉店後の片付け

　閉店後、時間が遅いからといって、グラス、食器類の洗い残しをしてはいけない。すべてをきれいに拭きあげ、所定の位置に格納する。その際、破損などがあれば補充の手段など、適切な処置をとるようにする。

　洗いものの終わったシンク（流し）は、必ず洗剤で洗い、水滴が残らないように拭きあげる。また、空き箱、ゴミ箱の片付け、作業台（コールド・テーブル）や冷蔵庫の拭きあげ、棚卸し（インベントリー）による翌日の必要注文品の発注など、店ごとに決められた作業を遂行する。

　そして、すべての業務が終わった後、一日の反省をしてみよう。
①一日中、誠意を持って業務に当たることができたか
②サボり、手抜きの気分を起こしたことはなかったか
③店の販売計画に対して、積極的に貢献したか
④客から気持ちよく「ありがとう」といってもらえたか
⑤今日一日の行動は、客にも、同僚にも公平で、好感を持たれたか
　もし、至らない点があったら、翌日からはそのようなことがないよう、心にいきかせ、バーテンダーとして高く評価される人間になるよう、自己を磨きあげていきたい。

EXPLORING BAR ITEMS
バーの商品学

Ⅰ　酒類総論

1　酒の歴史

ワイン・ビールの誕生

　酒とは、アルコールを含んだ飲みもののことである。
　古今東西、いろいろな酒が生まれ、改良が加えられ、そして飲み継がれて現代に至っている。人類の歴史は、酒とともに繰り広げられてきたといっても過言ではない。
　では、人類の出現と酒の出現とは、どちらが年代的に古いのであろうか。意外に思われるかもしれないが、これは、酒の出現のほうが古いといってよい。
　地球上に人類が出現するのは、近年、諸説あるようだが、せいぜい500万年前のこととされている。しかし、2千万年前の地球にすでにブドウが繁茂していたことが、発見された化石からわかっている。また、そのはるか以前から、地球上に微生物が生育していたこともわかっている。したがって、人類の出現以前に、ブドウの実に含まれる糖分（果糖、ブドウ糖）が微生物によってアルコールに変わっていっただろうことは、ほぼ確かだといってよい。それは、現代の常識にあてはめれば、ワインの原形というべき存在だったろう。とにかく、人類の出現以前にそのようなアルコールを含んだ液体が存在していて、人間がそれを発見し、飢えやのどの渇きをいやそうとして近づき、口にしたときが、人類と酒との触れ合いの最初の瞬間であった。
　それでは、人類が酒を意識してつくるようになったのはいつごろからだろうか。いつという特定は難しいが、食糧を求めて野山をさまよっていた原始時代には、酒をつくるというゆとりはなかっただろう。また、酒をつくるためには時間を必要とする。したがって、人類が一定の土地に定着して、農耕生活（定着農耕）を始めるころから、人間の手による酒づくりが行われるようになったと考えられる。
　紀元前2500年ごろに書かれた古代オリエント最古の文学作品といわれる『ギルガメシュ叙事詩』は、その時代の出来事を記述したものであるが、その第11の書板に赤ワイン、白ワインの両方をつくっていたことが記されている。もちろん赤ワインも白ワインも渋くて、酸っぱいものだったに違いないだろうが…。
　また、紀元前3000年ごろのものと推定されるシュメール人の遺した板碑『モニュ

マン・ブルー』には、ビールづくり用のエンメル小麦を脱穀して、ビールをつくる様子が描かれている。もちろんワイン同様に、現代のビールとはほど遠く、苦みのない、気の抜けたような低アルコールの濁った液体であったと推察される。

このようなことから、今を去る5千年ほど昔には、ワインやビールの生産が行われていたといえるのである。こうして始まった酒づくりは、しだいに人類の間に広まっていき、楽しいとき、悲しいとき、神事のときというように、つねに飲まれ、人類の文化生活を潤すようになった。

蒸留酒の歴史と伝播

酒づくりに大きな変化をもたらしたのが、蒸留技術の酒への応用であった。紀元前3500年ごろ、メソポタミアに生まれた香水の蒸留の技術や知識は、しだいに西に東に伝達され、各地へと広まった。

これにより、アルコール分の強い、強烈な酒をつくることが可能になり、錬金術師たちはその強い酒をラテン語でアクア・ビテ（Aqua vitae、生命の水）と呼んで薬酒扱いした。

この「生命の水」の製法が、アラブ文化圏から地中海周辺を経てヨーロッパに伝わるのは8世紀ごろで、土地ごとに入手の可能な原料を使って、酒の蒸留が行われるようになった。初めは、いずれも無色透明の粗製スピリッツであったろう。

これらの酒が、人類の経験と知恵により、その後しだいに改良され、ポーランドやロシアのウオツカ、フランス、イタリア、スペインなどのブランデー、スコットランドやアイルランドのウイスキー、北欧諸国のアクアビットへと分化し、今日に至っている。また、こうした蒸留酒が出現してまもなく、さまざまな薬草、香草などを蒸留酒に配してその成分を浸出させ、より薬用効果のある秘酒の製造が行われるようになった。この酒は、成分が溶け込んでいる（ラテン語でliquefacere、リケファケレ）ため、「リキュール」と呼ばれ珍重された。

そして、その後、大航海時代に世界各地の香辛料や、木の実や果実がヨーロッパにもたらされるとともに、それらを使って風味の改良が行われたり、新しいリキュールが開発されたりして多様化した。また、大航海時代には、ヨーロッパから蒸留の技術が海を渡り、カリブの島や新大陸に伝播しラムなどが生まれた。

一方、日本の焼酎も、東アジアから海上ルートを経て渡来した蒸留技術によって、15世紀ごろ沖縄に生まれ、さらに、鹿児島では16世紀ごろに生まれたと考えられている。

このようにして、現在私たちが飲むことのできるほとんどの酒の原形が、中世にはほぼ出揃い、それ以後、個々に個性を競い合い、洗練された味わいに改善され、今日に伝えられたのである。

アルコール発酵

酒の成分であるアルコールは、数多いアルコール類の中で、エチル・アルコールと呼ばれるものを指している。そして、エチル・アルコールは微生物の一種である酵母によって、ブドウ糖、果糖といった糖分から生成される。これを化学式で示すと、次のようになる。

$$C_6H_{12}O_6 \longrightarrow 2C_2H_5OH + 2CO_2$$
（ブドウ糖、果糖）　（エチル・アルコール）　（炭酸ガス）

人間は、デンプン質の米やパンを食べて、体内でそれを炭酸ガスと水に分解するが、その過程で生ずるエネルギーを利用して生命を営む。酵母もまた、糖分を摂取して、それをエチル・アルコールと炭酸ガスに分解するが、その過程でエネルギーを得て繁殖する。こうしたエチル・アルコールが生成される過程を「発酵」と呼んでいる。

発酵の過程は複雑で、それに伴いさまざまな副作用も生ずるが、基本的には「糖がエチル・アルコールと炭酸ガスに分解する」と覚えて差し支えない。

その際、理論的に100kgの糖から、約51.5kgのエチル・アルコールが生成される。エチル・アルコールの比重は0.792だから、上の数字を容量に直すと、約65ℓとなる。しかし、酵母が繁殖のためのエネルギーとして糖を消費していくので、常識的には50〜60ℓのエチル・アルコールが生まれると考えればよい。

酵母は、果実や糖蜜のような糖質原料に対しては、ただちに発酵作用を始めることができる（単発酵）。しかし、酵母自体には糖化酵素がないので、米、麦、トウモロコシなどの穀物や、サツマイモなどのデンプンを主成分とした作物を原料とした場合、発酵の前にアミラーゼという糖質分解酵素を利用して、デンプン質をいったん糖質に変え、それから発酵作用を行わせなければならない（複発酵）。そのときに、西洋では麦芽中の糖質分解酵素を利用し、東洋では、麹のようにカビがつくり出す糖質分解酵素によって、デンプン質を糖化させる。そのため、西洋の酒づくりは「麦芽文化の所産」、東洋の酒づくりは「カビ文化の所産」といわ

れている。

このようにして、エチル・アルコールは糖質から酵母によって生成されることがわかったが、発酵によりアルコール分が高くなってくると、酵母自体の活動が弱まり、それ以上アルコールを生成できなくなり、発酵は停止する。停止するアルコール分は、酵母の性質により異なるが、一般的には15〜16％ぐらいのアルコールが生成された時点で停止する。清酒は特別の醸造法をとるため、アルコール分20％を超えるものもある。

蒸留の原理と蒸留機のタイプ

いったん発酵によって生まれた酒を、さらに蒸留すると、高いアルコール分を含有する酒が得られる。

水を加熱していくと、1気圧のもとでは100℃で沸騰が始まり、液体から気体に変わっていく。この気体を冷却すると、また元の液体に戻る。

水の沸点は100℃だが、エチル・アルコールの沸点は78.325℃である。したがって、エチル・アルコールを含んだ液体を加熱していくと、まずエチル・アルコールを多量に含んだ蒸気が発生する。この蒸気を冷却して、元の液体に戻すと、初めの液体よりもアルコール濃度（度数）の高い液体を得ることができる。このように、沸点の違いを利用して、液中にある成分を濃厚な状態で分離することを「蒸留」という。

当初、この蒸留の技術は、簡単な釜で行われ、19世紀になるまでその基本的構造に大きな変化はほとんどなかった。

こうした釜で蒸留するには、まず発酵させた液体（日本では「もろみ」という）を釜に入れ、下から加熱し、もろみを沸騰させ、高濃度のアルコール溶液をつくり出す。もろみの1/3ぐらいの量が蒸発すると、釜の中の液中のアルコールはゼロになるので、加熱をやめ、釜の中に残った液を廃水として処理する。

このように一回ごとに釜への仕込みを繰り返すので、この方式で蒸留する装置のことを単式蒸留器（Pot Still、ポット・スチル）と呼ぶ。

単式蒸留器には、現在までさまざまな形態のものが考案されてきた。それをどのように使うかによって、生まれる酒の風味が微妙に異なり、同時に酒質も違ってくる（p.86Ⅴウイスキー、p.118Ⅵブランデーの項参照）。

単式蒸留器を使うと、一回の蒸留で、最初のもろみの約3倍のアルコール分を持った酒ができる。普通はこれをもう一度蒸留して、約60〜70％のアルコール

分を持った高濃度液を得て、それを原酒として利用している。
　しかし、19世紀初頭、フランスのアダム・ブリュメンタール、ドイツのピストリウスなどにより、もっと効率のよい蒸留機をつくろうという研究が進み、1826年には、スコットランドのウイスキー業者ロバート・スタインによって、新しいタイプの連続式蒸留機が考案され、1831年には、その改良型として二つの塔からなる蒸留機が、アイルランドのイーニアス・コフィによって生まれた。この蒸留機は、1832年に特許（パテント）を取ったため、パテント・スチル（Patent Still）と呼ばれた。
　この蒸留機の原理は、内部が多段式になった塔を利用し、その段の上からもろみを流し込むと、もろみは連続的に上段から下段に落ちながら、一段ごとにミクロの蒸留を繰り返す。このため、最終的には一回の蒸留で、エチル・アルコール濃度が高く、純度の高い蒸留液が得られるのである。しかも、補給は連続可能なのである。
　現在では、このタイプの連続式蒸留機は性能も大きく向上し、さまざまな形式のものが使われているが、いずれも塔状をしていることから、普通コラム・スチル（Column Still）と呼ばれているが、連続的に蒸留できることから、コンティニュアス・スチル（Continuous Still）とも呼ばれている。装置は、大きく分けてもろみ塔と精留塔に分けられ、もろみ塔は1本だが、精留塔は1～6本ぐらいが接続されている。

2　酒の分類

酒の定義

　酒とは、アルコール分を含む飲料の総称で、多くの国で、それぞれ法的に定義、種類などを明文化している。
　日本では、酒税法が酒の定義を明らかにしている。酒税法第2条に、「酒類とは、アルコール分1度以上の飲料をいう」とある。そして、アルコール分1度以上の飲料は、すべて酒税法上の「酒類」となり、この法律の適用を受けることとなる。

アルコール分の表示

　日本の酒税法でいう「アルコール分」とは、15℃のときの原容量100分中に含まれるエチル・アルコールの容量をいう。つまり、100mlの液体の中に、何mlのエ

チル・アルコールが含まれているか、ということを表している。もし、その量が1mlとすると、含有率は1%であるが、日本ではこれをアルコール分1度とする。したがって、

　　アルコール度＝アルコール含有率（容量率による％）

ということになる。

　こうしたアルコール分の表示は、国によって違う場合もある。日本の場合は容量％（percent by volume）がそのまま採用されるが、これと似た％表示のものに、重量％（percent by weight）によるものがある。これは、100gの液体中に何gのエチル・アルコールが含まれているかを示す。両者を混同しないために、アルコール分を示す数字の後に、percent by volume（または、％ by vol.、v/v％）とか、percent by weight（または、％by wgt.、w/w％）というような表記を付けて区別することがある。容量％は、日本の他、EU諸国をはじめ、世界で広く採用されている。

　アメリカでは、プルーフ（Proof）が使われている。これは、水を0プルーフ、100％のアルコールを200プルーフとするもので、容量を2倍したものと考えればよい。

　一方、EUの中でもイギリスは、同じプルーフだが、やや複雑で、アルコール分が容量率で57.1％のアルコール含有率を100プルーフとしている。つまり、水は0プルーフ、100％のアルコールは175プルーフとなる。このように、プルーフには二通りのものがあるので、両者を区別するため、アメリカ式のものはアメリカン・プルーフ（American Proof）、イギリス式のものはブリティッシュ・プルーフ（British Proof）と呼ばれている。

酒税法による酒類の分類（2006年5月1日施行）

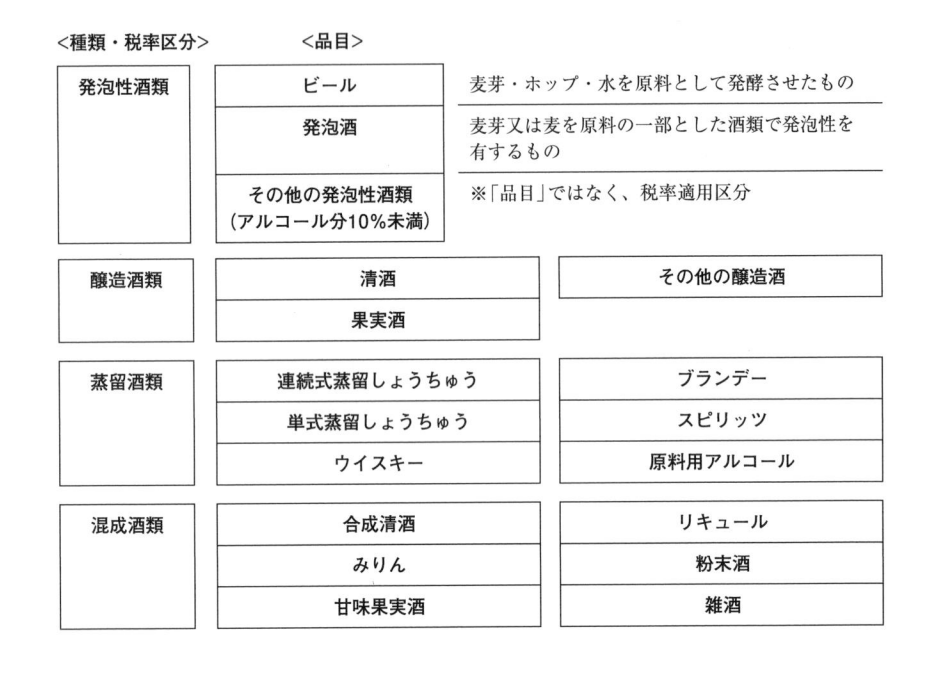

<種類・税率区分>	<品目>	
発泡性酒類	ビール	麦芽・ホップ・水を原料として発酵させたもの
	発泡酒	麦芽又は麦を原料の一部とした酒類で発泡性を有するもの
	その他の発泡性酒類（アルコール分10％未満）	※「品目」ではなく、税率適用区分
醸造酒類	清酒	その他の醸造酒
	果実酒	
蒸留酒類	連続式蒸留しょうちゅう	ブランデー
	単式蒸留しょうちゅう	スピリッツ
	ウイスキー	原料用アルコール
混成酒類	合成清酒	リキュール
	みりん	粉末酒
	甘味果実酒	雑酒

アルコール分の表示方法

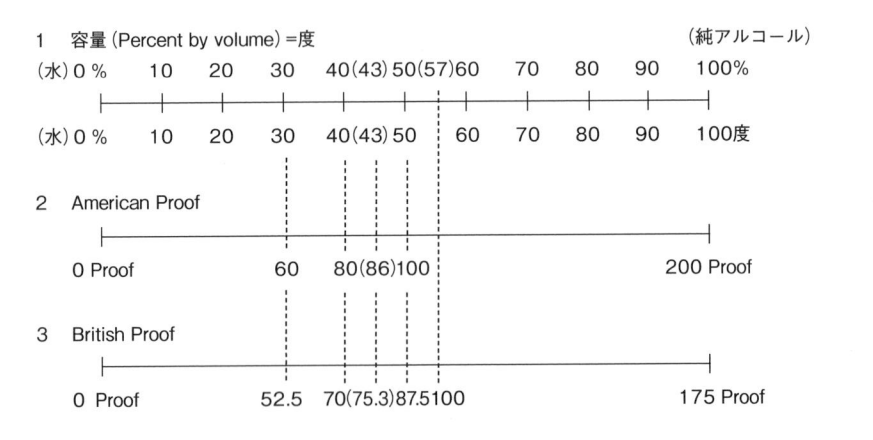

1　容量 (Percent by volume) ＝度　　　　　　　　　　　　　　　　（純アルコール）

（水）0％　10　20　30　40(43) 50(57) 60　70　80　90　100％

（水）0％　10　20　30　40(43) 50　60　70　80　90　100度

2　American Proof

0 Proof　　　　60　80(86) 100　　　　　　　　　　200 Proof

3　British Proof

0 Proof　　　52.5　70(75.3) 87.5 100　　　　　　　175 Proof

※1の方法を採用している国──日本,フランス,イタリア,オーストラリア,ロシア

酒の製造法上の分類

　酒類は、製法上から、①穀類や果実を原料として発酵させた醸造酒、②大麦、ブドウ、サトウキビなどの原料を発酵させ、さらに蒸留した蒸留酒、③醸造酒や蒸留酒に草根木皮や果実などの香味を移したものや、それらを混合し、糖分を加えた混成酒の三つに大別される。

醸造酒　醸造酒とは、酵母の発酵作用で生まれた酒をいう。醸造酒は、原料の成分が糖質であるか、デンプン質であるかによって、二つのタイプに分けられる。

　糖質原料でつくる酒は、酵母によりそのまま発酵が行われるので、単発酵酒とも呼ばれ、ブドウからつくるワイン、リンゴからつくるシードル、西洋ナシから

製造方法によるの酒の分類

酒	醸造酒	糖類	果実	ワイン（ブドウ）、ペリー（西洋ナシ）、シードル（リンゴ）
			ハチミツ	ミード
			糖類	プルケ
		デンプン	穀類	ビール（大麦、穀類）、清酒（米）、紹興酒（米）
	蒸留酒	糖類	果実	ブランデー（ブドウ）、カルヴァドス（リンゴ）、キルシュ（サクランボ）、ポアール・ウイリアム（西洋ナシ）、ミラベル（イエロー・プラム）、クエッチュ（バイオレット・プラム）、焼酎（ナツメヤシ）
			糖蜜	ラム、焼酎（サトウキビ）
		デンプン	穀類他	ウイスキー（大麦、その他の穀類）、ウオツカ（穀類、イモ類）、ジン、アクアビット（穀類、イモ類）、シュナップス（穀類、イモ類）、焼酎（米、ソバなどの穀類、サツマイモ）
			その他	テキーラ、メスカル（リュウゼツランの株）
	混成酒	醸造酒ベース		ベルモット、サングリア、V.D.N.、V.D.L.
		蒸留酒ベース	薬草系	アブサン、シャルトリューズ、ベネディクティン カンパリ、ドランブイ、ペパーミント、グリーン・ティ
			果実系	キュラソー、クレーム・ド・カシス、ミドリ、ディタ、マリブ
			種子系	カカオ、カルーア、アマレット
			その他	ベイリーズ・オリジナル・アイリッシュ・クリーム、アドヴォカート

I　酒類総論

つくるペリーなど、また、ハチミツを水で薄めてつくるミード、獣乳からつくるケフィール、クミス、メキシコ特産の竜舌蘭（リュウゼツラン）でつくるプルケなどもこのタイプの醸造酒である。

デンプン質原料の酒は、発酵前にデンプンをいったん糖化酵素により糖化後、発酵するため、複発酵酒とも呼ぶ。代表的なものは、麦やその他の穀物でつくるビール、米でつくる清酒、黄酒である。

醸造酒は、アルコール度数がほぼ20％（度）以下である。各原料の特徴がよく表れた酒といえる。

蒸留酒　蒸留酒とは、発酵によってできた酒をさらに蒸留してつくった、アルコール度数の高い酒である。

果実を原料としたものに、ブドウからつくるブランデー、リンゴからつくるカルヴァドス（フランスの特定法的地域でつくられるアップル・ブランデー）、サクランボからつくられるキルシュヴァッサーなどがある。

穀物を原料としたものには、ウイスキー、ジン、ウオツカなどがある。穀物の他にイモを使ったものにアクアビット、焼酎などがある。また、メキシコ特産の竜舌蘭の茎の部分の多糖類成分を発酵させてからつくるテキーラも、これに含まれる。

混成酒　混成酒とは醸造酒や蒸留酒をベースに、草根木皮や香料、果実、糖分などを混ぜたり、浸出して、別のタイプに再製した酒をいう。

醸造酒をベースにしたものの代表はベルモットやサングリアで、また、ワインやブドウ果汁をベースにしたV.D.N.（ヴァン・ドゥー・ナチュレル）やV.D.L.（ヴァン・ド・リケール）なども含まれる。

蒸留酒をベースにしたものはリキュールと総称される。原料となる酒（アルコール）に香味成分等を自在に組み合わせることで、時代や流行に合わせ新製品を開発することが可能で、さまざまなタイプがあり、多様性を誇っている。

II　ワイン（Wine）

1　ワインの歴史

　ワインは、私たちが知ることのできる飲みものの中では、地球上に最初に出現したアルコール性飲料ということができる。

　ただ、文献に登場するのは、紀元前2500年ごろに書かれた古代バビロニアの王をたたえた文学的作品といわれる『ギルガメシュ叙事詩』や、エジプトのピラミッドの壁画に描かれたブドウのアーチ状の栽培の様子などがもっとも古い。『ギルガメシュ叙事詩』では、古代民族シュメール人たちが、ユーフラテス川のほとりで、赤ワイン、白ワインをつくっていたことが明らかになっている。

　最初は、神事などで飲まれていたが、ブドウ栽培やワイン醸造の技術がフェニキア人たちによって地中海を渡り、ギリシャ、ローマ、そしてフランスのマルセイユへと広まるにつれ、庶民の間でも飲まれるようになった。

　特に、フランス（昔のガリア）には、ローマ帝国の領土拡大とともに広がり、現在世界的な銘醸地となっているボルドー、ローヌ、ロワール地方には、紀元前からローマ人たちによるワインづくりが行われた。

　さらに、「パンはわが肉、ワインはわが血」というキリスト教の普及と結びつきながら、ヨーロッパ各地でブドウ栽培、ワイン醸造が行われ、飲用も各地へと広まっていった。

　中世には、フランス、ドイツのブドウ栽培地は、現在のフランス、ドイツの栽培地以上に広がりを持っていたといわれる。これは、ブドウの栽培、ワインの醸造が僧院の事業となり、王侯貴族たちもこれを手厚く保護し、ワインの品質向上にも前向きの姿勢で取り組んだことなどが要因となっている。

　また、ヨーロッパの水質が優れず、ワインやビールのほうを衛生的な飲みものとする風潮が、人々の日常生活の中に取り入れられたせいもある。

　17世紀には、コルク栓が登場し、シャンパンの発生となった。

　18世紀には、美食の時代が始まる。ルイ15世のもと、料理技術が発達し、上流階級の間で美食文化が高まり、「肉料理には赤ワイン、魚料理には白ワイン」という美食の公式も現れ、ワインと食事が結びつくようになった。

　しかし、18世紀から19世紀初頭にかけてのフランス革命は、美食に明け暮れ

ていた上流階級に召しかかえられていた料理人たちを失業へと追い立てることとなった。その結果、料理人たちは街場にレストランを開き、ここに料理とワインの結びつきがさらに高まることとなったのである。

一方、17～18世紀にかけて、ヨーロッパの列強は植民地獲得競争に走ったが、その際、植民地へブドウの苗木の移植が行われた。特に、アメリカ、アルゼンチン、チリ、オーストラリアなどは、ブドウ栽培に適した自然条件にあり、しだいにヨーロッパと肩を並べるワイン生産地となっていった。

また、ブドウ栽培、ワイン醸造の技術はシルクロードを通り、中国に伝わった。そして、ブドウは室町から戦国時代に日本にも伝来した。その後、南蛮貿易で輸入されたワインが、一部の人々の間で飲まれていたが、明治10年ごろ、山梨でワインづくりが始められ、その後、新潟、長野、北海道などでワインづくりが試みられ、現在に至っている。

2　ワインとは

ワインとは、広義には果物からつくった醸造酒を指すが、狭義には、ブドウを醸造してつくった酒をワイン（Wine）といっている。

ワインというのは英語で、フランス語でヴァン（Vin）、ドイツ語でヴァイン（Wein）、イタリア語でヴィノ（Vino）、スペイン語でビノ（Vino）、ポルトガル語ではヴィニョ（Vinho）であるが、これらはいずれも語源とみられるラテン語のヴィヌム（Vinum）という、ワインを表す言葉からきている。

ワインは、生鮮ブドウの果実そのままを発酵させてつくる醸造酒で、一年に一回、収穫後のごくわずかな間しかつくることができない。これに対して、ビールや清酒は備蓄の利く穀物を原料としており、温度管理などの設備が整っていれば、年間を通して製造することができる。しかし、ワインは生産地の気候条件、適正ブドウ品種、土壌、地形、栽培方法、醸造法などによってワインの風味が影響される他、その年の気象にも左右される。特に長い歴史を持つ産地では、気候特性から栽培品種が固定していて、それぞれの産地で伝統的なワインの個性が確立されている。

世界中には数千種のブドウ品種があるといわれるが、世界的に有名な品種は、次の通りである。

カベルネ・ソーヴィニヨン（Cabernet Sauvignon）

フランス、ボルドー地方の代表的な赤ワイン品種である。特にメドック、グラーヴ地区で栽培面積が多い。これでつくるワインは、若いうちはほおずき香といわれる青草の香りが特徴で、タンニンも多く、長い熟成によって本領を発揮する。堅固さの中にもエレガントな風味を持ち、カシスやユーカリに似た香りが特徴となっている。ニュー・ワールドの産地でも赤ワイン用の中心的品種となっている。

カベルネ・フラン (Cabernet Franc)

フランス、ボルドー地方では補助的品種であるが、ロワール地方では中心となる赤ワイン用品種である。カベルネ・ソーヴィニヨンよりも性格はおとなしく、骨格は少し細めで、ベジタブル・フレーヴァーと呼ばれる青野菜の香りがある。

メルロ (Merlot)

ボルドーのサンテミリオンやポムロール地区の主要赤ワイン用品種である。果実風味に富み、タンニンも穏やかで口当たりも柔らかく滑らか。熟成すると動物的な香りも持つ。

ピノ・ノワール (Pinot Noir)

フランス、ブルゴーニュ地方の赤ワイン用品種である。シャンパーニュ地方でも栽培されている。一般的にカベルネ・ソーヴィニヨンよりも気温の低い地方で多く栽培されている。キレのよい酸味と繊細なタンニンを持つ。若いうちは独特の果実味があるが、熟成すると紅茶やトリュフなどアロマティックな香りを持つ。

ガメ (Gamay)

ボジョレーに使われている赤ワイン用品種である。早熟で、ブドウの果実味とフレッシュな酸味を活かしたワインがつくられる。

シラー (Syrah)

フランスのコート・デュ・ローヌ地方で栽培されている赤ワイン用品種である。ワインは色素が濃く、タンニンの厚みがあり、アルコールのボリュームを感じさせるワインとなる。黒コショウのようなスパイシーな香りも持つ。オーストラリアではシラーズ (Shiraz) と呼ばれ、その特性を活かしたワインが多くつくられる。

マスカット・ベリー A (Muscat Bailey A)

川上善兵衛が交配育種した、日本の代表的な赤ワイン用品種である。独特の甘い香りに適度な酸味と穏やかなタンニンが特徴。やや甘口から長熟型まで、多彩なワインがつくられる。

シャルドネ (Chardonnay)

フランス、ブルゴーニュ、シャンパーニュ地方を代表に、世界のワイン産地で

広く栽培されている白ワイン用品種である。果実そのものの香り（アロマ）はあまり高くないが、樽熟成により酒質が向上するタイプである。冷涼な気候で育つと柑橘系、温暖な気候で育つとトロピカルフルーツ的な香りを持つ。

セミヨン (Sémillon)

　フランス、ボルドー地方のグラーヴ、ソーテルヌ地区を中心に栽培されている白ワイン用品種である。グラーヴでは辛口が主流だが、ソーテルヌ地区では、ボトリチス・シネレア菌による貴腐ブドウから甘口白ワインがつくられる。

ソーヴィニヨン・ブラン (Sauvignon Blanc)

　フランス、ロワール地方のサンセールやボルドー地方で多く栽培されている白ワイン用品種である。青草を思わせる独特の香りがあり、この強い個性のため、アメリカやオーストラリアでは、フュメ・ブラン（Fumé blanc、フュメとはスモーキーの意味）とも呼ばれる。近年、人気の高まっている品種である。

リースリング (Riesling)

　ドイツの最高級品種で、熟するとアロマティックで、しかも上品で香りが高く、酸味も際立った品格の高いワインを生む。ソーテルヌ同様、貴腐ブドウから甘口ワインもつくられる。フランスのアルザス、アメリカのカリフォルニアなど、世界各国でも上質なワインがつくられる。

ヴィオニエ (Viognier)

　熟したフルーツのようなアロマを持つ白ワイン用品種。フランスのローヌ地方の人気品種。栽培面積はさほど大きくないが、ニューワールドでも注目されている。熟した果実香を持つ。

ピノ・グリ (Pinot Gris)

　最近では、アメリカ、オレゴン州のピノ・グリが世界的に高評価を得ている。しっかりした酸とフルーティーさが特徴の、骨格のしっかりした白ワインとなる。

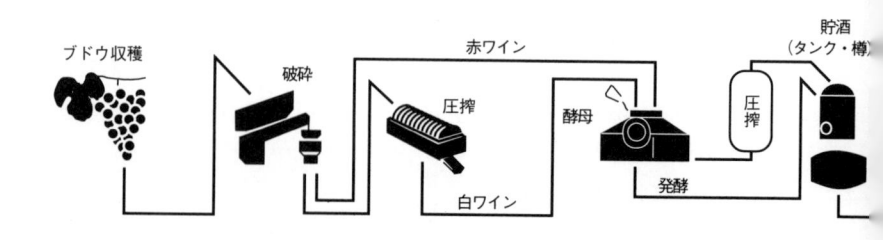

イタリアでも人気。ピノ・グリージョ（Pinot Grigio）と呼ばれる。

ヴェルメンティーノ（Vermentino）

イタリアを代表する白ワイン用品種。サルディーニャ島産が有名。ハーブや柑橘類などの果実味があり、爽やかなワイン。

甲州（Koshu）

日本で古くから記録のある唯一の品種で、東洋系のヴィニフェラ（ヨーロッパ品種）に属する白ワイン用品種である。主に山梨で栽培されており、以前はやや甘口の個性が穏やかなものが主流だったが、近年、栽培、醸造技術の進歩により世界的にも評価の高いワインがつくられるようになった。

3　ワインの種類

ワインの風味は、無限といえるほどに多種多様で、製造方法、ワインの色、甘辛度、T.P.Oなどにより、さまざまに分類ができる。もっとも一般的なものは製造方法による分類で、大きく分類すると、スティル・ワイン（Still wine、非発泡性ワイン）、スパークリング・ワイン（Sparkling wine、発泡性ワイン）、フォーティファイド・ワイン（Fortified wine、酒精強化ワイン）、フレーヴァード・ワイン（Flavored wine、混成ワイン）の四つになる。

スティル・ワイン（Still wine）

醸造の途中で発生する炭酸ガスを含んでいないタイプで、「非発泡性ワイン」あるいは、「無発泡性ワイン」という。

一般的には、食事とともに楽しむことが多い。スティル・ワインは全世界のワイン生産量の90％以上を占め、赤、白、ロゼといった色や、辛口から甘口のも

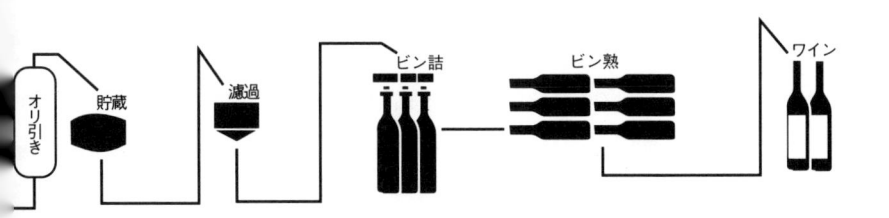

のまで、また、軽いタイプから重いタイプのものまで多様な風味を持つワインがある。

(1) 赤ワイン (Red wine)

　フランス語でvin rougeという。収穫した黒ブドウを破砕機にかけて潰し、果梗を取り除き、発酵させたあと、圧搾機にかけ、果皮、果肉、種子を取り除く。

　発酵を終えた若いワインは、樽やタンクに入れて熟成させる。樽の熟成期間は、樽の大きさや種類、ワインの性格により異なるが、一般的には2年以下である。

　熟成中は何回かのオリ引きが行われ、その後、清澄、濾過し、ビン詰めしてビン熟させる。ビン熟中も香り高い熟成香が生まれ、味わいに深みが出てくる。

　また、フレッシュで軽いタイプの赤ワインをつくるために、次のような醸造方法もある。収穫したブドウを破砕せずにそのままタンクに入れ密閉して数日間保存し、ブドウ自身の重みで下部のブドウが自然発酵し、それにより発生した炭酸ガスをタンク内に充満させ、果皮が破れやすくなったら圧搾する。こうすると、色の鮮やかな、それでいてタンニンの渋みがあまり強くない、フレッシュで香りのよいワインができあがる。こうした発酵方法は、マセラシオン・カルボニック (Maceration carbonique) と呼ばれ、フランスのボジョレーがこの製法によるワインの産地として有名である。

(2) 白ワイン (White wine)

　フランス語でvin blancという。白ワインの場合も収穫したブドウは除梗、破砕され、すぐに圧搾され果汁だけにして発酵させる。発酵後、一般的にはタンクで熟成され、フレッシュでフルーティーな風味にしたものが世界的に普及している。一部では樽熟成を行うところもあるが、赤ワインに比べれば熟成期間は短い。

　白ワインは赤ワインと違い、辛口から甘口までさまざまなタイプがある。辛口の場合は、完全に糖分がなくなるまで発酵を続けさせる。甘口の場合は、途中で発酵を止めて、甘みを残す。発酵を止める方法としては、発酵温度を低くしたり、遠心分離機などで酵母を取り除くなどがある。

　甘口のワインの代表的なものが貴腐ワインで、フランスのソーテルヌ、ドイツのトロッケンベーレンアウスレーゼ、ハンガリーのトカイ・アスー・エッセンシア、日本のサントリー・ノーブルドールなどが有名である。

(3) ロゼ・ワイン (Rosé wine)

　フランス語でvin roséという。黒ブドウを原料にして赤ワイン同様の発酵をさせ、ワインがピンク色になったところで圧搾して果皮、果肉、種子を取り除き、

再びタンクに戻して白ワイン同様の発酵をさせるのが、標準的なロゼ・ワインのつくり方である。

中には黒ブドウと白ブドウを混ぜてつくるところもあり、有名なのはドイツのロートリング (Rotling) である。

ロゼ・ワインの色は白に近いものから赤に近いものまである。ロゼ・ワインは特殊な場合を除き、辛口からやや甘口までの間でつくられ、一般的には、早いうちに飲むワインである。

スパークリング・ワイン (Sparkling wine)

発酵の際発生する炭酸ガスの一部をワイン中に溶かした「発泡性ワイン」のこと。基本的には3.5気圧以上のガス圧を持ち、華やかな雰囲気を持ったワインである。フランスではヴァン・ムスー (Vin mousseux)、ドイツではシャウムヴァイン (Schaumwein)、イタリアではスプマンテ (Vino Spumante) と呼んでいる。

いくつか製法があるが、スティル・ワインをビンに詰め、糖分と酵母を入れ密閉し、ビンの中で二次発酵をさせる製法をビン内二次発酵方式またはトラディショナル方式 (Méthode traditionnelle) という。この製法でつくられもっとも有名なのが、フランスのシャンパン (Champagne) である。シャンパンはメーカーごとのブランドイメージに沿って、品種や収穫年の違う原酒をブレンドするのが一般的である。また、ビン詰め後はオリとともに長期熟成をさせ、シャンパン特有の風味ときめの細かい泡をワイン中に溶け込ませる。

スペインのカバ (CAVA)、ドイツのゼクト (Sekt) もビン内二次発酵でつくられる。

それ以外に、タンク内でまとめて二次発酵を行うシャルマ法 (Méthode Charmat) は一度に大量につくることが可能なので、コストを抑えたワインを生産することができる。

フォーティファイド・ワイン (Fortified wine)

酒精強化ワイン、または、アルコール強化ワインと呼ばれ、製造方法は大きく二つに分けられる。

ひとつは、ブドウ果汁を発酵させ、まだ糖度が残っているうちにアルコールを加え、発酵を止め、糖分の甘みを残す方法である。代表的なものはフランスの天然甘味ワイン、ヴァン・ドゥー・ナチュレル (Vin doux naturel、略してV.D.N.) や、

ポルトガルのポート (Porto) である。ポートは黒ブドウを原料として3年ほど熟成させたルビーポートや、さらに長い年月熟成させ、トゥニー（黄褐色）になったトゥニーポート、白ブドウを原料とし比較的辛口に仕上げられるホワイトポートなどがある。

もうひとつの方法は、完全発酵させ辛口ワインをつくったあと、目的に応じてアルコールの量を加減しながら加え保存性を高めたワインで、その代表がスペインのシェリー (Sherry) である。シェリーにはいくつかタイプがあり、フィノ (Fino) は酒精強化後、樽熟成中にフロール（産膜酵母）の膜のもとで熟成を行う。フィノをさらに熟成させ、ナッツのようなフレーヴァーを持つに至ったアモンティリャード (Amontillado) や、フロールを繁殖させず熟成させたオロロソ (Oloroso) などがある。また味わいの均一化や安定化を図るために、複数年の原酒をブレンドして熟成を行うソレラ・システムという方法がとられる。

他にもポルトガルのマデイラ島でつくられるマデイラ (Madeira) は酒精強化後の熟成工程でワインを加熱し、酸化熟成させ独特の風味を持たせたワイン。また、イタリアではマルサラ (Marsala) などがつくられる。

フレーヴァード・ワイン (Flavored wine)

スティル・ワインに、薬草や香草、果汁などを加え、独特の風味に仕上げたワインである。香りづけから分けると、香草系の代表がイタリアのベルモット (Vermouth) で、果実系の代表がスペインのサングリア (Sangria) である。

4 各国のワイン

ブドウは、温暖な気候を好んで生育する植物で、世界中に栽培地が分布しているが、よいワインをつくるブドウとなると条件が限られる。世界の有名ワイン生産地は、年平均気温が10〜20℃の間で、夏に十分な日照が得られる地帯に集まっている。さらに、水はけのよい地形や土壌などが必要条件として求められ、これらの地帯から、品種の違いやワインの生まれる土地の気候条件などから、風味の異なったさまざまなタイプのワインがつくられている。

現在、世界では約6千万トン強のブドウがつくられているが、その約5％が生食用、10％ほどが干しブドウ用で、残りの約85％がワイン用に向けられる。

世界のワイン生産量、消費量の多い国々はラテン民族系のフランス、イタリア、

スペインなどだが、時代ともに、今までワインを飲まなかったアメリカ、オーストラリアなどでも生産、消費が伸びている。

ところで、ワインにも無数の銘柄がある。EU諸国のように、ワインの歴史の長い国々では、ワインを一般ワインと産地の個性を持ったワインとに法的区分をしている。

しかし、バーテンダーは客のニーズを察して、その店、その場に合ったワインの品揃えをするべきで、そのためにも次のようなタイプ分けも身につける必要がある。

① 産地の個性を持つタイプのワイン

一言でいえば、「有名銘醸地のワイン」で法的には高級ワインに入るタイプである。このワインは産地の個性が確立されており、その個性を好む人が飲むのであり、飲み手に合わせた味づくりは行わない。

② 産地の個性と、生産者の個性を持ったワイン

ボルドーの格付けシャトー・ワインやブルゴーニュのグラン・クリュのようなワインである。そのワインの個性を十分に楽しめるだけの経験や、そのワインの味が発揮できる状態で飲むべきワインといえる。一般に高価だが、飲みやすいとは限らない。

③ 産地の個性ではなく、目的に合わせた味づくりをしたタイプのワイン

生産者やネゴシアン（ワイン商）が、消費者の嗜好に合わせて、複数の産地や複数の年度のワインをブレンドしてつくったワインである。一般に、手ごろな価格でおいしく飲めるワインといえる。ワインの消費量で見れば、圧倒的なウエイトを持つワインといえる。

フランスのワイン

ブドウ栽培面積90万ha、生産量520万klと生産量ではイタリアとトップを争うが、知名度の高いワインの生産国でもあり、世界一のワイン大国といえる。北部の一部を除く、国土のほぼ全域でブドウが栽培され、それぞれの地方の気候風土に合った栽培法や醸造法が用いられ、個性豊かなワインが生産されている。

フランスでは、EU（ヨーロッパ連合）のワイン法に沿って、これまで4階層（A.O.C.、A.O.V.D.Q.S.、ヴァン・ド・ペイ、ヴァン・ド・ターブル）に品質分類していたが、2008年より地理的表示なしワインと地理的表示付きワインに分けられることとなった。

地理的表示のないワイン
　EUの新しいワイン法により、ヴァン・ド・ターブルでも「品種」、「収穫年」の表示は可能となった。
地理的表示付きワイン（地理的表示保護ワイン）
　ヴァン・ド・ペイからI.G.P.（Indication géographique protégée）となった。ラベルには「I.G.P.」、「ヴァン・ド・ペイ」、「I.G.P.-ヴァン・ド・ペイ」と表示できる。
地理的表示付きワイン（原産地名称保護ワイン）
　固有の特徴を持つテロワールに基づくトップカテゴリー。A.O.C.からA.O.P.（Appellation d'origine protégée）となった。なお、従前のA.O.V.D.Q.S.はA.O.P.またはI.G.P.のどちらかに移行される。代表的な産地には次のようなところがある。

ボルドー（Bordeaux）
　ボルドーのワイン産地は、ガロンヌ川とドルドーニュ川の両岸と、この二つの川が合流したジロンド川の両岸に広がっている。フランスの中でも、質、量とも群を抜いて名高い銘醸地である。
　ボルドーワインの中では、なんといっても赤ワインが有名だが、白ワインも辛口から甘口まで揃い、どのワインも単一のブドウ品種からつくるのではなく、複数のブドウ品種を使い、「混醸」するのがボルドーワインの特徴である。ブレンドの比率は、シャトー（醸造所を持つブドウ園）によって異なるため、生産者の個性が、品質基準となる。

(1) メドック（Médoc）地区
　赤ワインの産地で、カベルネ・ソーヴィニヨンを主体とした独特の芳香を持った長期熟成型の深みのある味わいのワインがつくられる。中でもメドック地区南部、ボルドー市に近いオー・メドック（Haut Médoc）には、マルゴー（Margaux）、ムーリス（Moulis）、リストラック（Listrac）、サンジュリアン（St-Julien）、ポーイヤック（Pauillac）、サンテステフ（St-Estèphe）などの著名な村があり、ここから生まれるワインは、その優雅な特性から「ワインの女王」とうたわれ、世界中のワインファンから愛されている。

(2) グラーヴ（Graves）地区
　ボルドー市の南に位置し、赤、白ワインがつくられている。赤ワインはメドックに比べ、メルロの比率が高く、カベルネ・ソーヴィニヨン、カベルネ・フラン

がブレンドされ、滑らかで口当たりがソフトである。白ワインは、ソーヴィニヨン・ブランとセミヨンがブレンドされ、近年は辛口白ワインの比率が高くなっている。

グラーヴという地名は、その土壌に由来し、小石と砂利（グラーヴ）の多い土壌を特徴としているところから付けられた。

(3) サンテミリオン (Saint-Émilion) 地区

ドルドーニュ川右岸に位置し、メルロを主体にしっかりとしていながらビロードのような繊細さを感じられる赤ワインがつくられる。

(4) ポムロール (Pomerol) 地区

サンテミリオンの西に隣接し、ルビー色の芳醇なコクを持ち、滑らかで官能的な赤ワインがつくられる。やはりメルロの比率が高い。

(5) ソーテルヌ (Sauternes) 地区

甘口白ワインの産地で、セミヨンとソーヴィニヨン・ブランによる貴腐ワインがつくられる。黄金色で甘美なワインで、隣接するバルサック (Barsac) でも同様の甘口白ワインがつくられる。世界三大貴腐ワインのひとつと称される。

(6) アントル・ドゥ・メール (Entre-Deux-Mers) 地区

アントル・ドゥ・メールとは「二つの海に挟まれた」という意味で、ドルドーニュ川とガロンヌ川に挟まれたところから名が付いた。辛口で、フレッシュですっきりとした白ワインがつくられている。

ブルゴーニュ (Bourgogne)

ボルドーとともにフランスを代表するワイン産地だが、量的にはボルドーの半分ほどで、しかも2/3が南部のボジョレーでつくられる若いタイプのワインで占められる。

ブドウ品種は、ほとんどの白ワインがシャルドネから、赤ワインは北部ではピノ・ノワール、南部はガメからの単一品種でつくられる。

生産地は細かく分割され、土壌やドメーヌ（醸造所を持つワイン生産者）などの違いによって、ワインは多彩で個性豊かである。

ブルゴーニュの赤ワインは、豊かな酸味に恵まれ、芳醇な香りを持ち、白ワインは独特の芳香と腰の強さで人気を得ている。

ブルゴーニュの生産地区は、大きく次のように分けられる。

(1) シャブリ (Chablis) 地区

ブルゴーニュの一番北に位置し、辛口白ワインの代表ともいえるワインがつく

られている。シャルドネの、香り豊かでやや酸味のある辛口白ワインは、生の魚介類との相性のよさが人気である。

(2) コート・ド・ニュイ (Côte de Nuits) 地区

ピノ・ノワールからつくられる赤ワインがほとんどを占める。よく熟したブドウからつくられるワインは、芳香性に富んだ香りを持ち、ビロードのような口当たりとなる。著名なブドウ畑が、グラン・クリュ街道に沿って点在している。

(3) コート・ド・ボーヌ (Côte de Beaune) 地区

優雅で豊かな香りを持つ赤ワインが2/3を占めるが、残りの1/3の白ワインが際立っていて、辛口白ワインとしては世界最高の評価を得ている。

(4) コート・シャロネーズ (Côte Chalonnaise) 地区

赤ワインのメルキュレー、ジヴリー、白ワインのリュリー、モンタニーが有名で、ブドウもガメやアリゴテも栽培され、バラエティーに富んでいる。価格もブルゴーニュとしては手ごろで、フルーティーで軽やかなタイプが多い。

(5) マコネー (Mâconnais) 地区

赤ワインも生産しているが、圧倒的に白ワインのほうが生産量も多く、よく知られている。特にマコン・ヴィラージュや南部のフュイッセ村など五つの村でつくられる白ワインは、コストパフォーマンスが高く、フルーティーでドライ、しっかりとした飲み口で好評である。

(6) ボージョレ (Beaujolais) 地区

ガメからつくられ、冷やして飲む若々しい赤ワインの大量生産地である。特に、毎年11月の第3木曜日から出荷される新酒「ヌーヴォー」は日本では馴染みの深いワインである。

ロワール (Loire)

フランス最大の大河、全長1,000kmにおよぶロワール川流域に広がるワイン産地。辛口白ワインのミュスカデ (Muscadet)、ロゼ・ワインのアンジュ・ロゼ (Anjou rosé)、カベルネ・フランからつくられる軽いタイプの赤ワインのシノン (Chinon)、スパイシーな香りを持つ辛口白ワインのサンセール (Sancerre)、プーイィ・フュメ (Pouilly Fumé) などが知られている。また、スパークリング・ワインや貴腐ワインもつくられ、バラエティー豊かなワイン生産地である。

アルザス (Alsace)

フランス北東部のライン川を挟んでドイツとの国境に接する位置にある産地。ここでは、ドイツと同じようなブドウ品種を使いながら、ドイツワインとは違っ

たタイプの辛口白ワインをつくっている。

この地方のワインは、フランスの他の産地と違って、ブドウ品種名がワイン名となっている。リースリングでつくられるワインは、すばらしいアロマと適度の酸味を持ち、調和のとれたワインとして人気が高く、ゲヴュルツトラミネールは芳香性が高く、華やかなワインをつくる。最近ではピノ・ブランやピノ・ノワールも増えている。

シャンパーニュ（Champagne）

フランスのブドウ栽培地としては最北に位置し、スパークリング・ワインの代表といえるシャンパンの産地である。黒ブドウのピノ・ノワール、ピノ・ムニエ、白ブドウのシャルドネからつくられるシャンパンは、ビン内二次発酵方式でつくられ、甘口（Doux）から辛口（Brut）まである。

シャンパンの多くは巨大企業で生産されているが、レコルタン・マニピュラン（R.M.小規模で自家栽培ブドウで醸造からビン詰めまで一貫して行う生産者）によるシャンパンが、近年注目されている。

コート・デュ・ローヌ（Côtes du Rhône）

フランス南東部、リヨン市の南からアヴィニヨンまで、南北200kmのローヌ川沿いに広がり、ワイン産地は大きく南北二つに分かれる。

北部は、ローヌ川沿いの急な丘の斜面にワイン産地が広がり、赤ワインはシラーから重厚で色の濃い、厚みのあるワインがつくられる。白ワインはヴィオニエ、ルーサンヌ、マルサンヌなどから穏やかで肉付きのよいワインとなる。代表的なワインとしては、コート・ロティ（Côte Rotie）やエルミタージュ（Hermitage）などの赤と、白ではコンドリュー（Condrieu）がある。

南部はなだらかな土地に広がり、グルナッシュを中心にシラー、ムールヴェドルなど数種の黒ブドウが植えられ、赤ワインではアルコール度が高く、力強くコクのあるシャトーヌフ・デュ・パプ（Châteauneuf-du-Pape）、ロゼ・ワインではバランスのとれた辛口のタヴェル・ロゼ（Tavel Rosé）が有名。さらにミュスカを使った天然甘口ワインのボーム・ド・ヴニーズ（Beaumes de Venise）などを産する。

プロヴァンス（Provence）

マルセイユの東に位置するプロヴァンス地方のワインは、フレッシュ＆フルーティーなロゼ・ワインを中心に生産され、近年品質も大きく向上している。フランスワイン発祥の地といわれ、代表的な地区としては、バンドール（Bandol）、

カシス (Cassis)、コトー・デクス・アン・プロヴァンス (Coteaux d'Aix-en-Provence)、パレット (Palette) などが知られている。

南フランス他

　南フランスのラングドック (Languedoc)、ルーション (Roussillon) では、日常手軽に飲めるワインを大量につくっており、国内最大のワイン産地である。

　この他、ボルドーの東からピレネー山脈にかけてのフランス南西部では、濃厚な赤ワインで知られるカオール (Cahors) と、甘口ワインのモンバジャック (Monbazillac)、ジュランソン (Jurançon) が、また、フランス東部の国境沿いには、黄色ワイン（ヴァン・ジョーヌ、Vin Jaune）を産するジュラ (Jura) や白ワインのサヴォア (Savoie) の産地がある。

ドイツのワイン

　ドイツは世界のワイン生産地の中でもっとも北に位置し、旧東ドイツのワイン生産地を除けば、北緯50度付近に広がっている。日本でいえばサハリン辺りだが、大西洋岸を流れるメキシコ湾流の暖かい流れが間接的に影響し、ブドウ栽培を可能にしている。

　ドイツワインの生産量はフランスやイタリアの約1/5だが、その6割強が白ワインで、すっきりとした酸味と果実味を持ち、低アルコールでエレガントな独特のスタイルのワインである。また、近年は上質な赤ワインの生産も増えている。

　昔のドイツワインはほとんど辛口だったが、濾過技術やステンレス密閉タンクなどの発達によって、発酵を途中で止めて甘みを残したり、ズースレゼルベ (Süssreserve、酵母の働きを止めた天然のブドウジュース) を、発酵を終えた辛口ワインにブレンドし、甘みを添える方法などが開発され、1950年以降ほとんどのドイツワインが甘口ぎみになった。

　しかし、ドイツ国内での消費の伸びや、嗜好の変化に伴い、再び辛口や、やや辛口のワインの要望が強くなり、現在では生産量の6割強が辛口タイプでつくられている。また90%以上が上級ワイン、格付け上級ワインで占めている。

　ドイツワインの格付けは、フランスやイタリアのようなブドウ畑の格付けではなく、収穫したブドウの果汁糖度により四つの等級に分けられる。

ドイチャー・ヴァイン (Deutscher Wein)

　EUにおいて新しいワイン法が導入され、ドイツも「地理的表示なしワイン」と「地理的表示付きワイン」の2つに分けられ、ターフェルヴァインの表記が無く

なり、ドイチャー・ヴァイン（Deutscher Wein）と表記されるようになった。

ドイチャー・ランドヴァイン（Deutscher Landwein）

　地酒的な要素の強いワインで、個性もやや強くなる。辛口（Trocken）、やや辛口（Halbtrocken）につくらねばならず、生産地域はターフェルヴァインよりも小さく26地域に分かれている。

クヴァリテーツヴァイン・ベシュティムター・アンバウゲビーテ
（Qualitätswein bestimmter Anbaugebiete 略してQ.b.A＝クーベーアー）

　13の地域から生産された、生産地域限定上級ワインである。地域的特性がありバランスのよいワインである。ドイツでもっとも生産量の多いワインである。

プレディカーツヴァイン（Prädikatswein）

　優れた品質を持ったドイツ最高級ワインで、肩書付き上級ワインといわれる。Q.b.Aワインよりもさらに糖度が高く、補糖がいっさい認められていない。13地域内の1地区に限定されたブドウのみでつくられる。ブドウ糖度により、カビネット（Kabinett）、シュペートレーゼ（Spätlese）、アウスレーゼ（Auslese）、ベーレンアウスレーゼ（Beerenauslese）、アイスヴァイン（Eiswein）、トロッケンベーレンアウスレーゼ（Trockenbeerenauslese）の6段階に分けられる。

　Q.b.Aとプレディカーツヴァインは市場に出荷される前に、公的検査機関による審査にパスし、公的検査番号（Amtliche Prüfungsnummer、アムトリッヒェ・プリューフングスヌマー＝A.P.Nr）をラベルに表示することが義務づけられている。上記の3つが「地理的表示付きワイン」となる。

　ドイツワインの生産地はボーデン湖から流れるライン川とその支流に広がり、13の特定ワイン産地地域がある。

モーゼル（Mosel）

　モーゼル川とその支流ザール、ルーヴァー川一帯に広がる産地で、リースリングが半分以上を占め、香り豊かな爽やかでフルーティーなワインがつくられる。2大銘醸地のひとつとされる。

ラインガウ（Rheingau）

　マイン川に面したホッホハイムから中流ラインのロルヒの間に位置し、南向きの陽当たりのいい斜面に畑がある。リースリングのエレガントな酸味を活かし、果実味に富んだブーケを持ったボディのあるワインがつくられる。ドイツ国内最高評価を受ける産地。また、シュペートブルグンダー（ピノ・ノワールのドイツ名）からつくられる赤ワインの評価も高い。

ラインヘッセン (Rheinhessen)

ここでつくられるワインは、軽くてマイルドでほのかな甘口の味わいが特徴である。ここはまた、ソフトで芳醇な白ワインとして、ドイツワインの代名詞のようになっているリープフラウミルヒ (Liebfraumilch) の発祥の地としても知られている。近年では若手醸造家による質のよい辛口ワインが増えつつある。

ファルツ (Pfalz)

ラインヘッセンと並んで、ドイツでもっとも大きな栽培地で明るい気候の中、ワイン街道沿いにブドウ畑が広がり、バラエティー豊かなワインがつくられている。今、注目度のもっとも高い産地である。

これらのブドウ栽培地域の他に、次の産地がある。ボックスボイテル (Bocksbeutel) と呼ばれる扁平ビンに入った辛口ワインを産するフランケン (Franken)、赤ワインを多く産するヴュルテムベルク (Württemberg) やアール (Ahr)、ドイツ最南端の産地バーデン (Baden) では力強い味わいの赤ワインがつくられ、近年、国際的な評価が高まっている。

イタリアのワイン

フランスと並ぶ歴史の古いワイン生産国であり、生産量もフランスと1、2を争うワイン大国である。南北1,200kmにおよぶ広大な国土では、400種類以上のブドウが栽培されており、各地方特有の個性豊かなワインが生産されている。

ワインの格付けは2009年のEU改正後、以下のように変更となった。

地理的表示のないワイン

ヴィノ・ダ・ターボラ (Vino da Tavola) から「ヴィーノ (Vino)」に変わった。

地理的表示付きワイン (保護地理表示ワイン)

産地の特性を持つワインで、I.G.T.からI.G.P. (Vino a Indicazione Protetta) となった。

地理的表示付きワイン (保護原産地呼称ワイン)

ワインの品質と特性を、その産地のテロワールに基づいて特徴を持たせたワインのD.O.C.G.、D.O.C.からD.O.P. (Vino a Denominazione di Origine Protetta) となった。

ワインはイタリア20州すべてでつくられているが、産地を大きく分けると次の五つになる。

北部山麓地帯

ピエモンテ、ロンバルディア、ヴェネト、トレンティノ・アルト・アディジェなどの各州。気温が低く、酸味の豊かな、ボディのあるワインがつくられ、中には長期熟成タイプのものもある。

著名なワインは、ピエモンテ州ではイタリアを代表する赤ワインのバローロ (Barolo)、バルバレスコ (Barbaresco)、スパークリング・ワインのアスティ・スプマンテ (Asti Spumante) など、ヴェネト州ではライトタイプの赤ワイン、ヴァルポリチェッラ (Valpolicella)、辛口白ワインのソアヴェ (Soave) などが知られている。

北東平野

美食の街として知られるエミリア・ロマーニャ州を中心に、フレッシュでやや軽めのワインが大量生産され、中でもランブルスコ (Lambrusco) の微発泡性ワインが知られている。

アペニン山脈西側

トスカーナ、ウンブリア、ラツィオ、カンパーニアなどの州が含まれる。この地方は全体的に気温が高く、丘陵地ではバランスのとれた力強い赤ワインが主に生産され、平地ではやや軽めの赤、白ワインがつくられている。

イタリアでもっとも有名なトスカーナ州のキャンティ (Chianti)、ブルネッロ・ディ・モンタルチーノ (Brunello di Montalcino)、カンパーニア州の赤ワイン、タウラージ (Taurasi) などがある。

アペニン山脈東側

マルケ、プーリアなどの州。気温も高く、酸の低いワインが多い。

地中海上の島々

シチリア、サルディーニャ島。ブドウの糖度が高く、穏やかなタイプのワインが多い。サルディーニャでは白ワインのヴェルメンティーノ、シチリアではフォーティファイド・ワインのマルサラ (Marsala) が有名。

スペインのワイン

スペインのブドウ栽培面積は世界第1位だが、ブドウ以外の作物との混植も多く、生産量では世界第3位である。

スペインのワイン規則は18世紀に始まり、規則基準がしだいに強化されていき、2003年の改訂を経て、現在70以上のD.O.（デノミナシオン・デ・オリヘン、原産地呼称統制）が制定されている。また、フランスのブルゴーニュのように単一ブ

ドウ畑限定の原産地呼称も新たに加わり、個性的で高品質なワインが生まれている。

主要なワイン生産地には、伝統的な高級ワイン生産地である北部内陸のリオハ (Rioja)、リベラ・デル・ドゥエロ (Ribera del Duero) がある。また、この20年間で世界が注目する産地となったバルセロナ南のプリオラート (Priorato) や、土着品種のメンシア種からつくられる個性豊かなワイン産地のビエルソ (Bierzo)、スペインを代表する白ワイン産地のルエダ (Rueda)、「海のワイン」と称される大西洋岸ガリシア州で、アルバリーニョ種主体でつくられるリアス・バイシャス (Rias Baixas) やバルデオラス (Valdeorras) が近年注目されるようになった。

また、アンダルシア地方、ヘレス周辺のフォーティファイド・ワインのシェリー (Sherry) や、ビン内二次発酵のスパークリング・ワイン産地のカタルーニャ地方、ペネデス (Penedès) のカバ (CAVA) がある。1970年代後半以降、量より質への改革が始まり、テンプラニーリョをはじめとする在来品種の再評価、醸造設備の近代化などにより高品質のワインがつくられるようになった。

ポルトガルのワイン

ポルトガルもEUワイン法の改定とともにD.O.P. (原産地名称保護ワイン)、I.G.P. (地理的表示保護ワイン)、Vinhoが制定されている。

著名なワインは北部地方を中心に生産されており、中でも生産量の多いのが、「緑のワイン」という意味を持つヴィニョ・ヴェルデ (vinho verde) である。若いうちにフレッシュさを楽しむワインを意味していて、軽い発泡性を持っている。近年ではアルバリーニョ種からコクのあるタイプも生産されている。

ドウロ (Douro) は近年、高級辛口ワインもつくられるようになり、同じ地域でフォーティファイド・ワインのポート (Porto) が生産され、スティル・ワインとの二つの原産地名称を持っている。

中部のダン (Dão) は、白ワインはフレッシュでフルーティー、赤ワインは重厚で力強く、熟成によるまろやかさの際立つタイプとなる。赤ワインが生産量の8割を占める。

この他、リスボンから1,000kmの大西洋上のマデイラ島でつくられるフォーティファイド・ワインのマデイラ (Madeira) がある。

アメリカのワイン

アメリカは、近年になって急速に伸びてきた新興ワイン生産国で、ブドウ栽培

面積は40万haである。ワイン消費量も増加し続けており、消費の対象となるワインもスタンダード・ワインからプレミアム・ワインへと移りつつある。

ワイン生産地の中心はカリフォルニア州で、国内生産量の約9割を占めている。ワイン消費量の増加に伴い、アメリカのほとんどの州でワインがつくられるようになってきた。その他の代表的生産地がオレゴン州、ワシントン州、ニューヨーク州、ヴァージニア州、アイダホ州などである。

カリフォルニアのワインづくりは、18世紀後半、キリスト教布教のためカリフォルニアを訪れた修道士たちがミサ用のワインづくりを始めた。その後、ワイン産業は大きく発展を遂げるが、1920〜1933年までに施行された禁酒法によって、アメリカのワイン産業は致命的な打撃を受けた。禁酒法廃止後、カリフォルニアでは、醸造家協会、ワイン・インスティテュート(Wine Institute)が設立され、また、カリフォルニア大学デイビス校によるワインづくりの研究が行われるようになる。

広大な栽培面積、肥沃な土壌、温暖な気候、ブドウの品種改良、醸造技術の発達、機械化による大量生産といった諸事情を背景に、高品質のワインがつくられるようになった。

カリフォルニア州の面積は、日本よりやや広く、北は北緯42度(札幌のやや南にあたる)、南は北緯32.4度(鹿児島の南にあたる)である。また同じ緯度でも、太平洋沿岸地域と内陸部では気候条件が大きく変わっている。そのため、カリフォルニア大学デイビス校が、各地域の微気候(Micro climate、マイクロ・クライミット)や土壌に合わせてブドウ品種を選定し、奨励して、地域ごとの特徴あるワインがつくられるようになった。

主要品種は、シャルドネ、カベルネ・ソーヴィニヨン、メルロ、ジンファンデルなどだが、最近はピノ・ノワール、シラー、ソーヴィニヨン・ブラン、ピノ・グリ、ヴィオニエの人気も高まっている。

カリフォルニアのワイン産地は、大きく分けると次の5地域に分けられる。

ノース・コースト(North Coast)地域

サンフランシスコ以北の太平洋沿岸地域で、メンドシーノ(Mendocino)、ナパ・ヴァレー(Napa Valley)、ソノマ・ヴァレー(Sonoma Valley)などが含まれ、カリフォルニアでもっとも評価の高い産地である。高級ワインをつくるワイナリーが集中している。

セントラル・コースト(Central Coast)地域

サンフランシスコから、南のサンタ・バーバラまで、サンタ・クルーズ (Santa Cruz)、モントレー (Monterey) などを含む海岸よりの広大な地域で、バラエティーに富んだワインがつくられる。サンフランシスコ湾付近 (San Fransisco Bay Area) は近年評価が高まり、独立してとらえるようになった。海側の比較的冷涼な産地は新しい高級ワインの生産地区となっている。

インランド・ヴァレーズ (Inland Valleys) 地域

内陸部の南北に長い、比較的暑い地域で、大規模なワイン・メーカーが多く、手ごろな価格のワインを量産している。州生産量の約70%のワインがつくられる。

サウス・コースト (South Coast) 地域

ロサンゼルス周辺から南の暑い地域で、主に日常消費タイプのワインがつくられている。カリフォルニアでもっとも歴史のある古い地域だが、最近は都市化が進み、ブドウ栽培面積も減少している。

シェラ山麓 (Sierra Foothills) 地域

シェラ・ネヴァダ (Sierra Nevada) 山麓の地域。標高が高いため、やや冷涼な気候となっている。ジンファンデルを栽培し、樹齢100年を超えるような古木も多く植えられている。

地域の中には、さらにA.V.A. (American Viticultural Areasの略で、政府認定ブドウ栽培地域の意味) に指定された地区があり、現在全米で195のA.V.A.がある。

なお、アメリカのワインには、ヨーロッパの有名ワイン産地名を付けたものがあるが、これらの名称を使ったもの (原料となるブドウは、これらの産地で使われているものと必ずしも同一ではない) は、2005年9月に合意されたEUとアメリカの二者間協定 (06年3月に正式調印) により、今後アメリカで新たに発売するワインへの、これらの名称 (Burgundy、Chablis、Moselなど) の使用が禁止された。なお、すでに販売中の銘柄については、販売の継続は可能である。

オーストラリアのワイン

オーストラリアのワインは、フランス、ドイツ、カリフォルニアと並ぶ輸入ワインとして、日本で急速に人気が高まってきているワインである。

ワインづくりは、1960年代からの20年間に、新しく開墾した土地に新しい品種を植え、先進的な技術を導入して、大きく伸びてきている。

かつてはフォーティファイド・ワインが多く生産されていたが、現在では全生産量の90%以上がスティル・ワインで、温暖な気候から果実味豊かなワインが

つくられる。

　ブドウ品種は、カベルネ・ソーヴィニヨン、シラーズ（フランスのシラーのオーストラリア名）、リースリング、シャルドネなどのヨーロッパ品種を中心に、最近ではより冷涼な気候に適したピノ・ノワールなどの人気も高まっている。

　主なワイン生産地は、オーストラリアの南側に集中している。サウスオーストラリア州では、力強いシラーズで有名なバロッサ・ヴァレー（Barossa Valley）、ボルドーに似た気候のクナワラ（Coonawara）などにブドウ栽培地が広がり、オーストラリアワインの45％ほどを生産している。

　ヴィクトリア州は、比較的涼しい気候に恵まれ、ピノ・ノワールの産地としてはもっとも評価が高い。ニュー・サウス・ウェールズ州は、オーストラリアワイン発祥の地で、ハンター・ヴァレー（Hunter Valley）などが有名産地である。

　西オーストラリア州は、オーストラリアの中でも比較的新しい産地で、冷涼な気候を活かし、エレガントなワインをつくり、国内生産量はわずか4％だが、近年もっとも注目される産地である。

ニュージーランドのワイン

　周囲を海に囲まれているニュージーランドは海洋性気候で、昼夜の寒暖差が激しく「一日の中に四季がある」といわれる。このためエレガントさを持つワインがつくられる。1970年代以降に始まったマールボロでのソーヴィニヨン・ブランが国際的な評価を得たのをはじめ、ブルゴーニュ以外でピノ・ノワールが成功した生産地としても人気が高まる。ワイナリー数も近年著しく増え続けている。

チリのワイン

　南半球にあって気候条件に恵まれたチリは、19世紀半ば以降ワイン生産が本格化した。ヨーロッパ品種を主にフランスやカリフォルニアからの資本や技術が取り入れられ、良質で安価なワインがつくれている。近年では輸出量が急増しており、カベルネ・ソーヴィニヨンやソーヴィニヨン・ブランなどは評価も高い。また、チリはフィロキセラ害虫の被害はなく、樹齢100年を超す古木も珍しくない。

アルゼンチンのワイン

　世界第5位の生産量のアルゼンチンだが、1970年代までは日常消費用ワインやバルク・ワインといった「質」より「量」重視のワインづくりが行われていた。

近年、欧米より技術投入により目覚ましい品質向上を遂げており、注目が高まっている。平均標高900mのブドウの高地栽培、雨が少なく乾燥しているので減農薬農法を可能としている。アルゼンチンのマルベックは世界的に評価も高く、固有品種のトロンテス（スペインから伝わったとされる説もある）はフルーティーな味わいで人気が高まっている。

南アフリカのワイン

アフリカ大陸の最南端に位置し、東がインド洋、西が大西洋に面しており、温暖で日照時間も長く古くからワインづくりが行われている。ブドウ栽培地域のほとんどは、西ケープ州の沿岸部に集まっている。

1918年、南アフリカワイン醸造者協同組合連合（KWV）が設立され、ワイン産業を発展、海外からの技術提供などにより、近年では小規模高級ワイナリーも増えている。代表品種のシュナン・ブランをはじめ、南アフリカ独自の交配品種ピノタージュが栽培され、近年はヨーロッパ系品種が増加傾向にある。

日本のワイン

日本のワインづくりの歴史は浅いが、近年はヨーロッパ品種のブドウを使った高品質のものがつくられている。日本古来のブドウ品種、甲州を使った白ワインは穏やかな酸味を持ち、和食によく合う。最近では世界的にも評価される辛口甲州ワインもつくられるようになってきた。日本での改良品種であるマスカット・ベリーAからはフルーティーなタイプや長熟タイプのワインがつくられている。

5　バーでのワインの管理とサービス

バーでのワインの選び方

食業態のレストランなどだけでなく、飲業態のバーでもワインがオン・メニューされ、商品アイテムとしてのウエイトが高くなってきている。バーでは、レストランと違い、そのアイテム数は業態にもよるが6アイテム前後が中心。そこでの品揃えの基本となるのは店の基本コンセプトに合ったワインを選ぶことである。

ワインにはさまざまなタイプがあり、タイプによって飲みごろも違うが、ワインをメインとしたメニュー構成をとるワイン・バーなどを除けば、個性が特出した、たとえばタンニンの渋みのしっかりとした赤ワインや、酸味がしっかりとし

た硬い感じの白ワインではなく、口当たりがよく飲みやすく、会話の腰を折らないものを中心とすることだ。

　また、選ぶ際にはエリア的にはオールド・ワールド（旧世界、クラッシック・ワールド）と呼ばれる産地の個性を売りものにしたワインもいいが、ニュー・ワールド（新世界、モダン・ワールド）と呼ばれる、その時代の流行やお客様の嗜好に合わせたワインづくりが中心となる産地のワインのほうが、バーでのワインの選択としては無難といえる。特に、ダイニング・バーや気軽に立ち寄れるカジュアルな雰囲気のバーの場合は、より効果的といえよう。

　そのためには、ワインの選択や保存、飲用温度、抜栓など、初歩的な知識をしっかりと身につけることも必要になる。

ワインの保存

　市場に出ているワインの大部分は、長く貯蔵・熟成しなくても、十分にその持ち味を楽しむことができる。しかし、例外的に、個性のあるワインを若くて安いうちに買っておく場合は、次のような条件を満たした場所での保存が必要になる。

・急激な温度変化のない場所（10～15℃の範囲）
・湿度65～75％ぐらい（コルクの乾燥防止や、ラベルのカビ対策のため）
・光が当たらず、振動もなく、臭いのないところで横に寝かせて保管

　しかし、レストランと違いバーでは、ストックの量も少ないので、28℃を超えない範囲で保存すれば大きなダメージを受けることは少ない。それ以上に適正在庫の面からも、ストック量が多すぎないように十分検討すべきであろう。また、ある程度本格的に保存したい場合は、ワイン保存用の冷蔵庫が数多く出回っているので、アイテム数とストックの量を考慮して導入すれば最良といえる。ワイン保存用の冷蔵庫の導入は、バー（店）のワインに対するスタンスを打ち出すことにもなるので、スペースが取れるならば必要機器のひとつとして考えたい。

飲用温度

　飲みものをおいしく飲むためには温度が大切である。冷たい刺激は心地よいが、冷えすぎると香りや味が十分に発散しない。白ワインに比べ赤ワイン（ことに熟成したもの）は複雑で微妙な香を楽しむために、温度は16～18℃と高めがよい。

　白ワイン、ロゼ・ワインなどは、甘みと酸味のバランスが主体となるので、8～10℃ぐらいに冷やしたほうがおいしく飲むことができる。

甘口のワインや、炭酸ガスを含んだスパークリング・ワインは、7〜8℃ぐらいが適当である。

抜栓

　ワインの栓は、普通コルクが使われており、栓を開けるためにさまざまなコルクスクリューが使われる。どれを使うかは、使う人の好みだが、スマートさを意識するならテコ式ソムリエ・ナイフを、また、誰でもが使いこなせるという実用性から考えるならばスクリュー・プルと呼ばれる回転式のものが理想といえる。
　ところで、ワインの栓にコルクが使われているのは長く保存するのに弾力性があり、長期間の保存にはもっとも適している素材だからである。しかし、現在のコルク栓はアキレス腱ともいうべき「コルク臭」、つまりコルク汚染のリスクも抱えている。こうした問題に向けて、現在ではかなりのワインが合成コルクやスクリュー・キャップ、また、アメリカやドイツでは「ヴィノロック」なるガラス栓などもコルクの代用として使われるようになっている。合成コルクはともかくとして、スクリュー・キャップやヴィノロックなどであれば抜栓に苦労もせず、また、保存に関してもワインのビンを横に寝かす必要もないため管理もしやすい。バーでのワイン導入を考えたとき、一考すべきことであろう。

ワイン・グラス

　ワインの色合いを楽しむため、色は無色透明のものを選ぶ。形はチューリップ型といわれる、ワインの香りが十分に立ち込められるような空間のあるものがよい。グラスの肉質は、薄くデリケートなもののほうが唇に触れたとき心地よい。一般的に、赤ワインは大きめ、白ワインは小さめのグラスを使うとよく、また、シャンパンなどのスパークリング・ワインなどのサービスのためにフルート型のシャンパン・グラスも用意したい。

III　ビール (Beer)

1　ビールの歴史

　世界でもっとも広く飲まれている酒が、ビールであり、また、もっとも多量に消費されている酒もビールである。このことに関しては、今や日本も例外ではなく、消費量No.1の酒は、ビールである。

　現在、世界の数多いビール生産国の中で、代表的な国をあげるとするなら、歴史の古さ、種類の多さの面でドイツ、イギリスをあげねばなるまいし、今日のビール産業に大きな影響を与えたという面では、デンマークがあげられる。また、マーケティングの卓越さと、生産量の多さの面では、アメリカ、日本をあげることができる。

　ビールは、大麦の麦芽（小麦麦芽を用いる特殊なビールもある）、水、ホップを主原料にし、副材料にスターチや米などを加えて発酵させた酒というのが、一般的な概念である。アルコール度数が低く、炭酸ガスを含むこと、ホップ由来の独特の香りやほろ苦さを持つことなど、他の酒にない特徴を持っている。

　ビールの呼び名は、国によってさまざまで、英語では「Beer（ビア）」、ドイツ語では「Bier（ビア）」、フランス語では「Bière（ビエール）」、イタリア語では「Birra（ビッラ）」、スペイン語では「Cerveza（セルベサ）」、オランダ語では「Bier（ビール）」、中国語では「啤酒（ピーチュー）」と呼ばれている。

　ビールの歴史は、紀元前4千〜3千年前まで遡ることができる。しかし、この時代のビールと、今日のビールとはまったく異質のもので、当時やっと農耕生活を始めた人類は、大麦や小麦などを栽培し、これを焼いて食べたり、粉砕して水を加え、生パンや粥状にして食べていたと思われる。このとき、放置してあった麦の粥の中に酵母が入り込み、自然に発酵してアルコールが生成され、酒になったのが起源といわれている。

　こうした光景は、紀元前3千年ごろのものと推定されるメソポタミアの発掘品『モニュマン・ブルー』と呼ばれる粘土の板碑にシュメール人たちが、麦でビールをつくるさまが描かれていることから推察することができる。

　紀元前1500年ごろには、大麦を麦芽にしてからパンやビールにする方法が開発され、ビールづくりはさらに進展した。

北ヨーロッパの古代ゲルマニアでも、紀元前からビールづくりが行われていた。タキトゥスは、『ゲルマニア』の中で「飲料には、大麦もしくは小麦からつくれ、幾分ブドウ酒に似た液がある」と書いている。

　こうした古代のビールは、ほとんどの場合、ハチミツやスパイス類などで味つけして飲まれた。5世紀のころ、ゲルマン族の間で、そうしたスパイス類をいろいろとバランスをとりながらミックスしたものをつくり、それをビールに溶かし込む方法が発達した。ミックスしたものは「グルート(薬草)」と呼ばれ、できあがったビールは「グルート・ビール」と呼ばれた。グルートの材料としては、タチヤナギ、テンニンカ、サルビア、アニス、ハッカ、ニッケイ、チョウジ、ニガヨモギなどが用いられた。

　ホップは、9世紀ごろからヨーロッパ各地でビールの味つけ用材料のひとつとして使われるようになったが、13世紀のドイツでホップを大量に使ったボック・ビールが開発され、好評を得た。これ以後、グルート・ビールに代わって、ホップで爽やかな苦みをつけたビールが、中部ヨーロッパで主流派となる。このホップを使ったビールの地位は、1516年の「ビール純粋令」の発令によって確固たるものになった。この法令は、バイエルン領邦の君主ウイルヘルム4世が、ビール醸造業者に対して、「ビールは大麦、ホップ、水だけで醸造せよ」と命じたもので、これによりグルート・ビールは姿を消し、この法の精神は、ヨーロッパ各地のビール醸造業者にも多大な影響を与えることになった。

　イギリスでは、18世紀になってから、やっとホップの使用が義務づけられるようになった。

　ホップの使用と平行して、15～16世紀には、まったく新しい醸造方法がドイツを中心に広まりだす。低温で発酵・貯酒するこの醸造法のビールは、現在の「下面発酵ビール」で、当時は気温の低い9月から翌年の4月ぐらいまでにのみ醸造されていた。

　その後、ビール産業はイギリスの産業革命とともに、工場の機械化を進め、蒸気機関の発達とともに、近代工業へと変わっていった。

　19世紀後半には、リンデの冷却器の発明により、一年中、下面発酵のビールがつくれるようになり、さらに、パスツールの低温加熱殺菌法(1866年)によるビールの長期保存が可能となり、市場を拡大した。

　一方で、デンマークではハンセンの純粋培養酵母の発明(1883年)により、よりピュアなビールができるようになり、下面発酵ビールが世界の主流となった。

日本のビールは、明治2年、アメリカ人コープランドが横浜で、在日外国人向けに『スプリング・バレー・ブルワリー』を創立したのに始まる。明治20年前後には、大資本によるビール会社が誕生し、ヱビスビール、キリンビール、アサヒビールが次々に発売され、さらに、昭和38年、サントリーのビール業界参入があり、現在では沖縄のオリオンビール（アサヒビール傘下）を入れて5社の他、2015年にはクラフト・ビールを含め、178の醸造免許数に増えている。

　現在ビールはいろいろな国で生産されているが、その総生産量は、約1億9000万kl（2019年現在）となる。エリア的にはアジアでもっとも多く生産されている。国別に見た場合、生産量第1位は中国、2位アメリカ、3位ロシア、4位ブラジル、5位ドイツとなっている。日本は7位だが、この中にはビールの他、発泡酒、新ジャンルと呼ばれている飲料も含まれている。

2　ビールの原料

　日本のビールは、酒税法により、「麦芽、ホップ、水を原料としたもの」と規定されている。

麦芽

　ビールの主原料である麦芽は、大麦を水に浸し、発芽させてつくる。使用する大麦は、ビール麦と呼ばれる二条大麦や、北アメリカを中心に栽培されている六条大麦が使われる。これらの大麦が発芽すると、デンプン質やタンパク質を分解する酵素がつくられる。一般的に、二条大麦はデンプン質が多く、六条大麦はタンパク質が多く、酵素力も強い。

　一方、小麦からつくられる麦芽は、特有のフルーティーな香りを生み出す。

ホップ

　ホップは、クワ科のつる性多年生植物で、毎年8〜9月に雌花に付く毬花をビールに使う。この毬花の中に、ルプリンという黄金色をした粒状の物質が含まれているが、これには苦み成分が含まれている。

　こうしたホップをビールに使うと、ほろ苦さと爽快な香り、色艶のよさ、泡持ちのよさ、雑菌の繁殖抑制などの効果がある。

　ホップの種類を大きく分けると、華やかな香りと穏やかな苦みをビールに与え

るアロマ・ホップ（チェコのザーツ種、ドイツのハラタウ種など）と、締まりのある苦みをビールに与えるビター・ホップ（アメリカのナゲッツ種やクラスター種、日本の信州早生種など）がある。

ビールの約92％を占める「水」の質は、ビールの品質に大きな影響を与える。一般的には、淡色ビールには軟水が適し、色の濃い濃色ビールには硬水がよいとされる。

副原料

各国ごとに、その嗜好・風土に合った味のビールをつくり出すため、デンプン質の副原料を20～30％の範囲で使用することがある。

副原料の種類としては、米、麦、トウモロコシなどがある。また、2018年より果実、コリアンダーなどの香辛料やハーブなども使用可能になった。

3　ビールの製法

ビールの製法は大きく分けて、麦芽をつくる製麦工程と、麦芽から麦汁をつくり発酵させ、若ビールをつくるまでの醸造工程、若ビールを貯蔵後製品化するまでの製品化工程などに分けられる。

製麦工程

まず原料となる大麦を水に浸し、水を十分に吸収させる（浸麦）。この大麦を発芽床に入れ発芽させる。このとき、大麦中のデンプン質、タンパク質が分解し、糖化酵素（アミラーゼ）を生成する。これをほどよいところで乾燥させ発芽を止

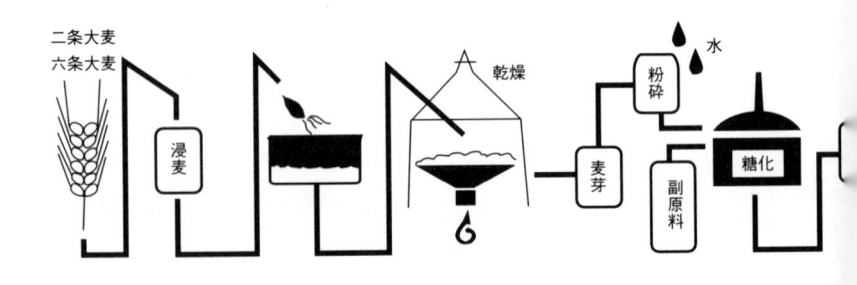

める。こうしてできたものが麦芽である。

このとき、淡色から濃色まで色の違うビールのどれに使うかによって、麦芽の乾燥を調節する。一般的に、淡色麦芽は低温で短時間の乾燥をし、最終的には80〜85℃前後で焦がす。濃色麦芽は反対に、高温で長時間かけて乾燥させ焙燥香を持たせ、最終的には100〜105℃前後で焦がす。また、黒褐色の麦芽で、香ばしい香りを持った、カラメル麦芽は135〜150℃ぐらい、色麦芽は200〜230℃ぐらいの高温で焦がし、風味づけとしてさまざまなタイプのビールに少量使用される。

醸造工程

醸造工程は、原料を糖化、発酵しやすいように、麦芽を粉砕することから始まる。粉砕した麦芽は醸造用水と混ぜられ、45〜100℃の範囲内で温水コントロールをしながら、麦芽に含まれるデンプン質やタンパク質を温水の中に溶け込ませ、麦芽自身の酵素の力で糖化させ、甘い麦汁をつくる。

糖化の終了した麦汁液を濾過して、ホップや副原料を加え煮沸する。ホップを加えることにより麦汁にビール特有の香りと苦みをつけ、煮沸により麦芽の酵素の働きを止め、麦汁を濃縮して所定の濃度にする。煮沸終了後、沈殿したタンパク質やホップカスのオリを取り除く。このようにして清澄化した麦汁は、下面発酵酵母を使う場合は5〜15℃に冷却してから酵母を加えて発酵させる。また、上面発酵酵母を使う場合は18〜25℃と比較的高い温度で発酵させる。発酵は7〜10日ほどで終了し、アルコール分約5%の「若ビール」ができあがる。

この「若ビール」は、香味が粗く、未熟成分が微量に存在していて、風味のバランスがとれていない。そこで貯酒タンクの中に移し、0℃まで冷却し熟成させ、

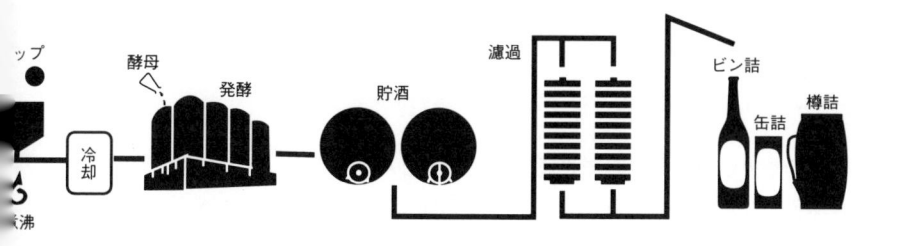

円熟したビールへと育てあげる。

　以上のように、発酵に使用する酵母に、上面発酵酵母を使うか、下面発酵酵母を使うかで、二つのタイプのビールになる。上面発酵ビールの典型は、イギリスのエールで、常温で発酵させ、強いホップの苦みと香りが特徴である。

　日本で主につくられているのは、下面発酵酵母によるビールで、味が穏やかですっきりとした味わいのビールである。

製品化工程

　熟成したビールは、シートフィルターや珪藻土濾過機を使い、酵母カスや凝固物を取り除く。しかし、まだビールの中には微量の微生物が残っているため、さらにミクロフィルターなどを使って、うま味の成分だけ残し、他の成分はすべて取り除き製品化する。だが、フィルターを使うにしても、品質のよいビールをつくるためには、工程全体の一貫したサニテーション（微生物管理）が大切である。

　このようにして生まれてくるのが生ビールで、製品化工程中加熱しないため、クリーンな風味が生きており、これをそのまま、樽、ビン、缶などに入れて出荷する。

　一方、昔から、通常ラガー（本来は生、加熱殺菌の区別なく、熟成させたビールのことをいう）と呼ばれてきたビールは、粗い濾過をしたあと、ビン、あるいは缶に詰め、パストライザーと呼ばれる熱水による加熱殺菌装置にかけて、日持ちをよくし、ビン、缶内の微生物を殺菌している。

　しかし、こうした加熱ビールは、加熱した時点で風味も低下するため、最近はフレッシュでクリーンな風味の生ビールのほうに人気が集まっている。

　ビールは、ある程度保存しておいても微生物の繁殖はないが、タンパク質を含むので、風味のバランスが崩れやすく、早めに飲んだほうがおいしい。賞味期間は長くても半年、できれば3ヶ月以内にフレッシュな風味を楽しみたい。

4　ビールのタイプ

　ビールの分類方法は、世界的に共通する絶対的なルールはない。経験的に、「使用酵母」、「色」、「産地」、「麦汁濃度」、「麦芽の使用量」、「苦み」、「発酵法」、「熱殺菌の有無」などで分けられるが、比較的よく使われるのが「発酵方法（使用酵母）」および「ビールの色」による分類である。

ピルスナー・ビール

チェコのプルゼニ（ピルゼン）でつくられる淡黄色のビールを原型とするもので、現在はこれに似たアロマを持つ淡色ビールの代名詞となっている。日本のビールのほとんどは、このピルスナー・タイプといえる。

エクスポート・ビール

輸出用という意味ではなく、ドイツでは平均を少し上回る強さのビールのひとつで、苦みも比較的弱く、色はやや濃い。ドイツのヘニンガーなどがある。

ヘレス

ドイツの淡色ビールの総称で、ピルスナーより安価で大衆向きである。ホップの量も少なく、あっさりとしている。レーベンブロイ、シュパーテンなどがある。

ライト・ピルスナー・ビール

副原料を30〜40％使用し、ホップの効果もそれほど強くなく、清涼感を強調したタイプのビール。アメリカのバドワイザー、ミケロブなどがある。

ウイーン・ビール

ウイーンで誕生した中等色のビールで、モルトのやや甘い香りと風味を持ち、アルコールも5.5％と高い。やや重いタイプだが、苦みは弱い。

濃色ビール

ドイツ各都市でつくられている。濃色麦芽やカラメル麦芽を多く使用し、香ばしい香りを持った濃色ビールである。甘く濃醇で、ホップの苦みは弱い。

濃色ボック・ビール

ボック・ビールは一般的には濃いものが主流であるが、現在は淡色のものも多い。ホップを利かせて、低温で熟成した濃厚タイプのビール。

黒ビール

国産のものは、ドイツの濃色ビールを手本に、日本人向けに少し飲みやすく仕上げている。

ペール・エール

ホップの苦みや麦芽の香味が強く、高温発酵に由来する果実香がある。ペールとは、色の淡い状態をいう。イギリスのバス・ペール・エールなどがある。

ケルシュ

ドイツのケルン地方でのみつくられているビールである。苦みが強く、酵母に由来する果実香があり、炭酸ガスが弱い。ドイツでは珍しく、糖類の添加が許可されている。

バイツェン・ビール

　小麦麦芽を50％以上使用したビールで、ドイツのバイエルン地方特産である。炭酸ガスの刺激が強いが、味は柔らかい。ベルリン周辺でつくられるベルリーナー・ヴァイスは同じタイプのもので、乳酸発酵の酸味が強いので、シロップを混ぜて飲むことが多い。ヴァイフェンシュテファンなどがある。

ビター・エール

　イギリス産エールのうち、特に苦みの強いもので、パブでよく飲まれている。

スタウト

　砂糖を原料の一部として使い、ホップの苦みの強いビールである。麦芽の香味を強調している。ギネスなどがある。

ポーター

　スタウトに近い濃色ビールで、発酵度が高いので残糖分が少なく、アルコール

ビールの分類

発酵方法	ビールの色	タイプ	国名
下面発酵ビール	淡色ビール	ピルスナービール	ドイツ
		エクスポートビール	ドイツ
		ヘレス（淡色）	
		ピルスナービール	チェコ
		ピルスナービール	デンマーク
		ライトピルスナービール	アメリカ
		ライトピルスナービール	カナダ
		ピルスナービール	日本
	中等色ビール	ウイーンビール	オーストリア
	濃色ビール	黒ビール	ドイツ
		濃色ボックビール	ドイツ
		黒ビール	日本
上面発酵ビール	淡色ビール	ペールエール	イギリス
		ケルシュ	ドイツ
		バイツェン	ドイツ
	中等色ビール	ビターエール	イギリス
	濃色ビール	スタウト	イギリス
		ポーター	
		アルト	ドイツ
		スタウト	日本
自然発酵ビール		ランビック	ベルギー

分が5～7.5％と高い。現在は衰退傾向にある。

アルト

　ドイツのデュッセルドルフ周辺でつくられているビール。淡色麦芽以外に濃色麦芽も使用し、比較的色は濃く、麦芽の焦げ臭が強調されていて、苦みも強い。一般的に果実に似た香りが強い。

ランビック

　ベルギーの代表的、かつ伝統的なビールで、特有の香りと酸味を持っている。未発芽の小麦が35～45％使用され、木樽に付着している酵母とバクテリアを利用し、主発酵後、1～2年自然発酵（貯酒）される。酸味を和らげるため、チェリーなどを漬け込んだり、砂糖を加えるものもある。クリークなど。

発泡酒

　最近、世界的に大麦麦芽使用比率の低いビール状発泡酒の生産が高まっている。日本では"発泡酒"の名で親しまれ、正式なビールのシェアを大きく侵蝕している。英語ではロー・モルト・ビア（Low malt beer）、あるいはスパークリング・モルト・ビバレッジ（Sparkling malt beverage）と呼ばれているが、まだ世界的な正式名称とはなっていない。しかし、後者のスパークリング・モルト・ビバレッジのほうを使うケースが目立ち、頭文字をとってSMBと称することが多い。

　世界的に見た場合、このSMBは麦芽由来の香味が薄いため、香味調製用として乳酸、酢酸、コハク酸、リン酸、亜硫酸などを添加しているものが多い。また、泡持ちをよくするために、窒素を添加するものもある。

　日本では酒税法上から、麦芽の使用量が2/3以上のものを「ビール」、2/3未満のものを「発泡酒」と分類しているが、発泡酒の多数は1/4未満のものが多い。ただし、2/3以上の麦芽を使用していても果汁等を添加したものは発泡酒となる。

新ジャンル

　日本独自のビール飲料で、酒税が安くなることから開発された。エンドウ豆由来の原料としたり、ビールと焼酎をベースにしたりして「限りなくビールに近い味」を出している。発泡性酒類の中に入る新ジャンルは、タンパク質分解物（大豆、エンドウ、トウモロコシ）を原料としたものは「その他の醸造酒（発泡性）」、麦芽およびホップを原料の一部として別のアルコール飲料（大麦、小麦等を問わない麦由来のスピリッツ、焼酎）を混ぜた場合は「リキュール類（発泡性）」に分けられる。

該当する酒類	麦芽使用比率	酒税
ビール	2/3以上	77円
発泡酒	25〜50%未満	62.34円
発泡酒	25%未満	46.34円
リキュール(発泡性)①		28円
その他の醸造酒(発泡性)②		28円

※350mlあたりの酒税(2010年現在)

Ⅳ その他の醸造酒

1 清酒

清酒の歴史

　日本で酒づくりがいつごろ始まったのかは、はっきりとしていないが、今から約2千年前の弥生時代まで遡ることができるかもしれない。

　しかし、酒づくりの記録が文献に登場するのは、紀元前1世紀ごろに編集された『古事記(713)』や『日本書紀(720)』、『播磨風土記』などで、この時代に中国や朝鮮から「蒸す」という技術が伝わり、日本酒づくりが定着したものと推察される。

　その後、鎌倉時代、室町時代を経て、太平の世であった江戸時代に酒づくりの技術が進歩し、現在の清酒づくりの基礎が確立したといえる。

　しかし、従来の清酒は濃醇辛口で少量で満足できたが、酸の多い濃醇甘口へと変化し、その後、飲み飽きのしない淡麗甘口へと動きだした。これは、精米機の改良やホーロー・タンクの使用、四季醸造設備、微生物管理の向上などによるもので、工場の近代化とともにすっきりとした清酒が多く出回るようになる。

　昭和40年代(1965年～)には清酒離れが起こったが、昭和53(1978)年以降、高精白米(50～60％)が登場、デリシャス香(昭和初めは梅花香や上品な木香)の世界が動きだし、清酒の淡麗辛口化が進んでいる。また、1992年の級別廃止後は、ブランドを指名して買う消費者が増えた。さらに、純米酒や吟醸酒などの特定名称酒にこだわる消費者も現れ、多様化の流れが現れている。

清酒の原料

　清酒の原料は、基本的に米、米麹、水の他、酵母や乳酸菌、また香味調製として醸造用アルコール、酸味料、糖類などの副原料も広義では原料としている。現在、もっとも消費量の多い普通酒には、醸造用アルコールが添加されており、さらに、ブドウ糖や有機酸などを添加したものもある。

(1) 原料米

　一般に、用途によって、麹米(こうじまい)用と掛け米(かけまい)用の2種類がある。麹米には通常、酒米と呼ばれる酒造好適米が使われる。掛け米には、全部または一部に一般米(うるち米)が使われるが、特定名称酒の場合、酒米には「山田錦」、「五百万石」、「美山錦」、「雄町」、「八反」などの有名銘柄や、各県で開発

された新種、復活栽培されるようになった優良品種などの酒米が使われることが多く、時代の変化や消費者の嗜好の変化とともに、全国でおよそ100種弱の酒米が栽培されている。普通酒は麹米、掛け米ともにすべて一般米でつくられるのがほとんどである。

酒造好適米は、一般的に粒が大きく、中心部に心白と呼ばれる不透明な部分があるのが特徴である。これらの原料米の銘柄は、50％以上使用していれば品種名を表示できるので、有名好適米をアピールしている蔵元もある。

(2) 醸造用アルコール

純米酒、純米吟醸酒以外は、ラベルの原材料のところに「醸造用アルコール」が表示されている。昔は、量を増やすために使われていたが、現在では、香りを引き立てたり、保存性を高めたり、あっさり味に仕上げるなどの効果で使われることが多い。どの程度使われるかは定かではないが、本醸造と吟醸酒については、「95％のアルコールの重量に換算して、白米の重量の10％以下」の基準がある。

(3) 糖類

水飴やブドウ糖のことである。使用したときは「糖類」あるいは、「醸造用糖類」と表示するが、傾向としては使用しないか、使用するにしても微量に抑える蔵元が多くなってきている。糖類の使用は、特定名称酒では認められていない。

(4) 酸味料・調味料

酸味料は、コハク酸、クエン酸などの有機酸で、調味料はアミノ酸塩であるグルタミン酸ナトリウムである。これらは醸造用アルコールで薄まった清酒の味を、本来の清酒らしくするために使われる。糖類同様、特定名称酒では認められていない。

清酒の製造

清酒づくりは、原料米をよく精米することから始まる。精米歩合は、70〜45％（われわれが日常食べている飯米は90％ぐらい）で、目的とする清酒のタイプに合わせて精米する（p.84 特定名称酒の表参照）。

精米した米をよく洗い（洗米）、水を十分に吸収させて蒸米をつくる。蒸米の一部に種麹を徹布し、米麹をつくる。この米麹と蒸米、純粋培養酵母（協会酵母など）、水で酛（モト、酒母）を仕込む。できあがった酛に、水、米麹、放冷した蒸米（掛け米）を、通常3段階に分けて仕込み、もろみをつくる。

清酒が他の醸造酒に比べアルコール度数が高いのは、この「3段仕込み」と呼ば

れる清酒独自の醸造法をとるためである。もろみは糖化と発酵が同時進行しながら約20～30日で発酵を終わる。これを上槽(絞り)したのが生酒で、アルコール度数は20度前後である。このときの残り粕(絞り粕)が酒粕である。このあと生酒は図のような製造工程を経て、さまざまなタイプの清酒に仕上げられる。

清酒の製造行程

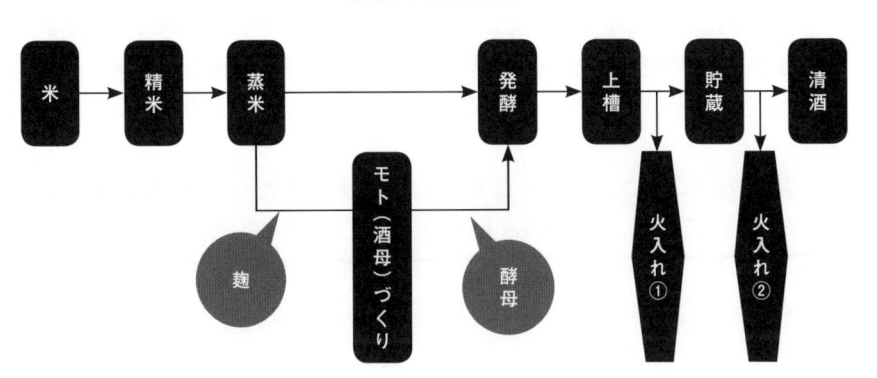

米 → 精米 → 蒸米 → 発酵 → 上槽 → 貯蔵 → 清酒

麹／モト(酒母)づくり／酵母

火入れ①／火入れ②

●**山廃づくり**
麹と蒸米をすり潰す作業(山卸)を省略(廃止)したつくり方

●**生もとづくり**
山卸を行なって酒母を育てるつくり方

清酒をつくる工程で通常は貯蔵前とビン詰め前に火入れ(ひいれ)といって、低温殺菌をすることで品質安定をさせる。火入れのタイミングにより呼び名が変わる。
●**生酒**　　　まったく火入れをしないもの
●**生詰め酒**　貯蔵前だけに火入れを行なったもの
　　　　　　　(火入れ①のみ行う)
●**生貯蔵酒**　ビン詰前だけに火入れを行なったもの

清酒のタイプ

(1) **普通酒**
　一番入手しやすい清酒で、醸造用アルコールを添加し、味を調えた酒である。添加の上限は、使用玄米の重量以内とし、値段の安いのも特徴である。

(2) **本醸造酒**
　精米歩合70％以下の白米、米麹、醸造用アルコールを原料にしてつくられるタイプで、醸造用アルコールはもろみの段階で添加される。のど越しもよく、飲みやすい酒である。「本醸造」の中でも、精米歩合60％以下、または特別な製造

Ⅳ　その他の醸造酒

方法（記載義務あり）でつくられ、特に香味や色沢が優れているものは「特別本醸造」と表示される。

（3）純米酒

白米と米麹、水だけでつくったという意味である。米の持つ香味、色沢が良好なもので、味のやや濃厚なものが多い。

（4）吟醸酒

吟醸とは特に吟味してつくったという意味である。精米歩合60％以下の白米と米麹、醸造用アルコールを原料にしてつくられる吟醸酒は、普通の発酵温度より低温でゆっくり発酵させる。発酵時の酵母も特別のものを使う。吟醸づくりの風味の特徴は、独特のフルーティーな香りと、すっきりとした滑らかな味わいである。

吟醸酒のうち、精米歩合50％以下の白米を原料としたもので、吟醸づくり固有の香味や色沢が特によいものは「大吟醸」と表示される。また、精米歩合60％以下の白米と米麹、水だけでつくる吟醸酒は「純米吟醸酒」、精米歩合50％以下の白米と米麹、水だけでつくる吟醸酒は「純米大吟醸酒」といい、ともに気品にあふれた吟醸香を持った酒といえる。

特定名称酒の表示基準（抜粋）

特定名称	使用原料	精米歩合	香味などの条件
本醸造酒	米、米麹、醸造用アルコール	70％以下	香味、色沢が良好
特別本醸造酒	同上	60％以下 または特別な醸造方法	香味、色沢が特に良好
純米酒	米、米麹	規定なし	香味、色沢が良好
特別純米酒	同上	60％以下 または特別な醸造方法	香味、色沢が特に良好
吟醸酒	米、米麹、醸造用アルコール	60％以下	吟醸づくり、固有の香味、色沢が良好
大吟醸	同上	50％以下	吟醸づくり、固有の香味、色沢が特に良好
純米吟醸酒	米、米麹	60％以下	吟醸づくり、固有の香味、色沢が良好
純米大吟醸酒	同上	50％以下	吟醸づくり、固有の香味、色沢が特に良好

2 黄酒（ホアンチュウ）

　普通、中国酒といえば老酒で通っているが、中国の酒にはいろいろな種類がある。大別すると、水酒（黄酒ともいい、老酒のような醸造酒）と、スピリッツの項で出てくる白酒（高粱酒や茅台酒のような蒸留酒）、それに薬（薬）酒である。
　黄酒はうるち米、もち米、小麦などを主原料にして、小麦にクモノスカビを繁殖させた「麹子（きょくし）」により糖化、発酵させたあとカメに密閉して、長く熟成させるのが特徴である。
　産地は時代により変わってきた。唐時代には陝西省が本場だったが、現在では水質のよさから、上海近くの紹興という地方が代表的産地となっている。ここの紹興酒には、「花彫」、「女児酒」というのがある。「女児酒」は、この地方で昔から、女の子が生まれるとその年に酒を仕込み、その娘がお嫁にいくときに初めてその酒ビンを開けてお祝いし、また、嫁ぎ先にその酒を届けるところから、その名がある。また、長期熟成の古酒として「花彫」が全国的に知られている。

3 その他

シードル（Cidre）

　ブドウ以外のフルーツを発酵させてつくる醸造酒をフルーツ・ワインといっているが、その中でも代表的なものが、リンゴからつくられるシードルである。
　シードルはフランス語、ドイツ語ではアッフェルヴァイン（Apfelwein）、英語でサイダー（Cider）という。
　リンゴを発酵させてつくるが、ガスありとガスなしの2タイプがあり、アルコール度数は2～4％と低く、リンゴの風味の残ったフルーティーなワインである。

ミード（Mead）

　ハチミツを発酵させた酒で、ワインの仲間である。歴史はビールより古いといわれ、ハーブやスパイスを加え、独特の風味を持ったものが多い。現在、イギリスや東欧で生産されている。

V　ウイスキー（Whisky）

1　ウイスキーの歴史

　ウイスキーは、多くの国々でつくられているが、定義はそれぞれの国により異なっている。一般的には、麦芽や穀物を原料として、これを糖化、発酵させたのち、蒸留し、さらに樽の中で熟成された酒を指す。特に、ウイスキーにとってはあの琥珀色が、樽熟成による流れの中で育まれたものなのであり、さらに、熟成によってウイスキーの風味はまろやかになり、華やかな香りと味わい深いコクを持つようになる。これがウイスキーの最大の魅力である。

　だが、ウイスキーは、誕生当初から樽熟成をしていたわけではない。長い間、蒸留したての色のついていない状態で飲まれてきた。樽熟成により琥珀色になったウイスキーが飲まれるようになったのは、19世紀に入ってからである。

　それはともかく、ウイスキーの歴史は、錬金術師たちがつくった「生命の水」に始まっている。このことは、ウイスキーの語源であるゲール語のウシュクベーハ（Uisgebeatha）が、「生命の水」の意味を持つことからも明らかである。

　中世の錬金術師たちは、醸造酒を蒸留する技術を発見したとき、その燃えるような味わいに驚いて、それをアクア・ビテ（Aqua Vitae、生命の水）と呼んだ。

　ヨーロッパ各地に蒸留技術が伝わるとともに、その共通語アクア・ビテが各地の言葉に訳され、蒸留酒を指すようになった。この技術を、穀物からつくった醸造酒、つまりビールに応用したのが、ウイスキーの始まりである。

　しかし、ウイスキーの蒸留がいつごろ最初に行われたのか、あるいはいつごろから飲まれていたのかは明らかではない。

　ウイスキーが歴史上、記録として最初に現れるのは、12世紀に入ってからである。1172年、イングランド王ヘンリー2世の軍隊が、アイルランド侵攻時に、「この地で生命の水と称する強い酒（アスキボー、Usquebaugh）を飲んでいるのを見た」という記述を残しており、これがウイスキーの前身だったと考えられる。

　その後、1494年には、スコットランド王室の記録に「アクア・ビテ製造のため麦芽（モルト、malt）8ボル（bolls、当時の容量単位）をジョン・コー修道士へ」とあり、ここにアクア・ビテ（Aqua vitae）という言葉が登場し、スコットランドでも蒸留が行われていたことが明らかになっている。このあと、スコットランド

では、大麦麦芽でつくる蒸留酒の記録がいろいろ現れ、ウイスキーづくりが広まっていく姿をたどることができるが、ウイスキーという言葉が、「WHISKIE、WHISKY」として文献に登場するのは、1715年発行の『スコットランド落首集』が最初である。

1707年、それまで二大王国であったイングランドとスコットランドは統合され、大英連合王国（大ブリテン王国）となった。これに伴い、1713年、政府はスコットランドに、それまでイングランドで行われていた麦芽税を適用することにした。これに対して、スコットランドのローランド地方の大規模蒸留業者は、大麦麦芽以外の穀物を混ぜ、麦芽の使用量を減らして蒸留するようになった。

一方、小規模蒸留業者は、イングランドの徴税吏が入り込めないようなハイランド地方の山奥に蒸留所をつくり、隠れて密造するようになった。密造時代の始まりで、19世紀初頭の1820年代まで続くことになる。

彼らは、作業のしやすさから、大麦麦芽だけで蒸留し、大麦麦芽を乾燥させる燃料として、付近にあったピート（泥炭）を使い、貯蔵にはスペインから輸入したシェリーの空き樽を流用した。

前者は、のちのグレーン・ウイスキーの前身と考えることができるし、後者は、モルト・ウイスキーの前身と考えてよい。

1823年、新しい法律により密造の時代は終わりを告げる。ハイランドの大地主で、上院議員であったアレクサンダー・ゴードンは、小規模の蒸留所にも安い税金で蒸留できる新しい税制を提案した。このとき、最初に公認の蒸留免許を取得した蒸留業者がジョージ・スミスである。蒸留業者は次々に名乗りをあげ、熱心にウイスキーづくりを発展させた。ちょうど産業革命の真っ盛りの時期であった。

一方、ローランド地方の大規模蒸留業者は、蒸留の効率化を進め、1826年には、スコットランドの蒸留業者ロバート・スタイン（Robert Stein）が連続式蒸留機を開発した。さらに、1831年にはアイルランド、ダブリンの収税吏、イーニアス・コフィー（Aeneas Coffey）がコフィー式の連続式蒸留機を完成させ、パテントを取ったため、パテント・スチル（Patent Still）と呼ばれた。

その後、連続式蒸留機は数々の改良が加えられ、ローランド地方のあちこちに、グレーン・ウイスキーの塔が登場することとなる。

1860年には、エジンバラのウイスキー商、アンドリュー・アッシャー（Andrew Usher）によって、従来の単式蒸留器による個性の強い風味のモルト・ウイスキー

と、連続式蒸留機によるマイルドなグレーン・ウイスキーとをブレンドした新しいタイプのウイスキー、つまりブレンデッド・ウイスキーが誕生した。

このブレンドによってウイスキーは、まろやかさと飲みやすさを獲得し、好評を得るようになっていった。しかし、一方では乱立したグレーン業者の過当競争が激化し、倒産もみられるようになった。そこで1877年には、ローランドのグレーン・ウイスキー業者6社が集まり、D.C.L.（Distillers Company Limited、現在のディアジオ社の前身）を結成し、ウイスキーづくりの大企業化が始まった。

おりしも、フランスのブドウ栽培地ではフィロキセラ害虫の蔓延でブドウの作柄が壊滅し、ワインやコニャックが異常に高騰していた。

当時のロンドンの上流階級ではウイスキーは飲まれておらず、赤ワインやブランデーを愛飲していたが、これを機に上流階級の間でもスコッチ・ウイスキーが飲まれるようになり、ジンを愛飲していたロンドン市民の間にも広まりだした。

こうした情勢に目をつけたD.C.L.は、スコットランド各地に散在するモルト・ウイスキー蒸留所を買収したり、自らの手で新たにモルト・ウイスキー蒸留所を建設し、生産量を拡大し、南北アメリカをはじめ、イギリスとの関係の深い国々へ、積極的に輸出するようになった。

また、第一次大戦の1925年には、ヘイグ・アンド・ヘイグ社、ウォーカー社、ブキャナン社、デュワー社を、1927年にはマッキー社を傘下に入れ、D.C.L.はスコッチ・ウイスキー全生産量の60％のシェアを占めるようになった。しかし、その後、シェアが大幅に減少し、1986年にはビール企業のギネス社の一部門に吸収された。その後、ギネス社はグランド・メトロポリタン・グループと合併し、世界最大のビッグ・カンパニーのディアジオ社が誕生することとなる。

アメリカで、穀物の蒸留酒がつくられるようになったのは、18世紀に入ってからのことと思われる（蒸留酒としては、今のニューヨークでオランダ人が西インド諸島の糖蜜を使ってつくったラムが最初といわれる。しかし、その後、ヨーロッパからの移民も増え、しだいに穀物の酒、ウイスキーがつくられるようになる）。

本格的にウイスキーがつくられたのは、ケンタッキー州のバーボン郡で、1783年にエヴァン・ウイリアムズがウイスキーを蒸留したという記録が残っているが、現在のようにトウモロコシを原料にしてつくるようになったのは、1789年ケンタッキー州のジョージタウンで、バプティスト派の牧師エライジャ・クレーグが先駆者といわれる。

1775年に始まった独立戦争後の1791年、連邦議会が財政確保のためウイスキーに重税をかけたため、東部の蒸留業者の間で暴動（ウイスキー反乱）が起き、業者や農民は、ケンタッキーに逃れ、そこで良質の水とトウモロコシを得て、新しいウイスキーづくりが始まった。このケンタッキー州バーボン郡でつくられたウイスキーは、土地の名をとって、バーボン・ウイスキーと呼ばれるようになった。

　1919年にアメリカで成立した禁酒法は、皮肉にもカナダのウイスキー産業を発展させることとなった。というのも、アメリカへの密輸ウイスキーで潤ったからである。

　1933年に禁酒法は撤廃されたが、その直後アメリカに良質なウイスキーを多量に供給したカナダのウイスキーは、一気に人気を獲得した。

　ウイスキーが日本に最初に伝えられたのは1853年、ペリー提督率いるアメリカ艦隊が浦賀沖に来航したときとされている。1858年に日米修好条約が結ばれた後、横浜や長崎といった外国人居留地にウイスキーが輸入されるようになり、明治維新後の1871（明治4）年には、日本人向けにウイスキーが輸入されるようになった。輸入元となったのは主として薬酒問屋で、欧米文化の香りを伝える洋酒のひとつとして輸入したのだが、残念ながら消費は伸びず、明治末でも洋酒は酒類市場の1％にも達しなかった。国産ウイスキーの蒸留が始まるのは、関東大震災のあった1923（大正12）年のことである。この年、京都郊外、山崎峡で日本初のモルト・ウイスキー蒸留所、寿屋山崎工場（現在のサントリー山崎蒸留所）の建設が始まり、日本の本格的ウイスキーづくりの一頁が開かれた。日本人向けにウイスキーが輸入されてから約50年後のことだった。

　そして、1929（昭和4）年、この蒸留所から国産ウイスキー第一号の「サントリー・ウイスキー白札」が誕生した。

　このあと、第二次大戦前には、東京醸造、ニッカなどがウイスキー事業に乗り出した。第二次大戦後、生活の洋風化が進み、ウイスキーは本格的に人々の間に浸透し、数多くのウイスキー業者が参入したが、その中で、着実に伸びてきたのが、オーシャン（三楽）、キリン・シーグラムなどである。

　そして、日本のウイスキー業界全体も着実に成長を遂げ、技術的にも進歩し、世界5大ウイスキーのひとつとして独自の個性を確立するようになった。

　2000年代以降は、海外のスピリッツ・コンテストで賞を受賞するなど、世界も認める最高品質のウイスキーを数多くつくり出している。

　世界の5大ウイスキーと呼ばれているのは、スコッチ、アイリッシュ、アメリ

カン、カナディアン、ジャパニーズである。一見同じような琥珀色をしているが、その国の伝統に培われた技術や努力が活かされ、世界各地でつくられるウイスキー界をリードするウイスキーとなっている。

2　日本のウイスキー

　日本のウイスキーの特徴は、スコッチ・ウイスキーに似たタイプといえる。これは、スコッチ・ウイスキーと同様に、モルト・ウイスキーをベースに風味の設計がされているからである。

　しかし、香味はスコッチ・ウイスキーに比べ、煙臭（スモーキー・フレーヴァー）は少なく、独自の特徴を持っているし、香味が穏やかで風味のバランスがよく、コクがあるため、「水割り」などにしても香味の調和が失われない。

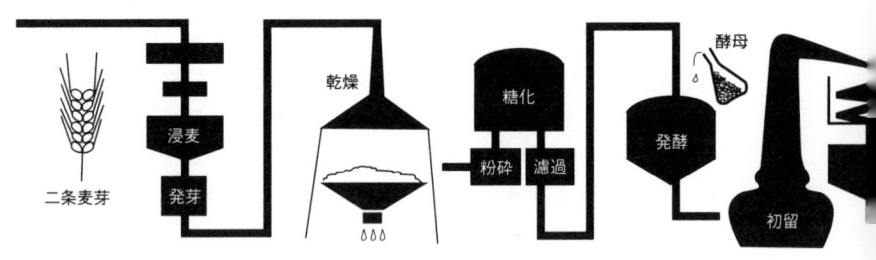

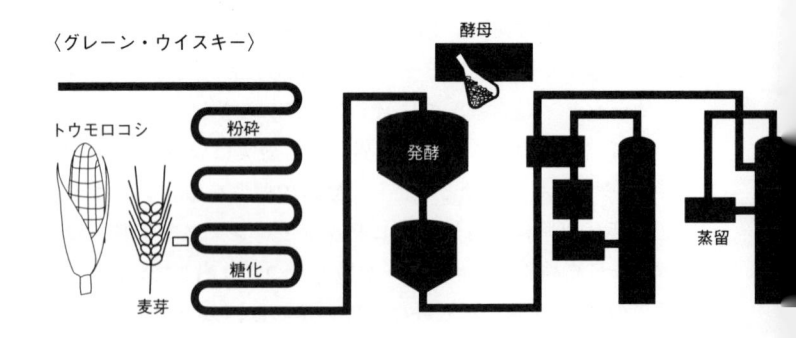

〈モルト・ウイスキー〉

二条麦芽 → 浸麦 → 発芽 → 乾燥 → 粉砕 → 濾過 → 糖化 → 発酵（酵母）→ 初留

〈グレーン・ウイスキー〉

トウモロコシ／麦芽 → 粉砕 → 糖化 → 発酵（酵母）→ 蒸留

そして、日本のウイスキーは、ウイスキー原酒と、それにブレンドするスピリッツによって構成されている。ウイスキー原酒は、製法からモルト・ウイスキー（Malt Whisky）と、グレーン・ウイスキー（Grain Whisky）に分かれるが、両者の性格はまったく違ったウイスキーということができる。

モルト・ウイスキー（Malt Whisky）

モルト・ウイスキーは、大麦麦芽（発芽させた大麦）だけを原料とし、単式蒸留器で2回蒸溜したウイスキーである。

風味の特徴としては、強くて華やかな香りと、深くて濃い味を持ち、個性豊かなので、ラウド（声高な）・スピリッツともいわれる。

それぞれの蒸留所では、多種多様なモルト・ウイスキー原酒をつくり分け、蒸留所ごとのウイスキーの味わいがつくられる。近年では、ひとつの蒸留所の、そ

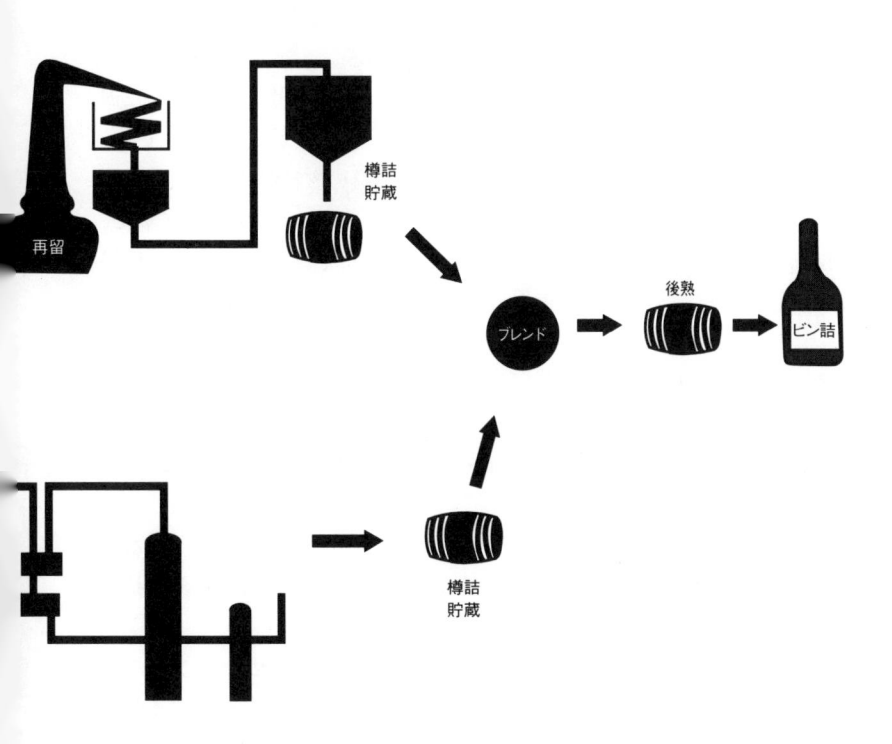

の個性あるモルト原酒だけをヴァッティングしたシングル・モルト・ウイスキーの人気が高まっている。

(1) 大麦麦芽

　大麦麦芽の原料には、二条大麦が使われる。二条大麦という名前は、穂軸に沿って2列に粒が並ぶことから付いたもので、デンプン質が多く、タンパク質が少ないのが特徴である。ビールにもこの二条大麦が使われている。現在、日本における二条大麦の生産量は、国産のビール、ウイスキーの需要をまかない切れず、相当量を海外から大麦麦芽の形で輸入している。ウイスキーに使用される二条大麦はアルコール収率の高い品種が選ばれ、時代とともに優良銘柄が交代し続けている。

　二条大麦は、粒の大きさを分けるなど精選し、水に浸し、いったん水を切って空気を吸わせる。これを繰り返し、水分を十分に吸った大麦を発芽させるが、発芽が始まって数日すると、まず根が出て、次に芽が成長して、芽の中にデンプン質を糖化する酵素が生じる。発芽がほどよく進行した頃合を見て、キルンと呼ばれる乾燥塔へ移し、発芽中の大麦を熱風で乾燥して水分を除き、これにより芽の発芽を止める。これがグリーン・モルト(緑麦芽)である。

　麦芽の発芽を止める際、ピート(Peat)と呼ばれる水性植物などが炭化した泥の炭を燃やし乾燥させ、大麦麦芽にスモーキー・フレーヴァー(ピート香ともいう)をつけるとピーテッド麦芽となり、ピートを焚かず無臭の燃料だけで乾燥させるとノン・ピーテッド麦芽となる。ピートはスコットランド産のものが優れていて、春の4〜5月に掘り起こし、ピート同士を交互に立て掛け、天日で乾燥させ燃料として使う。乾燥を終えた麦芽は除根をし、酵素をたっぷりと持った大麦麦芽となる。

　このように、大麦麦芽にスモーキー・フレーヴァーをつけるのは、日本のウイスキーと、スコッチ・ウイスキーに見られる特徴であるが、両者を比較すると日本のウイスキーのほうが、スモーキー・フレーヴァーは抑えられ、穏やかである。

(2) 発酵

　麦芽は、このあと粉砕され、60〜68℃の温水が加えられる。すると、温水に溶けたデンプンが、麦芽に生じた糖化酵素によって分解し、13%程度の糖分を持った甘い麦汁が得られる。これを糖化という。

　これを濾過し、酵母を加えて発酵(25〜35℃で3日間ぐらい)させると、アルコール分7〜9%のウォッシュ(Wash、もろみのこと)と呼ばれる発酵液に生まれ変

わる。その際、酵母の種類や、発酵の条件（ステンレスタンクや木桶発酵槽など）が、ウイスキーの香気成分（高級アルコール類、エステル類、脂肪酸類など）の生成に大きく影響を及ぼすので、細心の注意が払われる。

かぶと
モルト原酒の個性的な香気成分は、かぶと（釜上部の空間）の形や大きさによってさまざまに変化する
❶ バルーン型
❷ ストレート型
❸ ランプ・かぶと型
❹ ランプ・シェード型

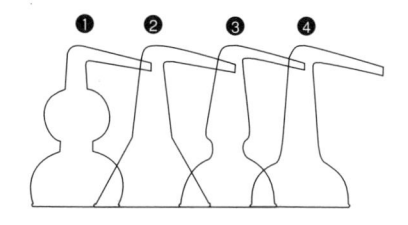

(3) 蒸留

発酵を終了したウォッシュは、銅製の単式蒸留器（ポット・スチル）で2回蒸留される。

蒸留器が銅製なのは、加工しやすく、熱伝導に優れていること。それだけでなく、不快な味のもととなる硫黄化合物などを、銅の成分によって揮発性にすることや、銅によって留出液の香味を柔らかくするためである。

また、単式蒸留器は構造がシンプルなので、香気成分に富んだ風味の強い蒸留酒が得られる。しかも蒸留釜の形状（上記かぶとの図参照）、容量、加熱方式（直火蒸留では、炎を釜に直接当てるため、もろみの一部が高熱によりトーストされ、香ばしい重厚な味わいのモルト・ウイスキーができる。これに対して、間接加熱の場合、120〜130℃に熱せられた蒸気を釜に当てるため、酒質はすっきりと軽快なものになる）などによって、留出液の性格が微妙に変わるので、各蒸留所とも、独自の単式蒸留器を採用し、その形態を大切に守っている。

ポット・スチルの原理は、発酵したウォッシュを熱し、蒸発しやすい成分を取り出す。つまり、発酵でできたウォッシュの中に含まれるアルコールと無数の香気成分と水をそれぞれの沸点の違いを利用して、取り出すことである。

蒸留は普通2回行われる。アルコール分約7％のウォッシュは、第1回目の蒸留（これを初留という）で、アルコール分約25％前後のロー・ワインと呼ばれる初留液として取り出される。初留液はもろみ容量の1/3ほどになる。

この初留液はアルコール度数が低く、雑味成分も多くウイスキーと呼ぶにはまだ不完全なので、再留釜でもう一度蒸留する（これを再留という）。

再留で留出してくる初めの部分（ヘッド、フォアショッツ、前留）と、あとの部分（テール、フェインツ、後留）を除いたまん中の部分の蒸留液（ハート、ミドルカット、中留）は本留液（ニュー・ポット、New Pot）と呼ばれ、透明で荒々し

い個性を持ち、アルコール度数63〜70%のモルト原酒となる。前後の蒸留液は、再留釜に戻される。

(4) 熟成

　ニュー・ポットは、ホワイト・オークの樽に詰められ、長期間の熟成に入る。樽に詰める前は無色透明で、荒削りであったニュー・ポットは、黄褐色で香味豊かなウイスキーへと成長する。

　熟成のための樽材としてはホワイト・オークが最適だが、その中でもアメリカ東部産のものがウイスキーには広く利用されている。他にはヨーロッパ産のコモン・オークが使われ、特にスペイン産のものはスパニッシュ・オークと呼ばれ、ウイスキーの香味に重厚さを与える。また、日本独自の樽材のミズナラは、白檀、伽羅に通じる独特なオリエンタルな香りが付加され、ミズナラ樽で長期熟成されたウイスキーは、海外からも高い評価を得ている。樽材は数ヶ月から2年ほど天然乾燥し、その後、厳選した柾目の通った良材で樽がつくられる。輸入する際には、約11×115cmの製材サイズにし、これを組み立てる。

　熟成用の樽は、形状、容量によって、バーレル（Barrel、約200ℓ）、ホグスヘッド（Hogshead、約250ℓ）、パンチョン（Puncheon、約500ℓ）、バット（Butt、約500ℓ）などがある。

　樽のサイズによって容量当たりの樽内面の表面積が異なり、熟成の速度に影響する。また、熟成の場所としては、空気が清澄で、適度に高い湿度を持った冷涼な土地が適している。ウイスキーの原酒は、樽材を通して外気を吸収しながら、美酒に育っていくが、その代わり、樽中のウイスキー原酒も、年に3%ずつ蒸発していく。蒸留所では、この減った分を「天使の分け前」と呼んでいる。

　樽で7〜8年以上熟成させると、モルト原酒は、輝くような琥珀色と、華やかな香りと、まろやかな香味が加わり、モルト・ウイスキー独特の性格を備えるようになる。

　この熟成中の変化は、
　　①徐々に樽に入っていった空気によってウイスキーの成分が酸化し、香りのよい成分がつくられる。
　　②樽材の成分（リグニン物質、タンニン、色素、窒素化合物など）が溶け出し、モルト原酒の成分と反応し、さまざまな香りや味の成分をつくり出す。
　　③刺激の強い揮発成分は蒸発し、飛びにくい成分は濃縮する。
　　④アルコールの分子と水の分子が互いに「なれ」あい、アルコールの刺激が

少なくなっていき、まろやかさが生じる（分子の会合現象）。
などの相互作用により起こる。

　当然、貯蔵場所の環境などによって、一樽一樽ごとに微妙に違うので、最終的には、ヴァッティング（Vatting、モルト・ウイスキー同士をブレンドすること）をして、風味のバランスをとるという大切な仕上げ工程がある。

　このように、モルト・ウイスキー同士をヴァッティングし、再び貯蔵、後熟をさせる。こうしたものを製品化したものがピュア・モルト・ウイスキー（Pure Malt Whisky）で、ひとつの蒸留所の中だけでつくられたピュア・モルト・ウイスキーをシングル・モルト・ウイスキー（Single Malt Whisky）という。

グレーン・ウイスキー（Grain Whisky）

　主原料はトウモロコシだが、スコットランドでは主原料に小麦を、あるいは小麦とトウモロコシを併用しているところもある。もちろん、一部には酵素材として麦芽を用いる。こうした穀物を原料とするところからグレーン・ウイスキーと呼ばれている。

　グレーン・ウイスキーもモルト・ウイスキー同様、糖化、発酵、蒸留、貯蔵という工程をとるが、モルト・ウイスキーと大きく異なるのは、蒸留に連続式蒸留機を用いることである。

(1) 原料・糖化

　トウモロコシを粉砕して温水に浸し、135〜150℃で蒸煮する。その後、60℃近くまで冷却し、原料の10〜20%の麦芽を加え糖化する。これを再び冷却し、発酵タンクへと移す。

(2) 発酵

　酵母を加え、発酵させる。発酵温度が30℃を超え、3〜4日の時間をかける。アルコール度数8〜11%のもろみ（ウォッシュ）ができる。

(3) 蒸留

　発酵の終了したもろみを連続式蒸留機で蒸留する。連続式蒸留機はもろみ塔と精留塔の二つの部分から構成されている。塔の中は数十段の棚があり、棚一段が単式蒸留器の働きを持っている。

　もろみは、もろみ塔の塔頂近くから送り込み、上部から下部へ流れる。このとき、もろみ塔の下部から上部へ蒸気を送り込む。もろみは流下する途中で蒸気と出会い加熱される。もろみ中の揮発性成分はもろみ塔の上部へと上昇し、上段か

ら取り出され、冷却され留出液に戻る。

連続式蒸留機の塔のしくみ

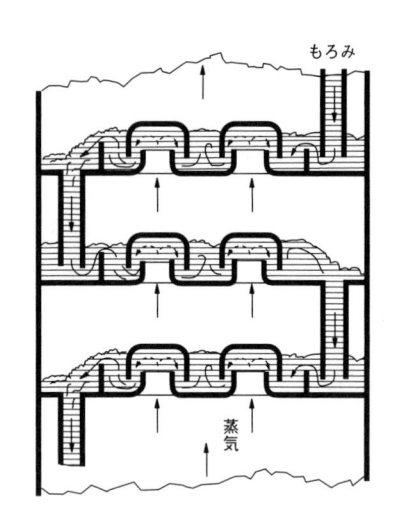

冷却されたもろみ塔留出液を精留塔の中部に流し込み、さらに精留塔の下部からは蒸気を送り込む。すると、上段からはアルコール濃度の高い蒸気が取り出され、これを冷却すると、アルコール度数94.1〜94.7%の精留塔留出液（グレーン・ウイスキーのニュー・ポット）が得られる。95%以上になるとグレーン・スピリッツという別の酒類とみなされる。

単式蒸留に比べ、連続式蒸留では、アルコール度数の高いものが得られるが、ウイスキーの品質としては個性が弱くなる。このためグレーン・ウイスキーはサイレント・スピリッツともいう。

現在、連続式蒸留機の塔数は3〜4塔で、ヘビータイプの原酒から、クリーンでライトな原酒まで幅広い品質のものが得られるようになっている。

(4) 熟成

グレーン・ウイスキーもモルト・ウイスキー同様、ホワイト・オークの樽で熟成されるが、樽成分を多く抽出しないように古樽が使用され、穏やかな樽香を与える。また、モルト・ウイスキーほど長期熟成は行わないのが一般的なので、熟成による変化は少ない。

ブレンデッド・ウイスキー（Blended Whisky）

ブレンデッド・ウイスキーは、モルト・ウイスキー原酒とグレーン・ウイスキー原酒をブレンドすることから始まる。個性の強いモルト・ウイスキー原酒と、引き立て役のグレーン・ウイスキー原酒が新たなハーモニーをつくり出し、ブレンデッド・ウイスキーの香味をつくりあげる。その後、水を加えてそれぞれの製品のアルコール度数まで割り水され、さらに、香味を安定させるため、後熟（再貯蔵）し、ビン詰めされる。ビン詰めされた製品になってからは、香味が向上することはない。

ブレンデッド・ウイスキーのブレンドの役割は、製品としての均一化でもある

が、もうひとつの特徴は、消費者の嗜好に合わせた新しい味の創作でもある。

日本のウイスキーの特徴

　日本のウイスキーの特徴は、前にも述べたように、基本的にはスコッチ・ウイスキーに似ていながら、スコッチ・ウイスキー特有のクセ（スモーキー・フレーヴァー）をソフトに抑え、水割りにしても伸びの利く香味を持つということだが、もうひとつ、モルト・ウイスキーまたはグレーン・ウイスキーにアルコール、スピリッツを加えたものもウイスキーとされることである。
　酒税法では、ウイスキーの定義を次のように下している。
　＜酒税法第3条からの抜粋＞
（イ）発芽させた穀類および水を原料として糖化させて、発酵させたアルコール含有物を蒸留したもの（アルコール含有物の蒸留の際の留出時のアルコール分が95％未満のものに限る）。
（ロ）発芽させた穀物および水によって穀類を糖化させて、発酵させたアルコール含有物を蒸留したもの（アルコール含有物の蒸留の際の留出時のアルコール分が95％未満のものに限る）。
（ハ）（イ）または（ロ）にあげる酒類に、アルコール、スピリッツ、香味料、色素、または水を加えたもの。ただし、（イ）または（ロ）にあげる酒類のアルコール分の総量が、アルコール、スピリッツまたは香味料を加えたあとの酒類のアルコール分の総量の10％以上のものに限る。
　以上だが、大麦麦芽に代表される発芽させた穀類を原料の一部、または全部として、アルコール度数95％未満で蒸留した酒が、ウイスキーということになる。このうち（イ）に当てはまるのが、モルト・ウイスキーである。また、（ロ）に当てはまるのが、グレーン・ウイスキーである。
　（イ）だけで製品化した場合はピュア・モルト・ウイスキーという表記がラベルに記される（スコッチでは、Pure Malt Whiskyの表記は禁止）。ひとつの蒸留所だけの製品はシングル・モルト・ウイスキーといえる。
　ブレンデッド・ウイスキーについては、日本の場合、（イ）と（ロ）をブレンドしたもので、これが大部分を占めるが、さらに、酒税法によりアルコールなどを加えたものもブレンデッド・ウイスキーとされているが、その際、（イ）あるいは（ロ）の酒類がどの程度混和されていなければならないかを規制しているのが（ハ）である。

日本の蒸留所

日本ではウイスキーを製造している蒸留所は全国で10数カ所だったが、近年、ジャパニーズウイスキーの世界的人気が高まり、日本全国で新しい蒸留所が増えている。2021年2月に「ジャパニーズウイスキー」の定義を明確化するために、日本洋酒酒造組合は自主基準として「ウイスキーにおけるジャパニーズウイスキーの表示における基準」を制定。日本国内で採水された水、麦芽は必ず使用することや日本国内で蒸留を行うことなどが決められ、これにより定義が曖昧だった「ジャパニーズウイスキー」の信頼性を高めた。

代表的な蒸留所は以下の通り。

●サントリー株式会社「山崎蒸留所」

1923年蒸留所建設着手、翌24年竣工。京都郊外、天王山の麓、山崎峡にある日本初のモルト・ウイスキー蒸留所。

淀川に流れ込む三つの川の合流地点の山崎は、霧が発生しやすく湿潤な気候の土地であり、また昔から名水の里として知られ、水に恵まれたこの土地を、サントリーの創始者、鳥井信治郎が日本全国でもっともウイスキーづくりに適している場所として選んだ。

ポット・スチルは6系統12基、樽材には和製樽のミズナラも使用するなど、多彩な原酒をつくり分ける複合型蒸留所である。

シングル・モルト・ウイスキー「山崎」や、ブレンデッド・ウイスキー「響」など、国内はもとより、ジャパニーズ・ウイスキーの評価を世界に高めた数々のウイスキーがつくられている。

●サントリー株式会社「白州蒸留所」

山崎蒸留所の創業から50年後の1973年、山梨県北杜市、南アルプスの甲斐駒ケ岳の麓に竣工されたモルト・ウイスキー蒸留所。標高700mの広大な森の中につくられた蒸留所は、ウイスキーづくりに適した冷涼多湿な気候と、豊富で清冽な水に恵まれ、山崎蒸留所とはタイプの異なる軽快でクリーンなモルト・ウイスキーがつくられる。

また、敷地内には水工場も併設され、仕込み水でもあるサントリー天然水＜南アルプス＞がボトリングされる。

●ニッカウヰスキー株式会社「余市蒸留所」

1934年、ニッカの創始者の竹鶴政孝がスコットランドに似た環境の北海道余市に工場を建設。社名を大日本果汁株式会社としてスタートし、リンゴ・ジュー

スの製造販売を行い、1940年に最初のニッカウヰスキーを発売する。

ウイスキーづくりは、竹鶴政孝がスコットランドで学んだ技術を取り入れ、ジャパニーズ・ウイスキーの基礎をつくり上げた。

現在でも麦芽乾燥塔があり、世界でも珍しい石炭直火焚き蒸留を行うなど、伝統製法から重厚で力強いモルト・ウイスキー原酒がつくられる。

代表的な製品はシングル・モルト・ウイスキー「余市」、ブレンデッド・ウイスキー「ブラックニッカ」、ピュア・モルト・ウイスキー「竹鶴」など。現在はアサヒビール株式会社の子会社である。

● ニッカウヰスキー株式会社「宮城峡蒸留所」

1969年、余市蒸留所に続く第二の蒸留所として、仙台市宮城峡に建設。豊かな自然と水に恵まれた蒸留所では、モルト・ウイスキー原酒だけでなく、グレーン・ウイスキー原酒も製造している。カフェ式の連続式蒸留機（カフェ・スチル）を取り入れるなど、余市とは異なるタイプの原酒づくりを行い、華やかで柔らかなウイスキーがつくられる。

● キリン・ディスティラリー株式会社「富士御殿場蒸留所」

旧キリン・シーグラム社の蒸留所として、1973年、富士の裾野に蒸留所を開設。年平均気温13℃と一年中霧が発生しやすい気候の中、豊富な富士の伏流水を使用して「クリーン＆エステリー」なウイスキーがつくられる。

世界の蒸留所の中でも珍しく、モルト・ウイスキーとグレーン・ウイスキーの仕込みからボトリングまでを一貫して行う。グレーン・ウイスキーの蒸留には多塔連続式蒸留機の他に複数の異なる蒸留機を併用して、タイプの異なった原酒をつくり分けている。熟成は180ℓのバーレルだけを使用する小樽熟成法。

● 本坊酒造株式会社「マルス信州蒸留所」「マルス津貫蒸留所」

鹿児島の焼酎メーカーである本坊酒造が、1949年に鹿児島でウイスキー製造免許を取得後、1960年に山梨県で本格的にウイスキーづくりをスタートした。その後長野に拠点を移し、現在では長野（駒ヶ根）と鹿児島（津貫）の2つの蒸留所と3つの熟成拠点を構えている。信州蒸留所はマイルドでありながら味わい深く、クリーンでリッチ。津貫蒸留所は本州最南端の温暖な環境の地であるが、盆地特有の寒暖差を活かし、重厚感のある、深みのあるエネルギッシュなタイプのウイスキーがつくられている。

● 株式会社ベンチャーウイスキー「秩父蒸留所」

肥土伊知郎が東亜酒造がウイスキー事業撤退の折、貯蔵していたウイスキー原

酒を、笹の川酒造の協力のもと、笹の川酒造の貯蔵庫へ移動。翌2005年、「イチローズモルト」として商品化し、2年後のワールド・ウイスキー・アワードで賞を受賞するなど、瞬く間に注目のウイスキーとなった。

2007年には埼玉県秩父市に蒸留所を竣工。世界にも例のないミズナラ材の発酵槽の使用や、地元産の大麦を原料に用いるなど、また、フロア・モルティングを行うなど、マイクロ・ディスティラリーならではの個性豊かなウイスキーづくりを行なっている。

● 江井ケ島酒造株式会社「江井ヶ島蒸留所」

神戸市の西南30km、瀬戸内海に面した明石に1679年創業。清酒「神鷹」をはじめ焼酎やワイン製造を行う。1919年にウイスキー製造免許を取得し、「あかし」の名で親しまれるブレンデッド・ウイスキーや、シングルモルト・ウイスキーにも力を入れている。

● 堅展実業株式会社「厚岸蒸留所」

創業者樋田恵一がアイラモルトに魅せられ、スコットランドのアイラ島に似た風土を持つ北海道厚岸町で2016年に蒸留を開始。冷涼で湿潤、潮気を含んだ深い霧、広大な湿原で育まれたピート層を通った仕込み水を使用するなど、土地の利を活かしたこだわりのウイスキーづくりを行う。原料から樽材まで全て厚岸産を使用した「厚岸オールスター」のウイスキーづくりを目指し、挑戦を続けている。

● ガイアフローディスティリング株式会社「ガイアフロー静岡蒸留所」

家業である精密部品製造会社の代表を務めていた中村大航が、ウイスキー好きが高じてウイスキー輸入販売事業を開始。2016年に静岡県に蒸留所を竣工、ウイスキーの製造を始めた。豊かな自然に囲まれた静岡の奥座敷「オクシズ」で、静岡産の杉材の発酵槽や地元の薪を使用した蒸留行う。大麦麦芽、酵母、水、燃料全てを静岡産で使用した「オール静岡産ウイスキー」手がけるなど、静岡らしさが詰まったウイスキーづくりを行っている。

他にも、クラフトウイスキーと呼ばれるような小規模ながら個性豊かなウイスキーづくりを行う蒸留所が相次いで誕生している。

3 スコッチ・ウイスキー (Scotch Whisky)

　スコッチ・ウイスキーとは、イギリス北部のスコットランド地方で蒸留、熟成されたウイスキーの総称である。

　スコットランドは、日本では一般的に英国といわれている大ブリテン島の北半分約1/3と周辺の島々からなっていて、南部のイングランドとの境界はチェヴィオット山地で、北緯54〜61度の間(ほぼカムチャツカ半島と同じ)に位置している。

　スコッチ・ウイスキーの特徴は、麦芽を乾燥させる際にピートを使用するため、ピートに由来する独特のスモーキー・フレーヴァーがついていることである。

　スコッチ・ウイスキーの定義としては、「穀物を原料として、酵母により発酵させ、95％未満(94.8％以下)で蒸留を行い、木樽で最低3年以上熟成させたもの」とされている。

　スコッチ・ウイスキーの歴史は、前にも述べたが、遅くとも15世紀には始まるとされている。その後、数々の歴史的過程を経て、今から約180年ほど前に、連続式蒸留機の誕生により、モルト・ウイスキーとグレーン・ウイスキーの分化があり、さらに150年ほど前にブレンデッド・ウイスキーが誕生して、産業として発達した。第二次大戦後は、世界各国で愛飲されるようになり、急激な伸びを示し、現在に至っているが、2005年にスコッチ・ウイスキー協会(SWA)が、複数の蒸留所でつくられたモルト・ウイスキーをヴァッティングした場合、従来のヴァッテッド・モルト・ウイスキーではなく、すべてブレンデッド・モルト・ウイスキー(ヴァッテッド・グレーン・ウイスキーも同様に、ブレンデッド・グレーン・ウイスキー)と表記するよう通達を関連業界に送った。

　さらに2009年施行の新規則では次の五つの分類を定義して、表示を義務づけることになった。

　　①シングル・モルト・スコッチ・ウイスキー
　　②シングル・グレーン・スコッチ・ウイスキー
　　③ブレンデッド・モルト・スコッチ・ウイスキー
　　④ブレンデッド・グレーン・スコッチ・ウイスキー
　　⑤ブレンデッド・スコッチ・ウイスキー

モルト・ウイスキー(Malt Whisky)

　モルト・ウイスキーは、大麦麦芽(Malt、モルト)だけが原料で、通常、発酵後、単式蒸留器(Pot Still、ポット・スチル)で2回蒸留し、ホワイト・オークの樽でじっくりと熟成したウイスキーのことである。

　こうしたモルト・ウイスキーの蒸留所(ディスティラリー、Distillery)は約100ヵ所あるが、稼働しているのは約80ヵ所である。そして、蒸留所ごとにピートの焚き込み具合いから、蒸留釜の形状、樽熟の仕方まで違うため、生まれてくるウイスキーの性格がそれぞれ違う。つまり蒸留所の数だけ、タイプの違うモルト・ウイスキーがあるといえる。

　このように、個性のひとつひとつ違うモルト・ウイスキーを、他の蒸留所のものとブレンドしないで、個々の蒸留所内でのヴァッティングのみで商品化したものをシングル・モルト・ウイスキー(Single Malt Whisky)という。

　しかし、蒸留所の数は100ほどあるが、シングル・モルトを売り出さないところも数ヵ所ある。また、モルト・ウイスキーのビン詰めは、すべての蒸留所でするわけではなく、半数近くはビン詰め業者に原酒が売られている。それらの業者は自分のところの樽、たとえば、シェリー樽などで熟成させ、特別の製品に仕上げる場合がある。

　このため、蒸留所の数は100ほどだが、シングル・モルトやブレンデッド・モルトの銘柄は3倍にも4倍にもなるといわれている。

　また、ビン詰め業者でも、ゴードン&マックファイル社、ウイリアム・ケイデンヘッド社などは、独自の統一ラベルで希少なシングル・モルトも売っている。さらに、エジンバラにあるスコッチ・モルト・ウイスキー協会は独自の方法で、樽詰めで買ったモルトをビン詰め販売している。

　スコットランドは、わが国の北海道に匹敵する広さを持ち、その広大な土地に、生産地として、ハイランド、ローランド、キャンベルタウン、アイラの四つに区分、さらにハイランドの中にスペイサイドとアイランズ(諸島)を独立させ、6地域として語られるようになった。しかし、2009年11月施行のスコッチ・ウイスキー規則で、アイランズはハイランドに組み込まれ、五つの生産地区となっている。しかし、現実には、個々の蒸留所により個性は大きく違っている。

(1) ハイランド・モルト(Highland Malt)

　グラスゴー市西部のグリーノック(Greenock)とダンディー(Dundee)を結ぶ線から北を、通常ハイランドといい、南側をローランドといっている。

ハイランドはケルト民族の国であり、タータンチェックやバグパイプといったスコットランドの文化は、もともとハイランドの伝統文化である。

蒸留所は、ネス湖に近いインバネス(Inverness)の北東部からグラスゴーの南西部まで斜めに広がる。北ハイランドの蒸留所からは力強いモルトが、東ハイランドの蒸留所からはピートの焚き込みを抑えた個性的なものが、西ハイランドではスペイサイドとアイラの中間的なモルトがつくられている。

ハイランド・モルトの特徴は、全体的に見れば力強さの中にバランスを保った辛口で、ピート香も穏やかなものが多い。

また、ハイランドに統合された、ヘブリディーズ諸島のアイランズ・モルト(Islands Malt)は、島ごとにある蒸留所の特徴を持ったモルトを生み出し、オークニー島、スカイ島、マル島、ジュラ島、アラン島で、それぞれ島独自の個性あるモルト・ウイスキーがつくられている。

(2) スペイサイド・モルト(Speyside Malt)

スコットランドには約100の蒸留所があるが、その半数の蒸留所が集中しているのがスペイサイドである。蒸留所はエルギンの東で北海に注ぎ込むスペイ川と、その支流沿いに点在し、以前はハイランドと一緒と見られていたが区別してスペイサイド・モルトと呼ぶようになった。ここが一躍中心地となったのは、原料の大麦の主産地であったことと、良質の水に恵まれ、空気も熟成に適していたためだといわれる。モルトの特徴は、繊細な中にもエレガントで、花のような香りがあることだといわれる。ハイランドと大きく見れば同じタイプだが、かなりの違いがあり、これがファンを魅了しているのである。こうした風味の違いは、蒸留所が創設されたとき、オーナーは隣と同じ蒸留釜をつくるのを嫌い、微妙に形の違う蒸留釜をつくったからだともいわれる。その中心となるのは、最初に認可された蒸留所のザ・グレンリベット(The Glenlivet)と2番目に認可されたザ・マッカラン(The Macallan)の味の違いを見れば理解できるし、スペイサイドでもっとも新しい蒸留所であるトーモア(Tormore)の味をみるとさらに理解できるだろう。

(3) ローランド・モルト(Lowland Malt)

ハイランドの境界線より南に広がる地方で、首都エジンバラやグラスゴーといった都市を控え、スコットランドの政治経済の中心地である。

ローランド地方には1800年代中ごろにはモルトとグレーンの蒸留所が18ヵ所存在していたが、その後19世紀中ごろからは、連続式蒸留機が導入され、グレー

モルト・ウイスキー蒸留所一覧

<Highland 地方> 42ヵ所

1. Aberfeldy	12. Fettercairn	23. Glenturret	33. Loch Lomond
2. Ardmore	13. Glencadam	24. Glenury-Royal	(Inchmurrin)
3. Abhainn Dearg	14. Glendronach	25. Highland Park	34. Royal Lochnager
4. Balblair	15. Glenesk	26. Isle of Arran	35. Scapa
5. Ben Nevis	16. Glen Garioch	27. Isle of Jura	36. Speyside
6. Blair Athol	17. Glenglassaugh	28. Knockdhu	37. Springbank(*)
7. Clynelish	18. Glengoyne	29. Macduff	38. Talisker
8. Dalmore	19. Glengyle(*)	(Glen Deveron)	39. Teaninich
9. Dalwhinnie	20. Glenmorangie	30. Oban	40. Tobermory
10. Deanston	21. Glen Ord	31. Pulteney	41. Tomatin
11. Edradour	22. Glen Scotia(*)	32. Royal Brackla	42. Tullibardine

以下 Speside 50ヵ所

1. Aberlour	14. Craigellachie	27. Glenrothes	40. Roseisle
2. Allt-a' Bhainne	15. Dailuaine	28. Glen Spey	41. Speyburn
3. Auchroisk (Singleton)	16. Dufftown	29. Glentauchers	42. Strathisla
4. Aultmore	17. Glennallachie	30. Imperial	43. Strathmill
5. Balmenach	18. Glenburgie	31. Inchgower	44. Tamdhu
6. Balvenie	19. Glendullan	32. Kininvie	45. Tamnavulin
7. Benriach	20. Glen Elgin	33. Knockando	46. The Glenlivet
8. Benrinnes	21. Glenfarclas	34. Linkwood	47. The Macallan
9. Benromach	22. Glenfiddich	35. Longmorn	48. The Tormore
10. Caperdonich	23. Glen Grant	36. Mannochmore	49. Tomintoul
11. Cardhu	24. Glen Keith	37. Miltonduff	50. Braeval
12. Coleburn	25. Glenlossie	38. Mortlach	(旧The Braes of
13. Cragganmore	26. Glen Moray	39. Pittyvaich	Glenlivet)

<Lowland 地方> 7ヵ所

1. Auchentoshan	3. Glenkinchie	5. Littlemill	7. Ailsa Bay
2. Bladnoch	4. Inverleven	6. Rosebank	

<Lslay地方> 9ヵ所

1. Ardbeg	4. Bunnahabhain	6. Kilchoman	8. Laphroaig
2. Bowmore	5. Caol Ila	7. Lagavulin	9. Port Ellen
3. Bruichladdich			

グレーン・ウイスキー蒸留所

1. Cambus	4. Girvan	6. North British	8. Strathclyde
2. Cameronbridge	5. Invergordon	7. Port Dundas	9. Loch Lomond
3. Dumbarton			

＊2011年現在。閉鎖中のものも含む。

ンの蒸留所は現在のグレーンの蒸留所への道を歩みはじめた。一方、モルトの蒸留所は、19世紀中ごろから始まったグラスゴーの都市化の波を受け、蒸留所の立地としての評価が下がり徐々に閉鎖に追い込まれていった。現在、モルトの蒸留所はオーヘントッシャン（Auchentoshan）のみ稼動している状態である。これは、ブレンデッド用モルトの需要がハイランドにはあったがローランドにはなかったことも要因といわれる。モルトの風味は、ハイランド・モルトに比べると、ピート香も少なく、ソフトでメローなモルト・ウイスキーといえる。グレーン・ウイスキーやビン詰め業者の大半がローランドにある。

(4) アイラ・モルト（Islay Malt）

現在では、日本でも現地式の発音でアイラと呼ぶことが多い。ヘブリディーズ諸島の南端にあり、スコットランドの西海岸から西へ25km、北アイルランドから東に37kmに位置する、島のモルト・ウイスキーである。島は厚いピート層に覆われ、ウイスキーもその強いピート香を持ち、ヘビー・タイプのものが多い。八つの蒸留所（別に製麦専門のポート・エレンPort Ellenがある）はすべて海辺に立地し、それが潮の香りや海藻といった言葉で語られる独特の個性を生み出している。スペイサイド・モルト同様に、ブレンデッド・ウイスキーの原酒にも欠かせない個性を持ったモルトとなっている。

(5) キャンベルタウン・モルト（Campbeltown Malt）

ハイランド地方南端アーガイル地方のキンタイア半島にある小さな町がキャンベルタウン。古くからウイスキーづくりが盛んで、かつては30を超える蒸留所があったが、現在はグレンガイル、グレン・スコシア、スプリングバング（前頁＊印）の三つの蒸留所が稼働するのみである。キャンベルタウンのモルト・ウイスキーは、アイラほどではないが、ピーティーなクリーミーさが特徴である。

グレーン・ウイスキー（Grain Whisky）

グレーン・ウイスキーは、モルト・ウイスキーのような小規模な蒸留所ではなく、大規模な蒸留所で、トウモロコシ、または小麦と大麦麦芽を原料に、連続式蒸留機でつくられる。

グレーン・ウイスキーは、ピート香をつけず、高いアルコール濃度で蒸留されるので、風味はソフトでマイルドである。また、モルト・ウイスキーのように蒸留所ごとの個性も弱い。

現在、蒸留所はハイランドに1ヵ所、ローランドに8ヵ所あり、いずれも近代

的な設備を持った巨大蒸留所である。

シングル・モルト・ウイスキーの代表的な銘柄の特徴

産地		銘柄	特徴
Highland	(Highland)	GLENMORANGIE	ライトで華やか、さっぱりとした甘さ
		THE GLENDRONACH	スパイシーで華やか、ソフト
		THE EDRADOUR	滑らかでクリーミー、控えめでピーティー
	Speyside	THE MACALLAN	重厚で華やか、フルーティーでシェリー香
		THE GLENLIVET	フルーティー、ドライでクリーン
		GLEN GRANT	ライトでソフト、バランスがいい
		GLENFIDDICH	バランスよく、ライト・ボディで柔らか
		GLENFARCLAS	リッチで、しっかりとしたボディ
		ABERLOUR	ラムのような甘い香り、芳醇
		CRAGGANMORE	華やか、口当たり柔らか
	Campbeltown	SPRINGBANK	ピーティーな中に柔らかな風味
	Islands	HIGHLAND PARK	豊かなフル・フレーヴァー、ドライ
		SCAPA	かすかにスパイシー、甘くて柔らか
Lowland		AUCHENTOSHAN	ソフトでやや甘口、モルティー
Islay		LAPHROAIG	強烈にピーティーでヘビー
		BOWMORE	ピーティーだが、スムースでまろやか
		ARDBEG	リッチでピーティー、ヘビー、樽香がある

ブレンデッド・ウイスキー（Blended Whisky）

　ブレンドの目的は、さまざまなタイプのモルト・ウイスキーの荒削りな味を、グレーン・ウイスキーのニュートラルな軽い味でまとめて、多くの人々に受け入れられる、飲み飽きないウイスキーに仕上げることである。

　そのために、個々の地域のモルト・ウイスキーの個性を思いのままに活用し、滑らかなウイスキーにする。

　一般的に、ハイランド産の複雑でエレガントなモルト・ウイスキーをベースにして、個性あるピートの風味を持ったアイラなどの島のモルト・ウイスキーをア

クセントにつけ、このヴァッテッド・モルト・ウイスキーにニュートラルなグレーン・ウイスキーをブレンドして、バランスのとれたウイスキーをつくり出す。

ブレンドの比率は各メーカーとも、だいたい次の4タイプに分けられる。

①デラックス

　ブレンデッド・ウイスキーの最高級品といえる。通常15年以上の年数表示を持ち、モルト・ウイスキーの配合比率も50％以上と高いものが多い。

②プレミアム

　高級ブレンデッド・ウイスキーである。年数表示で12年以上のもの。モルト・ウイスキーの配合比率も40〜50％となっているものが多い。

③セミ・プレミアム

　モルト・ウイスキーは10〜12年のものを40％前後使い、グレーン・ウイスキーもよく熟成したものを使っているが、年数表示はしないものが多い。

④スタンダード

　ブレンドによりかなり差があるが、モルト・ウイスキーは6〜10年程度のものを30〜40％ぐらい使用している。

ブレンデッド・ウイスキーは、ブランド間にかなりの風味の差はあるが、モルト・ウイスキーほどではなく、全体的にバランスがよく、ライトでスムース、気軽に楽しめるウイスキーといえる。

4　アイリッシュ・ウイスキー（Irish Whiskey）

アイリッシュ・ウイスキーは、イギリスのブリテン島の西に位置するアイルランド島でつくられるウイスキーのことをいう。

アイルランド島は現在、政治的に二分されているが、ウイスキーに限ってはこの島でつくられるすべてを、アイリッシュ・ウイスキーと称している。

ウイスキーづくりの歴史はスコットランドより古く、1171年、アイルランド遠征のイギリスのヘンリー2世の軍隊が、ウイスキーの前身とみられる蒸留酒を見たと記録している。

ウイスキーの生産は政治や宗教、あるいはスコットランドのD.C.L.のマーケティング戦略などで一時衰退したが、第二次世界大戦後は、ライトタイプのカナディアン・ウイスキーの伸長とともに、ライトタイプ・ウイスキーの一翼として、広く飲まれるようになってきた。アイリッシュ・ウイスキーの特徴は、大麦によ

る芳香性の高いこと、主として大型の単式蒸留器で3回蒸留してできるボディの滑らかさにあるものが多い。

　アイルランドでは、スコットランドと違い、麦芽を製造するときにピートでなく、石炭を使用し、スモーキー・フレーヴァーをつけないのが一般的な製法である。しかし、最近ではピート香を利かせたウイスキーをつくる蒸留所も出てきている。

　原料には大麦麦芽の他、未発芽の大麦も使う。これは、今から150年ほど前、麦芽に高い税金がかかるため、麦芽の使用量を減らし、国内にあった大麦を使ったためであった。これが結果的に、大麦の香味成分が出て、アイリッシュ・ウイスキーのスタイルを確立することになっている。

　蒸留は一般に3回行われる。1回目の蒸留で粗蒸留液を取り、これを再蒸留釜に移し、2回目の蒸留を行う。このとき、まん中の高い留液を3回目の蒸留釜に移し、残りの留液は初留釜、または再留釜へ戻す。そして3回目の蒸留のときのまん中の部分の留液のみを樽熟成へ回し、ヘッドとテールの部分の留液は再留釜へ戻す。一方、2回蒸留の場合はややコクのある味わいの原酒となる。

　こうして取り出された蒸留液はアルコール分85％ほどの濃度となるが、濃度が高い分、副生成分が少なく、スコッチのモルト・ウイスキーよりもいくぶん軽めのウイスキーとなる。

　熟成は、バーボンやラム、シェリーなどの古樽、あるいはホワイト・オークの新樽を使い、スコッチ同様に3年以上の熟成をさせる。

　このようにしてできたアイリッシュ・ウイスキーは、アイリッシュ・ストレート・ウイスキーまたは、アイリッシュ・ポット・スチル・ウイスキーと呼ばれる。スコッチのシングルモルト・ウイスキーに比べれば、まろやかで滑らかな舌触りだが、それでもウイスキーに十分コクがある。

　そのため、ライト化嗜好の流れの中で、アイリッシュ・ウイスキーもグレーン・スピリッツの使用を始め、1970年代にはアイリッシュ・ブレンデッド・ウイスキーが登場した。

　スコッチのブレンデッド・ウイスキーよりも、スモーキー・フレーヴァーがないだけに、はるかにライトですっきりして人気が出ているが、世界のウイスキー市場の中ではシェアはごくわずかである。

　蒸留所は北アイルランドのブッシュミルズ（Bushmills）。アイリッシュでは珍しいモルト・ウイスキー蒸留所である。島の南端のコーク州のミドルトン

(Midleton)は1975年に新蒸留所が開設され、巨大プラントで「タラモアデュー」や「ジェムソン」などを生産している。他には、1987年ダンダークにクーリー(Cooly)蒸留所が開設され、1992年よりリリース、ピート香を利かせた製品も発売している。また、2007年には1953年から閉鎖されていたキルベガン(Kilbeggan)蒸留所をクーリー蒸留所のオーナーが再開、四つの蒸留所となり、さらに2020年現在30を超える蒸留所が稼働している。

5　アメリカン・ウイスキー(American Whisky)

アメリカン・ウイスキーの歴史

　アメリカの蒸留酒の歴史は、イギリスによる本格的な植民地の開拓後まもなく、1600年代の初めまで遡ることができる。

　1620年、メイフラワー号でピルグリム・ファーザーズがマサチューセッツのコッド岬に着いたとき、船には酒も積まれていた。

　移民たちは、果物や穀物などから酒をつくったが、最初の蒸留酒は穀物ではなく、果物などを原料としたブランデー(アップル・ジャックなど)や、カリブ海の島々でつくられていた砂糖の副産物の糖蜜を使った蒸留酒のラムを蒸留、いわゆる奴隷売買で有名な三角貿易に乗り出している。

　1808年の奴隷貿易廃止とともに、ラムに替わり、穀物の酒が主体となりはじめる。当時、穀物が余剰気味でもあり、その他の諸事情も加わり、穀物を原料とした酒づくりがペンシルバニアを中心に始まった。

　これは、ウイスキーの蒸留技術を持ったアイルランドやスコットランドからの入植者が、主にペンシルバニアやバージニアなどに住み着いたからで、彼らは18世紀にはそこでライ麦を育て、ライ麦のウイスキーづくりを始めた。

　1775年、独立戦争が勃発した。イギリス軍との苦しい戦いの末、アメリカは独立を勝ち取ったが、独立戦争後の経済立て直しを図る政府が、彼らのつくるウイスキーに課税を強行した。

　彼ら蒸留業者は猛烈に反発し、歴史に残る大反乱へと発展していく(これが、アメリカ独立後初の民衆蜂起「The Whisky Rebellion、ウイスキーの反乱」事件である)。

　反乱は軍隊の投入により鎮静するが、あくまで税金を払うのを嫌った一部の蒸留業者たちは、ペンシルバニアやバージニアの奥地、あるいはさらに西のケンタッ

キー、インディアナ、テネシーなどに移っていった。

 それまで、ペンシルバニアなどの東部の州でつくられていたウイスキーは、ライ麦や大麦を使ったものだったが、ケンタッキーにはトウモロコシのほうが適していることを発見し、それまでライ麦でウイスキーをつくっていた蒸留業者は、トウモロコシをライ麦の補助ではなく、ウイスキーの主原料として使うようになった。

 1785年、当時はまだバージニアの一部だった今のジョージタウンに住む、エライジャ・クレーグ牧師は、酒の蒸留も手掛け、偶然にも内側が焼けた樽で貯蔵したウイスキーが、香りも色もよくなっていることを発見した。これがバーボンの始まりといわれるが、この他にも2、3の話があり、どれも証拠はなく、伝説めいているが、18世紀後半から19世紀にかけてバーボン・ウイスキーが誕生したのは確かといえよう。

 1865年、南北戦争が終わると、北部の資本が南部にも入り、アメリカ経済は急速に発展し、ウイスキーづくりにも連続式蒸留機が使われるようになり、その生産は大きく伸びた。

 ジャック・ダニエル、ブラウン・フォーマン、エンシェント・エイジ（現在のバッファロー・トレース）など、現在の有名ブランドもこの時代に創業を始めた。

 そのウイスキー発展にブレーキをかけたのが、悪名高い「禁酒法」であった。「禁酒法」は1920年1月に施行された。この背景にはドイツ系移民の醸造界進出に対する反発や、植民地時代からの根強いピューリタニズム、女性の発言力が強くなったことがあったが、結果は、密造、密売によって、巨大な利益をあげるマフィアの勢力拡大を助長し、スピーク・イージーと呼ばれるもぐり酒場が増え、飲酒の抑制にはならなかった。むしろその間にカクテルもいろいろ普及し、アメリカ独特の酒文化を生むこととなった。

 禁酒法が実施されている間、密造業者たちは、月明かりのもとで密造したりしたため、密造業者はムーン・シャイナー、密造酒はムーン・シャインと呼ばれた。

 ウイスキー業者は、禁酒法廃止後、比較的短期の間に回復し、蒸留法も効率のよい連続式蒸留機だけに変わり、単式蒸留器はほとんど姿を消した。

 アメリカのウイスキーは、蒸留法ばかりでなく、熟成法も独自のスタイルをつくり出し、スコッチ・ウイスキー、アイリッシュ・ウイスキーとはまったく別のタイプのウイスキーとなっている。

 ベトナム戦争後は、自然回帰や健康への関心が高まり、ワイン・ブームが起こ

り、ウイスキー需要が落ち、かつてケンタッキー州だけで200近くあった蒸留所は、現在では9ヵ所しかない。

　1990年代に入り、徐々にバーボンの人気回復も見られるようになり、テネシー・ウイスキーの「ジャック・ダニエル」が世界の5大ウイスキーの中でトップ・クラスの販売量を誇るまでに成長している。

アメリカン・ウイスキーの定義
　アメリカにおけるウイスキーの定義は、「穀物を原料にし、アルコール分95度未満で蒸留したのち、オーク樽で熟成し、アルコール分40％以上でビン詰めされたもの」と規定される。また、蒸留度数が95％以上の場合は、原料が同じでもグレーン・スピリッツといわれる（Federal Alcohol Administration Regulations、アメリカ連邦アルコール法）。

アメリカン・ウイスキーの種類と製法
(1) ストレート・ウイスキー（Straight Whisky）

　　ストレート・ウイスキーとは、アルコール度数80％以下で蒸留し、コーン・ウイスキー以外は、ホワイト・オークの新樽の内面をチャー（焼く）した樽で最低2年貯蔵したウイスキーである。内面を焼くことによって、ストレート・ウイスキー独特の個性の強い、香味の華やかな風味が生まれるのである。

　　ストレート・ウイスキーは、アメリカのウイスキー生産量の約半分を占めているが、そのほとんどはストレート・バーボン・ウイスキーである。

①ストレート・バーボン・ウイスキー（Straight Bourbon Whisky）

　　バーボンの語源は、フランス語のBourbon（ブルボン）王朝に由来する。18世紀、フランスは植民地問題でイギリスと対立し、アメリカ独立戦争の引き金となった。このとき、フランス国王ルイ16世がアメリカの独立派を支援し、イギリスとの戦いに加わった。このため、独立後、アメリカ合衆国はその支援に感謝して、ルイ王朝のブルボン家の名をケンタッキーの地名に残し、バーボン郡をつくった。現在では、当時よりだいぶ小さくなったが、ケンタッキー州のひとつの郡として残り、ウイスキーの呼び名として定着した。ストレート・バーボン・ウイスキーは1964年に制定されたアメリカ連邦アルコール法により次のように規定されている。原料となる穀物は、トウモロコシが51％以上（80％以上使ったものがコーン・ウイスキー）、内側を焦がしたホワイト・オークの

新樽で、最低2年以上熟成する。さらに、蒸留は160プルーフ（80％）以下で蒸留し、125プルーフ（62.5％）以下で熟成し、市場に出すときは80プルーフ（40％）以上であることなどがある。

　また、ラベルに「Bottled in Bond、ボトルド・イン・ボンド」や、「Bonded」と表示されたものがあるが、これは1897年にアメリカ政府が粗悪品の流通対策や税収確保のために「ボトルド・イン・ボンド法」を制定。アルコール度数100プルーフ（50％）のウイスキーを保税倉庫でビン詰めし、出荷する場合に限り、出荷するまで酒税の支払いを猶予するというものである。このウイスキーは、熟成4年以上が必要となる。

　ストレート・バーボン・ウイスキーの製法は、トウモロコシとその他の穀物を粉砕し、水（ライム・ストーンと呼ばれる石灰岩層からの湧き水）を加え、これに麦芽を加えマッシュ（もろみ）をつくり、マッシュに酵母を加え発酵させる。

　発酵が終わるとアルコール分8～10％のアルコールを含んだビアーと呼ばれる発酵液ができあがる。これがスイート・マッシュ法だが、この他に独特の発酵方法であるサワー・マッシュ法というのがある。

　サワー・マッシュ法の発明者は、スコットランドからの移民で、オールド・クロウ蒸留所の創設者ジェームズ・クロウといわれ、酵母の培養の初期に乳酸菌を生育させ、pHを下げ、雑菌の繁殖を抑える方法と、糖化のときスティレージ（一度蒸留されてアルコール分を取り除かれた残液）を25％程度加え（バック・セット、セット・バックともいう）発酵させる方法の二つがある。ともにウイスキーの味が均一となり、香味成分が多く、さらに深みを増した味わいになる。現在はサワー・マッシュ法が主流である。蒸留は、ウイスキー・スチル、またはビアー・スチルと呼ばれる連続式蒸留機と、ダブラーと呼ばれる蒸留機を組み合わせたものが使われるケースが多いが、最近は単式蒸留器で蒸留する蒸留所もある。一般的に64～70％と低い度数で蒸留されるため、副生成分も多く、それが華やかな香味にもなっている。

　このあと、内側を十分に焦がしたアメリカン・ホワイト・オークの新樽で熟成される。チャーは焦がし具合いによって概ね5段階あるが、バーボンの場合、ヘビー・チャー（Heavy Char、ストロングともいう）と呼ばれる強めに焦がした樽が一般的に使われる。内側を焦がした樽で熟成されることにより、独特の赤みを帯びた色が生まれる。また、樽の大きさもバレル（Barrel）と呼ばれる

樽の焦がし方(焼き方、チャー)とその影響

焼きなし		青い木の香、苦み。バニラ、燻香・スパイス香はごくわずかしかしない
ライト (#1)	5分	強い樽香。焼きなしにグリル香がごくわずか加わる
ミディアム・ライト (#2)	10分 (180～200℃)	繊細な香り。グリル香、燻香・スパイス香、バニラの風味がバランスよく溶け込む
ミディアム・ヘビー (#3)	15分 (180～200℃)	非常に複雑な香り。全体的にミディアム+(#2)よりも強さが増し、特にグリル香が強い
ヘビー(ストロング) (#4)	20分 (220℃)	燻製・スパイス香が中心となり、バニラの風味は穏やかで、グリル香もミディアム(#2)並となる。

180ℓの樽を使用する。ストレート・バーボン・ウイスキーの約8割はケンタッキー州でつくられている。

※テネシー・ウイスキー(Tennessee Whisky)

テネシーでつくられるウイスキーで、法律上はストレート・バーボン・ウイスキーだが、その製法と風味の違いによりこの名で呼ばれている。

テネシー・ウイスキーは、蒸留されたばかりのストレート・バーボン・ウイスキー原酒を、樽熟成する前にサトウカエデ(シュガー・メイプル)からつくった木炭を細かく砕いて、深さ3.6mもある大きな濾過用の大樽に詰め、それで一滴一滴時間をかけて濾過する。これによりフーゼル油が取り除かれる一方で、サトウカエデの木炭からの風味を受け、まろやかな風味となる。この工程はチャコール・メローイング(Charcoal Mellowing)と呼ばれる。

②ストレート・ライ・ウイスキー(Straight Rye Whisky)

アメリカのウイスキーの歴史は、東部のペンシルバニアでライ麦を主体としたウイスキーがつくられたのが始まりである。つまり、ライ・ウイスキーは、バーボン・ウイスキー以上の歴史を持っているといえる。バーボン・ウイスキーより深いコクと、香り高い独特のフレーバーを持っている。

製法は、51%以上のライ麦を含む穀類を原料として、アルコール分80度以下で蒸留し、内側をチャーしたホワイト・オークの新樽で2年以上の熟成と、バーボン・ウイスキーとほとんど同じ工程でつくられる。

③ストレート・コーン・ウイスキー(Straight Corn Whisky)

原料の中で、トウモロコシを80%以上使用する。樽熟成はバーボン・ウ

イスキーなどと違い、古樽か、または内側をチャーしない新樽が使われる。一般的には、バーボン・ウイスキーよりもコーンの性質を残し、風味も柔らかいのが特徴といえる。

(2) ブレンデッド・ウイスキー (Blended Whisky)

バーボン・ウイスキーとともにアメリカでポピュラーなウイスキーである。カナダで開発され、禁酒法後、アメリカ市場に広まった。軽快な口当たりが、高い人気を得ている。

ストレート・ウイスキーを20％以上（アルコール分100プルーフ〈容量率で50％〉を基準値として換算）に、それ以外のウイスキー、スピリッツをブレンドしたウイスキーをいう。

スコッチのブレンデッド・ウイスキーとはタイプが異なるので、アメリカン・ブレンデッド・ウイスキー (American Blended Whisky) と呼ばれることが多い。

(3) ライト・ウイスキー (Light Whisky)

アルコール度数80％以上95％未満で蒸留し、チャーしない樽（新旧）で貯蔵したウイスキーである。また、ブレンデッド・ライト・ウイスキー (Blended Light Whisky) とは、ストレート・ウイスキーを20％未満使用し、残りをライト・ウイスキーが占めるウイスキーをいう。

これらは、近年のライト化嗜好の中で生まれたウイスキーといえる。

その他、スコッチ・ウイスキーのシングル・カスクのように1樽のみをボトリングしたシングル・バレル・バーボン (Single Barrel Bourbon) や、少量の複数樽をヴァッティングしたスモール・バッチ・バーボン (Small Batch Bourbon)、また近年では、単式蒸留器で蒸留した原酒をビン詰めしたポット・スチル・バーボン (Pot-Stilled Bourbon) など、メーカー独自の製品も人気が高まっている。

6 カナディアン・ウイスキー (Canadian Whisky)

カナディアン・ウイスキーは、カナダでつくられているウイスキーの総称で、世界の5大ウイスキーの中では、もっとも軽快でマイルドな風味を持っている。

カナダのウイスキーづくりは、17世紀半ばすぎには始まっていたとされ、現在のモントリオール近郊のビール醸造所で、蒸留の装置が併設されていたという。

1776年にアメリカの独立戦争が始まると、独立に批判的だったイギリス系の農民たちは、北のカナダに移住し、その地で穀物の生産を始めた。ところが、ケ

ベックやモントリオールでは穀物の生産過剰が起こり、その余剰品処理の手段として、製粉所が蒸留酒の生産を始め、中には本格的に製粉業から蒸留酒業への転換を始めるところが出てきた。

　19世紀後半になると、ライ麦を使ったかなり重いウイスキーから、連続式蒸留機の導入と、トウモロコシを多量に使うことにより、軽いタイプのウイスキーへと変貌していったが、カナディアン・ウイスキーの躍進が始まるのは、20世紀に入ってからで、最初は大都市のトロント、モントリオール、オタワなどの街道筋、エリー湖やオンタリオ湖、セントローレンス運河沿いに蒸留所ができ、その後、アメリカの禁酒法により、アメリカのウイスキー倉庫としての役割を持つようになった。禁酒法廃止後も、アメリカ市場に広く浸透し、しっかりとした基盤を確立することになった。

　1980年以降、ハードリカーの低調とともに、蒸留所の閉鎖や停止（操業中の蒸留所は6〜8といわれる）が続いていたが、近年では、マイクロ・ディスティラリー（独立資本の小さな蒸留所）と呼ばれるシングル・モルトの新しい蒸留所であるグレノラ（Glenora）なども生まれ、新しいカナディアン・ウイスキーの世界が見え出している。

　カナディアン・ウイスキーの定義は、「穀物を原料に、酵母により発酵し、カナダで蒸留し、小さな樽（700ℓ以下）で最低3年間貯蔵したもの」とされ、アメリカの法律に比べれば、かなり緩やかになっている。

　カナディアン・ウイスキーは一般的にトウモロコシ、ライ麦、大麦麦芽の三つの原料からつくられ、製法の特徴としては、ライ麦を主体とした香りの高いフレーヴァリング・ウイスキー（Flavoring Whisky）と、トウモロコシを主体としたグレーン・ウイスキーに近いベース・ウイスキー（Base Whisky）をブレンドすることにある。熟成にはホワイト・オークの新樽、バーボンの空き樽、シェリーやブランデーなどの空き樽も使われる。

フレーヴァリング・ウイスキー（Flavoring Whisky）

　ライ麦を主原料に、トウモロコシや大麦麦芽を加えて発酵し、連続式蒸留機で蒸留する。さらに、単式蒸留器で、あるいは1塔式の連続式蒸留機でアルコール分64〜75％程度に蒸留し、芳香の強いやや重厚なウイスキー原酒をつくる。

　フレーヴァリング・ウイスキーは日本やスコットランドのモルト・ウイスキーほどには個性は強くないが、主張を持ったウイスキーといえるだろう。

ベース・ウイスキー（Base Whisky）

トウモロコシを原料に、少量の大麦麦芽で糖化、発酵し、3塔以上の連続式蒸留機でアルコール分94〜95％の純粋に近いアルコールを得る。熟成は主に古樽が使われる。グレーン・ウイスキー同様にクセがなく、香りも弱い。

カナディアン・ブレンデッド・ウイスキー（Canadian Blended Whisky）

上記二つのウイスキーを、それぞれ700ℓ以下の小型の樽で熟成したあと、ブレンドする。ブレンドの比率は一般的にフレーヴァリング・ウイスキー10〜30％、ベース・ウイスキーが70〜90％で製品化される。

ブレンドに関しては、カナダ産以外のウイスキーを9.09％まで使用することが認められている。一般的には、アメリカのバーボン・ウイスキーだが、フルーツ・ブランデーやフォーティファイド・ワインなどを加えることもある。

その他

以上が世界の5大ウイスキーであるが、緯度的にも南に位置し、北回帰線上に近い台湾の北東部に位置する宜蘭市近郊でもタイワニーズと称されているモルト・ウイスキーがつくられている。

蒸留所名はキング・カー、ブランド名はカヴァランといい、南に位置する関係からか熟成期間も短く、風味はマンゴのようなトロピカル・フルーツを連想させる柔らかな風味である。

上記の他、本場スコットランドでもアイラ島のキルホーマン蒸留所やシェトランド諸島のブルックウッド蒸留所、また、スコットランド以外でもウェールズ州のペンディリン蒸留所などが計画中、あるいはすでに操業を始めており、マイクロ・ディスティラリーと呼ばれる、小さいが個性豊かな蒸留所の動きにも注目したい。

世界のウイスキー（製造方法の違い）

ウイスキーのタイプ	原　料	蒸留法	蒸留度数	特　徴
★ スコッチ 　モルト・ウイスキー 　グレーン・ウイスキー	ピーテッド・ 　　　モルト コーン、モルト	単式2回 連続式	94.8%未満 94.8%未満	シングル・モルト・ウイスキーとブレンデッド・ウイスキーがある。蒸留所が多いので、味の幅が広く、それぞれの個性を持つ。スモーキー・フレーヴァーが強く、エステルの華やかな香りと、ヘビーな重厚な味わいがある。
★ アイリッシュ 　ストレート（ポット・ 　スチル）・ウイスキー 　グレーン・ウイスキー	モルト、大麦 コーン、大麦、 モルト	単式3回 連続式	94.8%未満 94.8%未満	以前はストレート主体で重いものが多かったが、最近はグレーン・ウイスキーとブレンドして軽快な風味になっている。穀物の穏やかな風味が特徴。
★ アメリカン 　ストレート・バーボン・ 　ウイスキー	コーン、ライ麦 モルト	連続式、 （ダブラー）、 単式	80%未満	内面を焦がした新樽に貯蔵するため、オークの香りがあり、華やかなエステル香があり、全般的に強く、重く、個性的。
★ カナディアン 　フレーヴァリング・ 　ウイスキー 　ベース・ウイスキー	ライ麦、コーン モルト コーン、ライ麦 モルト	連続式＋単式 連続式	64～75% 94～95%	風味の軽いのは5大ウイスキー中一番。ライ麦原酒に、クリーンなグレーン・ウイスキーをブレンドするため、ライト＆スムーズが特徴。
★ 日本 　モルト・ウイスキー 　グレーン・ウイスキー	モルト コーン、モルト	単式2回 連続式	95%未満 95%未満	製法はスコッチの流れを汲んでいるが、スモーキー・フレーヴァーが少なく、スコッチに比べ、華やかな香り。味はマイルドでバランスがよく、ハーモニーがよい。

Ⅵ　ブランデー（Brandy）

1　ブランデーとは

　ブランデーとは、本来はブドウを原料に発酵、蒸留した酒に付けられた名称だったが、現在では果実を原料とした蒸留酒すべてに付けられる呼び名として使われている。また、日本の酒税法上では「果実もしくは果実および水を原料として発酵させたアルコール含有物、または果実酒（果実カスを含む）を蒸留したもので、蒸留の際に留出したアルコール分が95％未満のもの。また、これにアルコール、スピリッツ、香味料、水などを加えたもの」とされている。しかし単に「ブランデー」というときは、ブドウからワインをつくり、それを蒸留した酒（グレープ・ブランデー）を意味する。またこの場合、オーク樽で長期間に渡り熟成し、奥行きのあるまろやかな風味を持った酒のことを指している。

　原料にブドウ以外の果実を使った場合には、ブランデー以外の名称（キルシュヴァッサー、カルヴァドスなど）で呼ばれるのが一般的で、ヨーロッパの広い地域でつくられている。こうしたブランデーは、樽熟成せず、無色透明のままで製品化するものが多いが、これは原料由来の香味を活かすためである。

　ブドウには、穀物にない、原料ブドウに由来する多様な香りや味わい成分が含まれ、この成分こそがブランデーの香りをつくり出す要因となる。

　ブランデーが最初に誕生したのは、ブドウを原料とするブランデーであったろうし、また、産業化されたのもブドウを原料とするブランデーであったことは、ほぼ間違いない。ブランデーの始まりには諸説があるが、スペインで錬金術師のアルノー・ド・ヴィルヌーヴ（Arnaud de Villeneuve）が、ワインを蒸留したのが始まりとされている。12〜13世紀ごろには、スペイン、イタリア、ドイツなど各地でワインを蒸留してブランデーがつくり出され、当時、ワインを蒸留した酒をラテン語でアクア・ビテ（Aqua Vitae）「生命の水」と呼んでいた。

　後に、ブランデーの大国となるフランスに伝播するのは14〜15世紀ごろで、ピレネー山脈を越えて、アルマニャック地方へは、1411年には伝わったとされている。

　その後、16世紀にかけ、フランス各地へ蒸留の技術は広まり、どの地方でも蒸留された酒は「生命の水」をそのままフランス語に訳したオー・ド・ヴィー

(Eau-de-vie）と呼ばれ、薬用酒として扱われた。

　その後、16世紀後半まで続いた宗教戦争（1562～1598年）の主戦場となってしまったコニャック地方は、戦争により土地が荒廃し、それまでのワイン生産は壊滅的な危機を迎える。当時、ワインの販売権を持っていたオランダ人の貿易商は、苦肉の策として、品質の落ちてしまったワインを蒸留する方法を提案した。

　おりしも、時のフランス政府は税制を改正し、地方で蒸留するとワインが安くなるのに加え、量に対しても税金がかけられるようになっていた。これに目をつけたオランダ人は、ワインを蒸留すれば量も減るし、税金も安く済むということで、苦肉の策とはいえ一石二鳥の対応に飛びついた。皮肉なことに、この蒸留酒は高い評判を呼ぶことになった。蒸留した酒をコニャック地方ではヴァン・ブリュレと呼んでいたので、オランダ人はこの言葉をオランダ語に直訳しブランデウィン（Brandewijn、加熱したワイン）と称し、イギリスをはじめ、北欧諸国に売り込みを始めたのである。

　したがって、ブランデーという酒名は、本来からいえば、ヴァン・ブリュレ、つまり「ワインを蒸留した酒」であり、イギリス起源の名称なのである。

2　ブランデーの製造工程

(1) 原料ブドウ

　原料となるブドウ品種としては、ユニ・ブラン（Ugni blanc、サン・テミリオン St.Emilionとも呼ばれる）種やフォル・ブランシュ（Folle Blanche）種、コロンバール（Colombard）種などがある。これらの品種はワインをつくるブドウ品種に比べ、酒石酸やリンゴ酸等の有機酸量が多く、またブドウ糖や果糖等の発酵性糖量が少ない品種で、これらの品種からはアルコール度数の低い、酸っぱいワインが生まれる。しかし、このワインを蒸留すると、雑味のない繊細な香味を持ち、さらに、ブドウの香りを凝縮したようなフレーヴァーが蒸留中に促進され、香り高いブランデーが生まれることになる。

　ブランデー用のブドウ品種は、各国や地方によってその風土に適した品種を使用しており、アイレン（Airén）、パロミノ（Palomino）、マスカット（Muscat）、シュナン・ブラン（Chenin blanc）などがある。品種が異なれば、できあがるブランデーの味も異なる。ブランデーの個性は、原料となるブドウ品種のウエイトが高いといえるわけなのである。（次頁表参照）

原料用ブドウ品種とブランデーの風味の違い

品種名	ブランデーの風味
サン・テミリオン	香味豊かで、繊細でフルーティーな甘い感じ
フォル・ブランシュ	香味豊かでフル・ボディ。ややクセがあり重い
コロンバール	やや青臭い感じだが、香りはフローラルな感じで豊か
アイレン	香味に特徴は少ないが、味わい深い
シュナン・ブラン	フルーティーで軽快
パロミノ	ややクセがある
トムソン・シードレス	ボディはあり、クリーミーな感じ
マスカット	マスカット特有の甘い香りが強く、フルーティーな香り

（2）発酵

　原料ブドウの圧搾は軽く絞り、できるだけ清澄な果汁を取り、低温でフルーティーさが壊れないようにゆっくり発酵させる。酵母は、ブドウ果皮についている自然酵母を使うが、純粋培養酵母を用いることもある。他の酒同様に使用する酵母の性質により酒質は違ってくるが、発酵中に華やかさ、うま味、コクなどの多種多様な香味成分が生成される。

　また発酵後、ワインの底に沈殿したオリを取り除くか、取り除かないでそのまま蒸留するかで、できるブランデーの風味は違ってくる。

　もちろん、発酵後のオリだけで再発酵させた、マールやグラッパのようなカス取ブランデーもある。どちらにしても、発酵終了後は、ワインの劣化を防ぐため、早い時期に蒸留させることが必要である。

（3）蒸留

　蒸留は、ブランデーの特性を決定する要素だが、品質の優劣を決めるものではなく、目標とする製品（原酒）の特性に応じて蒸留方法が選択される。

　蒸留方法は、単式蒸留、連続式蒸留、半連続式蒸留の3種類に大別され、このうちいずれかの方法、あるいはその組み合わせで蒸留を行なっている。

①単式蒸留法

　アランビックと呼ばれる最上部がタマネギのように丸く膨らんだ蒸留器が使われる。コニャックで使われているのは次頁のシャラント・ポット・スチルがもっとも有名で、この蒸留器は世界各地で使われている。

シャラント・ポット・スチル　　**アルマニャック・スチル**

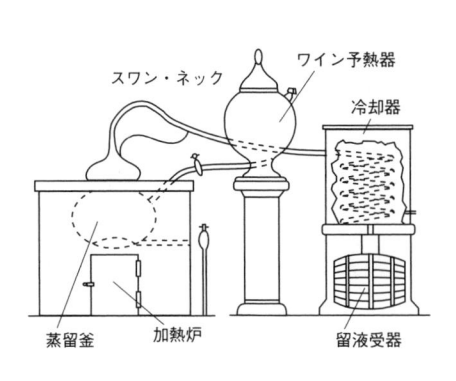

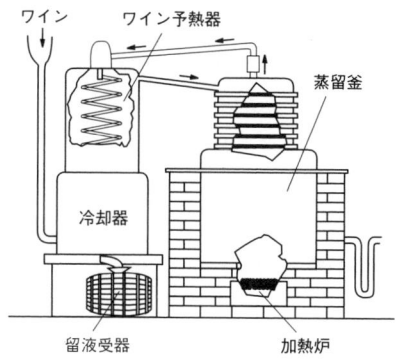

　釜の中で加熱され、蒸気になったワインは、スワン・ネック（白鳥の首）と呼ばれる曲がりくねった管を通り、冷却器を通過する間に冷やされる。

　単式蒸留の場合、アルコール度が高く香りのよい原酒を得るために、蒸留を2回行う。2度目の蒸留では、初めに出てくるヘッド（前留液）と最後に出てくるテール（後留液）は、ブランデーにはせず、初留液に戻され、再留が繰り返される。香り高くバランスのとれたアルコール分70％のハート（中留液）のみを選び出して、次の熟成工程へと送り込む。ヘッド、ハート、テールの見極めがこの蒸留法の重要なポイントとなる。こうして無色透明のブランデー原酒（ヌーベル、Nouvelle）が生まれる。単式蒸留法でつくられたブランデーは、ワインのフルーティーなフル・フレーヴァーで、フル・ボディ、長期熟成向きの原酒となる。

②連続式蒸留法

　主にフランスの他の生産地やアメリカで使われている蒸留機で、形状は、数段ないし数十段の棚を持つ塔からなっている。塔の中間から入れられたワインは、塔の底からの加熱により各棚で連続して精留される。塔の上部ほどアルコール度数が高くなる仕組みに

連続蒸留システム

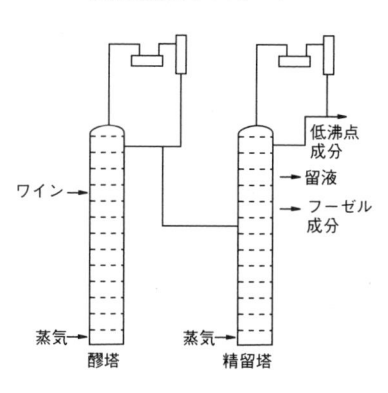

Ⅵ　ブランデー（Brandy）　　**121**

なっている。連続式蒸留機は1塔ないし3塔式になっていて、連続的にワインを入れ、ブランデー原酒を取り出すことができる。

　実際には微妙な蒸留コントロールが必要だが、安定した品質の原酒を得ることができる。単式蒸留器でつくられるものよりも、フルーティーで、ボディもミディアムからライトなタイプで、口当たりがマイルドな原酒ができあがる。

③半連続式蒸留法

　蒸留機の上部に数段の精留棚があり、温められたワインが釜の上部に入れられ、蒸留されてアルコール分約55～60％のブランデー原酒が得られる。この型の蒸留機は、フランスのアルマニャック地方で伝統的に使われているので、アルマニャック・スチルとも呼ばれる。蒸留は1回のため、フル・フレーヴァーで、ミディアムからフル・ボディまでの原酒が得られる。クセの強さが特徴的といえる。

(4) 貯蔵

　蒸留したてのブランデー原酒は、無色透明で香味とも若々しいので、樽で熟成させる。ブランデーの樽材としては、リムーザン(Limousin)産、トロンセ(Tronçais)産、ガスコーニュ(Gascogne)産のフレンチ・オークの樽がバランスのよい熟成香を出すといわれる。トータルな熟成香は、樽材の種類よりも、製樽時の「火入れ(熱)」、樽の古さ、貯蔵期間等により影響するともいわれる。

　通常、樽は2回、3回と使われるが、新樽は力強くハリのあるブランデーを生み、2回目、3回目となるにつれ、まろやかさを持ち、気品ある磨かれたブランデーを生むといわれる。貯蔵は、温度変化の少ない、低温で湿度のある貯蔵庫で熟成させる。蒸留直後の荒々しさが消え、芳香と味の丸みを持ち、色調は琥珀色をなしてくる。なお、極めて長期の熟成をするものは、樽から「ボンボンヌ(Bonbonne、あるいはBombonne)」と呼ばれる大型ガラスビンあるいはガラス製容器に移され熟成される。

(5) ブレンド・後熟

　ブランデーの個性は、ブレンドによって最終的に決まる。品種の違い、蒸留法の違い、貯蔵の違い、それぞれの工程の違いからさまざまなタイプのブランデーが生まれる。こうした工程を経てできあがったブランデー原酒は、ブレンダーの技と感性によって、秀でた風味を持つ製品原酒につくりあげられる。

　ほとんどのブランデーは、何種類かのブランデーをブレンドしてつくられ、味わいに奥深さや広がりを持つが、その後、ウイスキー同様に割り水をし、「まろ

ブランデー熟成用の樽の違い

生産国	樽財の生産地	樽の容量	ブランデーのタイプ
フランス	リムーザン・オーク	270ℓ	コニャック
	トロンセ・オーク	340〜350ℓ	イタリア、ドイツ
	ガスコーニュ・オーク	530〜560ℓ	カルヴァドス、日本
	ガスコーニュ・オーク	340〜350ℓ	
	アリエール・オーク	340〜350ℓ	アルマニャック
その他の国	スパニッシュ・オーク	340〜350ℓ	スペイン
	ユーゴ・オーク	340〜350ℓ	イタリア、ドイツ
	アメリカ ホワイト・オーク	340〜350ℓ	カリフォルニア

樽（オーク）材の種類と特性

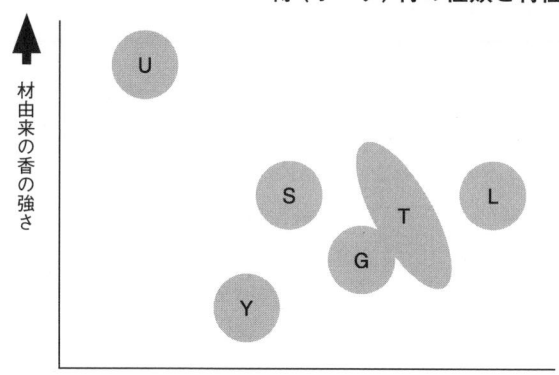

縦軸：材由来の香の強さ
横軸：材由来の味わいの深さ

U：アメリカン・オーク
L：リムーザン・オーク
T：トロンセ・オーク
S：スパニッシュ・オーク
G：ガスコーニュ・オーク
Y：ユーゴ・オーク

やかさ」、「甘い感じ」、「熟成感」を持たせるため、後熟を経て魅力溢れる酒となる。

3　コニャック（Cognac）

　コニャック地方は、フランス南西部に位置し、ボルドー地方とロワール地方に挟まれるように位置している。フランスは、質、両ともに世界一のブランデー生産国だが、中でも、コニャック地方とアルマニャック地方は、ともに二大ブランデー産地といわれている。
　コニャックの名で製品化されるブランデーは、ブドウ品種、生産地区、蒸留法、

Ⅵ　ブランデー（Brandy）　　**123**

熟成表示など厳しい規制がある。土壌には石灰質が多く含まれ、糖分が少なく酸味が強いブドウの栽培に適している。

認可されているブドウ品種は、ユニ・ブラン（サン・テミリオン）種、フォル・ブランシュ種、コロンバール種、ジュランソン・ブラン（Jurançon blanc）種、セミヨン（Sémillon）種、モンティル（Montil）種、メスリエ・サン・フランソワ（Meslier-Saint-François）種の主要品種の他、セレクト（Sélect）種、フォリニャン（Folignan）種が認められているが、現実には、コニャックの原料用ブドウ品種として、ユニ・ブラン種が約90％を占めている。

また、ブドウ品種が同じであっても、土壌により香味に差異が生じるため、フランス政府は、コニャック地方の土壌を石灰質の含有量やその他を調査して、六つの地域に区分し、ボア・ゾルディネール以外は、コニャックという地方名の他に、100％その地区産のコニャックであれば、それぞれの地区名を付けて売ることを認めている。各地区とそのブランデーの特徴をあげてみよう。

①グランド・シャンパーニュ（Grande Champagne）

　石灰岩の多い痩せた土地だが、デリケート（繊細）で香り高く、豊かなボディを生む。熟成に年月がかかるが、熟成することによりよいブーケをつくり出す。

②プチット・シャンパーニュ（Petite Champagne）

　①とほぼ同様だが、やや個性は穏やかで、熟成は比較的早めである。

③ボルドリ（Borderies）

　珪砂を含む粘土質土壌で、腰が強く、豊満さを持つ酒を生む。熟成は早いとされる。特にブレンドの脇役として使用されることが多い。

④ファン・ボア（Fins Bois）

　粘土質を含む石灰質土壌で、若々しい感じの軽快な酒を生む。熟成は早い。

⑤ボン・ボア（Bons Bois）

　砂質土壌で、酒の風味はやや軽く粗い。高級品には使われない。

⑥ボア・ゾルディネール

（Bois Ordinaires、ボワ・ア・テロワールBois à Terroirs）

　海に面した砂質土壌。酒は上品さに欠け、特色少ない。地区名は名乗れない。

以上の6地区だが、このうち①のグランド・シャンパーニュ産の原酒を50％以上使い、それに②のプチット・シャンパーニュ産の原酒のみをブレンドした製品は、特にフィーヌ・シャンパーニュ（Fine Champagne）と名乗れる。

ブドウは、秋に収穫後、アルコール度数7〜8％の白ワインをつくる。それを

オリ引きせず、濁ったままの状態で9月1日から収穫翌年の3月31日までの期間にシャラント・ポット・スチル、または、コニャック型と呼ばれる単式蒸留器で2度蒸留し、72.4％以内の蒸留液を得る。これをリムーザン産、あるいはトロンセ産の木目の狭い300ℓの樽で熟成させる。

　コニャックは、熟成の若い原酒と古い原酒をブレンドして製品化されるので熟成年数は重要な意味を持つ。その際、コニャックでは、熟成年数を表示する単位として、コント（Compte）が用いられる。すべての蒸留が終了した4月1日（収穫期から約半年後）から起算し、翌年の3月31日までがコント0、翌々年の3月31日までがコント1になり、以降1年ごとに数が繰り上がっていく。

　この規定は、全国コニャック事務局（Bureau National Interprofessional de Cognac、略称B.N.I.C.）が、コニャックとして製品化する場合、コント2以上の原酒を使わなければならないと自主規制しているものである。

　　☆☆☆（スリースター）、V.S.（Very Special）……………コント2
　　V.S.O.P.（Very Superior Old Pale）、Réserve …………コント4以上
　　NAPOLEONなど……………………………………………コント6以上
　　Extra、X.O.など……………………………………………コント10以上

　なお、上記の表示をする場合は、ブレンドする原酒のうち、酒齢の一番若いものを基準として表記される。あくまでも表記は、ブレンドしたもっとも若い原酒のコント数によるものである。

コニャック

	グランド・シャンパーニュ
	プチット・シャンパーニュ
	ボルドリ
	ファン・ボア
	ボン・ボア
	ボア・ゾルディネール

ラロシェル
ロワゼン
大西洋
コニャック
アングレーム

↓ボルドー40km

パリ
リヨン
ボルドー
マルセイユ
ツールーズ

アルマニャック

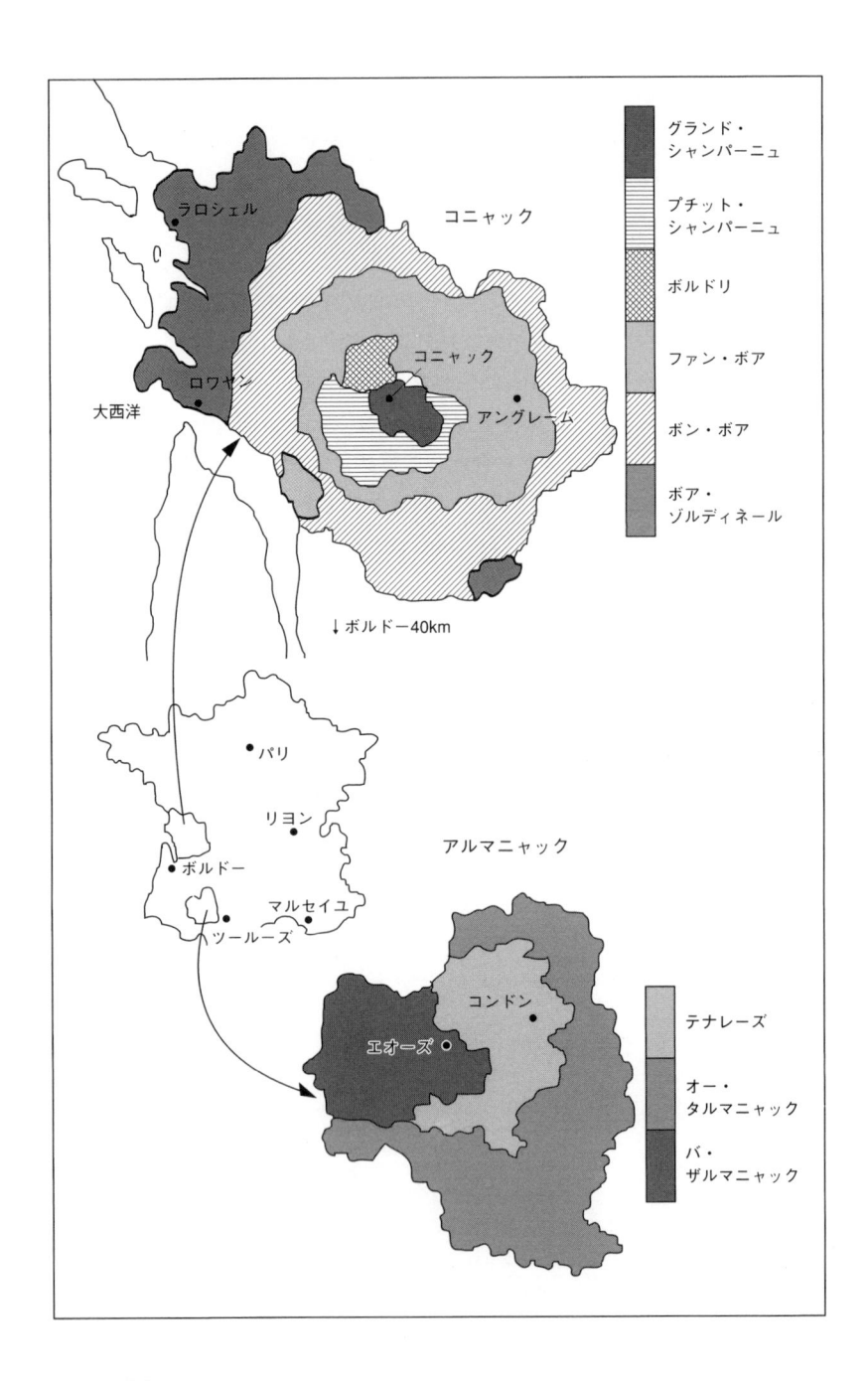

コンドン
エオーズ

	テナレーズ
	オー・タルマニャック
	バ・ザルマニャック

4 アルマニャック（Armagnac）

　ボルドーの南に位置し、ピレネー山脈に近い地域で、昔はガスコーニュと呼ばれた地方の一部。現在はジェール（Gers）県、ランド（Landes）県、ロット・エ・ガロンヌ（Lot-et-Garonne）県にまたがる産地である。

　ブランデーづくりの歴史は、コニャックよりも古い。蒸留の歴史は南ヨーロッパから始まったので、コニャックよりも南にあるアルマニャックに、その技術が先に伝わったのは当然といえる。

　現在、アルマニャックも、コニャック同様に原産地呼称管理法で厳しく管理されている。アルマニャック用ブドウ品種は、約80％を占めるユニ・ブラン（サン・テミリオン）種の他、フォル・ブランシュ種、コロンバール種、ジュランソン（Jurançon）種、モーザック（Mauzac）種、メスリエ・サン・フランソワ種、グレス（Graisse）種などである。これらのブドウ品種から、アルコール度数9％ほどの白ワインをつくり、オリ引きせずに蒸留する。この地方は、コニャックと異なり、砂土主体の土壌で、砂の度合いが多い土壌から高品質のアルマニャックが生まれる。

　蒸留は、この地方の伝統的なアルマニャック型アランビック（Alambic du type Armagnacais、半連続式蒸留器）を使って52～72％以内の新酒をつくって熟成させる。これに加え1972年から、コニャックで使用しているシャラント・ポット・スチルの単式蒸留器を用いて2回蒸留も許可されている。蒸留期間は、コニャック同様に収穫翌年の3月31日までである。

　熟成用の樽は、ガスコーニュ産のオークでつくった約400ℓ入りのものを使用する。熟成を終えたブランデーは、ブレンドし製品化されるが、ラベルに記されるV.S.O.P.、NAPOLEONなどの表示基準は、コニャックに準じて行われる。なお、ブランシェ・アルマニャック（Blanche Armagnac、樽熟成せず着色されていないアルマニャック）を除いた四つの地区は、収穫翌年から起算して1年以内は販売が禁止されている。

　アルマニャック地方も、原産地呼称統制法により5地区に分類されるが、中心となるのは次の3地区で、ここでつくられたアルマニャックは、地区名で呼ぶことを認めている。

（1）バ・ザルマニャック（Bas-Armagnac）

　バ（低い）という通り大半が平野部にあり、砂地が混ざった土壌である。最高

品質のアルマニャックを生み、芳香性に富み、干しスモモを思わせる香味を持つ。
（2）アルマニャック・テナレーズ（Armagnac Ténarèze）
　粘土石灰質土壌の土地である。ボディがしっかりとしていて、香りが高い。バ・ザルマニャックのものとブレンドすると、バランスのよいブランデーになる。
（3）オー・タルマニャック（Haut-Armagnac）
　石灰質土壌で、面積はもっとも広いが、主として栽培されるのはコロンバール種。この品種はテーブル・ワインにも回されていて、アルマニャック用にはごくわずかしか使用されず、またブランデー用の生産量も少なく、ブランデーになってもあまり個性も強くない。
　なお、アルマニャックは、コニャックに比べ、風土や蒸留法、熟成法がやや異なるため、フレッシュな味わいが楽しめる。
　また、コニャックでは単年度のブランデーで年号表示することは原則として許可されていないが、アルマニャックではヴィンテージ・アルマニャックが認められており、その場合、その年に収穫されたブドウのみでつくられ、10年以上の熟成をしたものとなっている。

5　フレンチ・ブランデー（French Brandy）

　フランスでは、コニャックやアルマニャック以外でもグレープ・ブランデーがつくられ、こうしたブランデーは「フレンチ・ブランデー」と総称される。主として連続式蒸留機が使われ、熟成は短期間で、ライトな風味につくりあげられる。
　主な産地は、コニャック周辺とモンペリエ、ロワール川の南部地方などである。ブドウ品種は、フォル・ブランシュ種が多く、他にコロンバール種、ユニ・ブラン種、ジュランソン・ブラン種なども用いられる。

6　その他のフランス産のグレープ・ブランデー

　フランスでは前述ブランデーの他に、国内の有名ワイン産地でつくられるA.O.P.の基準に達していない余剰ワインや、ワインのオリからも蒸留してブランデーがつくられている。これは、1941年に施行された規制法（Appellation Réglementée、略称A.R.法）で、13の生産地が指定されているオー・ド・ヴィー・ド・ヴァン（Eau-de-vie de vin）である。中でも品質のよい地域のものには、フィー

ヌ（Fine、精製されたという意味）という言葉を使う。

また、有名ワイン産地のワイン用ブドウカスからつくられるブランデー（いわゆるカス取りブランデー）も、A.R.法により14の生産地が認められ、オー・ド・ヴィー・ド・マール（Eau-de-vie de marc）と呼ばれ、そのあとに産地名が付くが、ブルゴーニュ産、シャンパーニュ産のものとアルザスのゲヴュルツトラミネル種からつくられるものが優れている。蒸留は主に単式蒸留器で行われ、樽熟成を経て製品化されるが、アルザス・ゲヴュルツトラミネルは樽熟成を避けている。

7　その他の国のグレープ・ブランデー

フランス以外の国でも、数多くのブランデーがつくられているが、中でもよく知られている国はドイツ、イタリア、スペイン、アメリカなどである。

ドイツ

ドイツのブランデーの製造業者は、原料となるワインをイタリアやフランス、スペインなどEU諸国から輸入し、蒸留し、ブレンドしているものが多い。それらの原料ワインは、ヴァン・ヴィネ（Vin viner、酒精を加えたワイン）といって、現地から出荷する前にブランデーを加えてから輸入している。蒸留は単式蒸留と連続式蒸留が用いられ、熟成は最低6ヶ月である。1年以上熟成させたものは、ウアアルト（Uralt）と表示されている。

ドイツのブランデー業者として有名なアスバッハ社創設者フーゴー・アスバッハ（Hugo Asbach）は、1905年にブランデーを発売する際、ヴァインブラント（Weinbrand）という銘柄を登録したが、1971年以降すべてのドイツ・ブランデーの公式名称として使われている。ヴァインブラントは、一般的にライトな酒質でほのかな甘みがあり、原料の85％以上がドイツ国内で蒸留することが規定されている。

イタリア

イタリアのブランデーは、大きく二つのタイプに分かれる。ひとつは、国内各地でつくられるワインを単式蒸留と連続式蒸留を併用して蒸留し、その後、フランスのリムーザン産の樽や東ヨーロッパ産のオークの樽で熟成したものである。

ドイツ・ブランデーの軽さとスペイン・ブランデーの芳醇さを合わせ持つよう

な味わいで、ほのかな甘みを持つ。原料ブドウは、トレビアーノ (Trebbiano) 種やサンジョヴェーゼ (Sangiovese) 種が主体で、蒸留後、最低1年貯蔵が必要。

もうひとつは、グラッパ (Grappa) と呼ばれるワイン用ブドウの絞りカスでつくられるブランデーで、フランスのマールと並び、世界的に知られている。原料ブドウは、サンジョヴェーゼ種やネッビオロ (Nebbiolo) 種、カナイオロ (Canaiolo) 種などを中心に、小型の単式蒸留器で蒸留するか、連続式を使用する場合は2本塔のものを使用する。最近では単式の湯煎蒸留のものに良質のものが多くなっている。グラッパは、樽熟成をせずに、ステンレス・タンクによる熟成により、無色透明のまま製品化されることが多いが、アカシアの樽などで熟成させたものもある。

グラッパという名称は、その昔、ベネチア北部のバッサノ・デル・グラッパという村が、こうしたカス取りブランデーの特産地だったことに由来しているといわれている。

スペイン

スペインのブランデーづくりの原料は、ラ・マンチャ (La Mancha) 地方のアイレン (Airén) 種やパロミノ (Palomino) 種からつくったワインがほとんどだが、他にはカタルーニャ (Cataluña) 地方のパレリャーダ (Parellada) 種やテンプラニーリョ (Tempranillo) 種からつくったワインも使われる。蒸留は、連続式蒸留と単式蒸留が併用され、単式の場合は、コニャック型の蒸留器で2回行うか、スペイン式のアルキターラ (Alquitara、精留棚が付いた半連続式) で1回蒸留し、アルコール分65〜70%（連続式も同様）の原酒を得る。

熟成は、スパニッシュ・オークやアメリカン・オークのシェリー樽を使うことが多いが、リムーザン産やトロンセ産の樽も一部では使用する。

シェリー産地で熟成させたものは、ブランデー・デ・ヘレス・ソレラ (Brandy de Jerez Solera) の表示が認められ、6ヶ月以上の樽熟成が規定されている。さらにブランデー・デ・ヘレス・ソレラ・レセルバ (Brandy de Jerez Solera Reserva) とあれば樽熟成1年以上、ブランデー・デ・ヘレス・グラン・レセルバ (Brandy de Jerez Gran Reserva) とあれば3年以上の樽熟成が規定されている。

スペインのブランデーは、色が濃く芳醇だが、口当たりが柔らかいのが特徴である。またスペインにはカス取りブランデーとして、オルーホ (Orujo)、または、アグアルディエンテ (Aguardiente) と呼ばれるものがある。ストレートで飲む他、

煎ったコーヒー豆を入れたり、レモン・スライスを入れて飲まれる。

アメリカ

　アメリカのブランデーは、ほとんどはカリフォルニア州のセントラル・ヴァレー (Central Valley) やノース・コースト (North Coast)、セントラル・コースト (Central Coast) でつくられている。

　カリフォルニア・ブランデーの法的規制では、カリフォルニア州で栽培されたブドウ100％で製造しなければならない。原料ブドウに規制はないが、トムソン・シードレス (Thompson Seedless) 種およびフレーム・トカイ (Flame Tokay) 種、フレンチ・コロンバール種で、その他ユニ・ブラン種、シュナン・ブラン種も使われる。蒸留には連続式蒸留機が使われることが多く、また最近になって単式蒸留（コニャック式）とのブレンドや、100％単式蒸留の製品も増えている。

　熟成には、アメリカ産のホワイト・オークの樽やバーボンの古樽使用が主流だが、一部フランスのリムーザン産やトロンセ産の樽も使用される。最低2年以上の貯蔵が義務づけられ、製品度数は40％以上でなければならない。

　カリフォルニアのブランデーの特徴は、ライトで、マイルドな口当たり、ほのかに甘みを感じるフルーティーさを持つことである。

日本

　日本にブランデーが伝わったのは江戸時代だといわれているが、ブランデーづくりが始まるのは、明治26 (1893) 年ごろからで、本格的な生産は、昭和10 (1935) 年に寿屋（現サントリー）が大阪府の道明寺工場で蒸留を始めてからといっていい。

　実際、生産が軌道にのるのは第二次世界大戦が終わった1960年代で、国産各メーカーが、シャラント・タイプの単式蒸留器を備えて、品質で競争するようになる。

　日本のブランデーの原料となるブドウ品種は、甲州種を主体にユニ・ブラン種などを使ってつくられていたが、ブランデー用の原料ブドウとして見ると、風土・気候的にも適しているとはいえず、現在では、ほとんどのメーカーが、フランスなどの海外提携先の蒸留メーカーに、日本人の舌に合うスペックに沿った原酒を委託生産してもらい、原酒を輸入し、生産しているのが現状だ。ブランデーの性格としては、コニャックに似た香気を持つのが特徴といえるが、どちらかといえばマイルドな仕上がりになっている。

8　フルーツ・ブランデー

　ブドウ以外のフルーツを原料としたブランデーは、一般に「フルーツ・ブランデー」と称されている。その主な産地は、フランス、ドイツ、スイスだが、東欧諸国でもかなり生産されている。

アップル・ブランデー

　リンゴを発酵させてシードル（Cidre、アップル・ワイン）をつくり、それを蒸留し、樽熟成させる。主産地は、フランス北部のノルマンディー地方とイギリス、アメリカである。

　9世紀に北欧からヴァイキングが来襲して、現在のフランス北部ノルマンディーに定住したときに、野生のリンゴを見つけ、シードルをつくったといわれる。1553年にシードルを蒸留してブランデーをつくった記録があるが、それ以前からノルマンディーの農家でつくられていたといわれる。

　フランスでは、アップル・ブランデーをオー・ド・ヴィー・ド・シードル（Eau-de-vie de cidre）というが、特に中心産地となるのはカルヴァドス地方で、19世紀はじめから、その地名を付けてカルヴァドス（Calvados）と呼ばれている。現在、この地域のA.O.C.呼称を持つのは、単にカルヴァドス（Calvados）とあるもの、カルヴァドス・ドンフロンテ（Calvados Domfrontais）、カルヴァドス・デュ・ペイ・ドージュ（Calvados du Pays d'Auge）に、ドンフロン（Domfront）の四つで、このうちドンフロンは2002年に認定された洋ナシのオー・ド・ヴィー。

　蒸留は、コニャック・タイプの単式蒸留器で2回蒸留が義務づけられていて、最終的にはアルコール分72％以下で蒸留される。

　このうち、最良のカルヴァドスを生産するのがカルヴァドス・デュ・ペイ・ドージュで、カルヴァドス・ドンフロンテは半連続式蒸留機で蒸留するのが認められているが、ポワレ（西洋ナシの醸造酒）を30％以上使うことが義務づけられ、さらに、単にカルヴァドスだけを表示するものは、上記2地区周辺でつくられたものやブレンドされたものである。

　熟成は、フルーツ・ブランデーではあるがリムーザン産やトロンセ産の樽で熟成され、カルヴァドスとカルヴァドス・デュ・ペイ・ドージュは2年以上、カルヴァドス・デュ・ドンフロンテは3年以上の熟成が義務づけられている。これらにはトロワ・ゼトワール（Trois Etoiles）、またはトロワ・ポンム（Trois Pommes）やヴィ

ユー (Vieux)、レゼルヴ (Rèserve)、VO、ヴィエイユ・レゼルヴ (Vieille Rèserve)、V.S.O.P.、Napoléon、オー・ダージュ (Hors d' Age)、エクストラ (Extra) などの表示が認められている。

この他、カルヴァドス周辺地域のノルマンディーやブルターニュ、メーヌなどでもアップル・ブランデーはつくられているが、それらは連続式蒸留機を使用し、ラベル表記は、オー・ド・ヴィー・ド・シードルにその地域名を付けて売ることができるが、熟成の必要はない。

サクランボのブランデー

フランスではアルザス地方の南部地区、ドイツ南部のシュヴァルツヴァルト(黒い森地方)、スイスはバーゼル周辺の寒冷地が産地である。原料のサクランボは、野生種のブラック・チェリーで、小粒ながら糖分が多い。実を潰し、それに水を加えて自然発酵させる。発酵後、数ヶ月寝かせ、主に単式蒸留機で蒸留する。熟成には、ほとんど色素成分を出さないアッシュ材の樽か、陶器およびガラス製の容器が使われる。無色透明で、サクランボに由来する華麗な香りが特徴である。

フランスでは、正式にはオー・ド・ヴィー・ド・スリーズ (Eau-de-vie de cerise) というが、一般にはキルシュ (Kirsch) と呼ばれている。なお、フランスでは、単にキルシュと表示するものは、サクランボ100%でつくったブランデーを指すが、製菓用に使用されているキルシュ・ド・コメルス (Kirsch de commerce) やキルシュ・ファンテジー (Kirsch fantaisie) は、ニュートラル・スピリッツを加えたり、香料を加えて香りを補正したものである。

ドイツでは、キルシュヴァッサー (Kirschwasser) と呼ばれる。
キルシュとはサクランボの意味で、ヴァッサーとは、本来「水」の意味だが、原料をそのまま発酵してつくる酒の表示にも使われる。もし、木イチゴ(ヒンベーレ、Himbeere)の場合のように原料をニュートラル・スピリッツに浸漬して蒸留した場合、酒名にはガイスト (Geist) という用語を使う。

スモモのブランデー

フランス北部やドイツ、東欧諸国で生産される。フランス産は、イエロー・プラムを用いたオー・ド・ヴィー・ド・ミラベル (Eau-de-vie de Mirabelle)、特にロレーヌ地方産でA.R.に認定されているミラベル・ド・ロレーヌ (Mirabelle de Lorraine) や、バイオレット・プラムを用いたオー・ド・ヴィー・ド・クエッチュ

(Eau-de-vie de quetsche)がある。これらはフルーツ香が濃く、無色透明である。

　東欧産のものは、スリヴォヴィッツ(Slivovitz)、あるいは、それと似た呼び方で売られ、樽熟成したものが多く、酒色は黄色から褐色を帯び、樽香も感じる。

その他のフルーツ・ブランデー

　木イチゴ(英名ラズベリー Rasberry、仏名フランボアーズFramboise)でつくる無色透明のブランデーは、フランスではオー・ド・ヴィー・ド・フランボアーズ(Eau-de-vie de framboise)、ドイツやスイスではヒンベーアガイスト(Himbeergeist)と呼ばれる。また、西洋ナシでつくるフランス産の無色透明のブランデーは、オー・ド・ヴィー・ド・ポアール(Eau-de-vie de poire)と呼ばれ、ポアール・ウィリアム(Poire Williams)は、優良品種である西洋ナシのウィリアム種を原料としたものである。

Ⅶ　スピリッツ (Spirits)

スピリッツ (Spirits) は、もともとは蒸留酒のことを指し、ウイスキーやブランデーなども含まれるが、日本の酒税法では、それらを除く、エキス分2%未満の蒸留酒のことを指している。スピリッツ類には原料用アルコールやグレーン・スピリッツのような、酒のベースとなるアルコールも含むが、一般的にスピリッツといえば、ジン、ウオッカ、ラム、テキーラなどを指す。

1　ジン (Gin)

ジンは、穀物を原料とし、糖化、発酵、蒸留後、草根木皮とともに、再蒸留した酒のことで、無色透明で、爽やかな香り、切れ味のよい風味を持った辛口の酒といえる。

しかし、ジンの中には、無色透明ながら甘みを加えて飲みやすくしたものや、フルーツの香りと色を添えて、リキュール・タイプに仕上げたものもある。その中で無色透明で辛口のジンのことを「ドライ・ジン」と称しているが、このドライ・ジンこそがジンの主流であり、ただ単にジンといったときはこのドライ・ジンのことを意味している。

ジンは、1660年、オランダのライデン大学のシルヴィウス博士 (Dr.Sylvius、本名はフランツ・デ・ラ・ボエFranz de la Boë 1614〜1672年) によってつくられた薬用酒である。彼は、植民地での熱病の特効薬として、その当時、利尿効果があると認められていたジュニパー・ベリー (杜松の実、Juniper Berry) をアルコールに浸漬して蒸留、利尿効果を持った薬用酒をつくった。そしてジュニパー・ベリーのフランス語のジュニエーヴル (Genièvre) を酒名にして、この薬酒は売り出されることになった。

当時、蒸留酒を飲む習慣は、わずかながらできつつあったが、雑味の多い酒が多かった。爽やかな香りのこの薬酒は、当時売られていたジュニパー・ベリー風味の酒とともに飲用が広まり、名称もオランダ語でイェネーフェル (Genever)、あるいはイェネーファ (Geneva) と呼ばれて愛飲されるようになった。そのイェネーフェルは、1689年にオランダのオレンジ公ウィリアムがイギリス国王に迎えられるとともに、イギリスにも広まり、18世紀にはジン・パレスなども登場し、

ロンドンでは爆発的に流行し、酒の名称もジュニエーヴルが短縮されて、ジン (Gin) と呼ばれるようになった。

　その風味も、19世紀に入ると、連続式蒸留機の開発とともに、クセのないライトな風味を持つ、洗練された酒として生まれ変わり、それ以降、イギリスのジンは、オランダのジンとの差を明確にする意味もあってブリティッシュ・ジン、あるいは主産地の名を付けてロンドン・ジンと呼ばれるようになり、独自のジンのタイプとしての道を歩き始める。アメリカに渡ったジンは、カクテル・ベースとして一躍脚光を浴び、世界的に有名となった。「ジンは、オランダが生み、イギリス人が洗練し、アメリカ人が栄光を与えた」といわれる所以である。ジンは世界各国でつくられるが、その大半はロンドン・ジン・タイプのドライ・ジンである。

ドライ・ジン (Dry Gin)

　ドライ・ジンの主原料は、トウモロコシ、ライ麦、大麦麦芽などであるが、これらを糖化、発酵後、連続式蒸留機で95％以上のグレーン・スピリッツをつくる。

　このスピリッツが、ジュニパー・ベリー、その他の草根木皮とともに、ジン・ポットと呼ばれるネックの長いポット・スチルで再蒸留される。その方法には二通りある。ひとつは、草根木皮をスピリッツに加えて、ジン・ポットで蒸留する方法、もうひとつは、ジン・ポットの上部にジン・ヘッドと呼ばれる金網でできた円筒を取り付け、その中に草根木皮を詰め、蒸留されてくるスピリッツの蒸気とともに香気成分も一緒に抽出させる方法である。

　ドライ・ジンは、総体的に見れば、爽やかな香気を持ち、ライトな風味で切れ味のよい蒸留酒といえよう。代表的なブランドとして、ゴードン (Gordon)、ビーフィーター (Beefeater) などがある。

　また、ドライ・ジンのひとつのタイプとしてプリマス・ジン (Plymouth Gin) がある。プリマス・ジンは、グレート・ブリテン島南西部、イギリス海峡に面した古い港町プリマスで1793年に創業したイギリスでもっとも古いジン・メーカーであり、小麦を原料としたスピリッツとジュニパー・ベリーをはじめとするボタニカル類 (香辛料) の他、プリマス・ジンの風味の特徴でもあるアンジェリカやオリスなどの植物の香り持った爽快なフレーヴァーのジンとして有名だったが、20世紀後半、アメリカ企業に売却され、以後スパイス香は薄くなったといわれている。

ジンに使用されるボタニカル類の一部とその特徴

ボタニカル類名	特徴
ジュニパー・ベリー	スーッとした爽快感を感じる香りと、麦のような穀物様
コリアンダー	華やかな花のような香りで、インパクトが強い。甘い感じも
アンジェリカ・ルート	土ぼこりや麝香のような香り
シナモン・バーク	シナモンの香り。柔らかな香り
カーダモン・シード	ツンとした刺激臭もあり、全体的にはハーブ的な青臭さ
アンジェリカ・シード	アンジェリカ・ルートと同じだが、少し華やか
ナツメグ	シャープな香りで、ジュニパー・ベリーに似る
リコリス	生薬的な土臭さがあるが、香りというほどではない
キャラウェイ	柑橘とニッキを合わせたような甘いハーブの香り
フェンネル	キャラウェイに似るが、よりシャープ
ビター・オレンジ・ピール	オレンジ香。オイリーなしつこさも
レモン・ピール	フレッシュな香りだが、微弱

オランダ・ジン（Genever）

　オランダのジンは、ポット・スチルで蒸留するものが主流で、イェネーファ（Geneva）、またはイェネーフェル（Genever）と呼ばれるが、オランダ以外の国ではジュネヴァと呼ばれる。主原料は、大麦麦芽、トウモロコシ、ライ麦だが、大麦麦芽の使用比率は高い。初めから混合し、糖化、発酵、単式蒸留器で蒸留、アルコール分約50～55％のグレーン・スピリッツをつくる。この留液にジュニパー・ベリーやその他の草根木皮類を加えて、さらにもう一度単式蒸留器で蒸留が行われる。香味にコクがあり、グレーンの香りが残ったややヘビーな酒質となる。そのため、カクテルのベースにするより、主としてストレートで飲まれる。また、ボトルごと冷やして飲むのを好む人も多い。

　このタイプのジンは、ダッチ・ジュネヴァ（Dutch Geneva）、ホランズ（Hollands）、スキーダム（Schiedam）などとも呼ばれている。

シュタインヘーガー（Steinhäger）

　ドイツ西部ヴェストファーレン（Westfalen）州のシュタインハーゲン

(Steinhagen) という村で生まれたことからこの名があるが、現在ではその他の州でもつくられている。

生のジュニパー・ベリー（約20〜25％程度の糖質が含まれる）を発酵させ、単式蒸留器で蒸留し、約12％の蒸留液をつくる。その後、グレーン・スピリッツをジュニパー・ベリーのスピリッツとブレンドし、再蒸留したものが、シュタインヘーガーとして製品化される。ジュニパー・ベリーを初めから発酵させて使うので、風味は重いが香味が穏やかで、オランダ・ジンとロンドン・ドライ・ジンの中間的な風味を持つ。

オールド・トム・ジン (Old Tom Gin)

ドライ・ジンに1〜2％程度の糖分を加え、甘口に仕上げたジンである。製法の基本的な点では、ドライ・ジンと同じである。世界的な辛口志向の影響を受け、生産量は激減している。

名の由来は、18世紀、ロンドンで猫の姿のジン販売機の口にコインを入れると、甘口のジン（当時は、品質的にまだ雑味が多く、飲みやすくするため砂糖で甘みづけした）が出てくる仕掛けをつくったところ大ヒットした。雄猫をトム・キャットというところからこのジンはオールド・トム・ジンと呼ばれるようになった。

もし、カクテル・レシピに「オールド・トム・ジン」という指定があり、現物が入手困難な場合は、ドライ・ジンを少し多めに使うか、砂糖かシロップを少量加えればかなり近い味のものができる。

フレーヴァード・ジン (Flavored Gin)

スピリッツにフルーツやジュニパー・ベリーや特殊な香草で香味をつけ、糖分を加えたものは総称してフレーヴァード・ジンと呼ばれている。代表的なものに、スロー・ジン (Sloe Gin)、レモン・ジン (Lemon Gin)、オレンジ・ジン (Orange Gin)、ジンジャー・ジン (Ginger Gin) などがある。

スロー・ジンは、スピリッツにスロー（スモモの一種）を浸漬し、砂糖を加えて熟成させたのち濾過したもので、日本の梅酒に似ている。レモン・ジン、オレンジ・ジンは、レモン果皮、オレンジ果皮を香味づけの主原料として、糖分を加えてつくられている。日本では、これらは酒税法上ではリキュールとして扱われる。

2　ウオツカ（Vodka）

歴史と語源

　ウオツカは、主に穀物を原料として、糖化、発酵、蒸留し、白樺などの炭で濾過した蒸留酒で、相対的に他の酒よりもクセがないが、無味、無臭というわけではない。ウオツカは、ライトな中にも原料の穀物の微妙な味わい、爽快感と白樺の炭濾過によるまろやかさが楽しめる酒だといってよい。

　ウオツカがいつごろ生まれたかは定かではないが、モスクワ公国（1283～1547年）の記録に、ロシアの地酒として農民の間で飲まれるようになったと載っているので、この時代には飲まれていたことは確かだろう。一方で、隣国ポーランドには、11世紀ごろから存在していたという説もある。

　どちらにしろ、12世紀前後には東ヨーロッパで生まれていたと考えれば、ウイスキーやブランデーよりも歴史が古く、ヨーロッパで最初にできた蒸留酒といえるかもしれない。当時はライ麦のビールか、ハチミツのミードを蒸留してつくったのではないかと推測される。そして、蒸留された酒は、ズィズネーニャ・ワダ（Zhiznennia Voda、生命の水）と呼ばれていた。このズィズネーニャ・ワダという名称が、やがて単にワダ（水）と呼ばれるようになり、16世紀イワン雷帝のころから、その愛称形のウオツカ（Vodka）という名が使われるようになった。当時は、連続式蒸留機が発明される以前であり、簡単な単式蒸留器で蒸留していたため雑味も多く、香草によって香りづけなども行われていたようだ。現在のズブロッカ（ズブロッカ草で風味づけしたウオツカ）は当時の名残りともいえるだろう。

　17～18世紀ごろのウオツカは、主としてライ麦でつくられていたらしいが、18世紀後半あたりから、トウモロコシやジャガイモも使われるようになった。

　1810年、セントペテルスブルグの薬剤師アンドレイ・アルバーノフが炭の吸着性作用などを発見し、ピョートル・スミノフがウオツカの製造にこの炭を最初に利用したといわれている。これ以来、ウオツカは炭濾過による「クセの少ない酒」という個性が確立した。さらに、19世紀後半には、連続式蒸留機が導入され、クセのないすっきりとした酒質となり、現在のウオツカの姿が一応完成された。

　1917年のロシア革命以後には西欧諸国にも知られるようになるが、これは亡命した白系ロシア人、ウラジーミル・スミノフが、パリで小規模ながら製造に乗り出したのが始まりであった。のちに、アメリカへ禁酒法解禁とともに広まり、

第二次世界大戦後には、カクテル・ベースとして各国でもつくられるようになり、爆発的に生産されるようになった。

ウオツカの製造方法

主原料は、トウモロコシ、大麦、小麦、ライ麦などの穀物だが、北欧やロシアの一部の寒冷地ではジャガイモを使うこともある。これらの原料を糖化、発酵させ、連続式蒸留機でアルコール分95％以上のグレーン・スピリッツをつくる。それに加水してアルコール度数40～60％に調製し、白樺などの炭で濾過し製品化している。

ウオツカの特徴は、炭濾過をどのくらいの時間をかけて行うかという点にある。炭濾過には、スピリッツの刺激成分を除去し、軽やかな芳香を生成する作用がある。また、炭からの味わい成分（アルカリイオン）が溶け出していき、さらにそれがアルコールと水との結合を促進し、まろやかさを付与するという役割も果たしているといわれる。

なお、ベースとなるスピリッツは、アルコールの純度を高めて留出させるため、原料による違いは製品の品質にはあまり大きな影響を与えないともいわれる。そのため、アメリカでは、原料は穀物でなくても、ニュートラル・スピリッツを、炭濾過処理などをして、香り、味、色をなくしたものも、ウオツカとして扱われている。また、EUのウオツカに対する規制は、「農産物から得たエチル・アルコールを炭濾過して、官能刺激特性（organoleptic characteristics）を取り除いたもの」となっている。

ロシアン・ウオツカ

現在、ロシアのウオツカの中には、澄み切ってニュートラルなものから、やや甘くてまろやかなものや、香草で香りづけをしたウオツカや、リキュール・タイプのウオツカなどがある。代表銘柄としては、ストリチナヤ（首都の、の意味）がある。

フレーヴァード・ウオツカには、スタルカ（ナシやリンゴの葉、ブランデーを配したもの。オールド・ウオツカの名で知られる）やズブロッカ（ズブロッカ草という香りの強い萱草のエキスを配合したもの）などがある。

ポーランド・ウオツカ

ポーランドでは、WÓDKAと綴り、ヴォトカと発音する。17世紀には、輸出が始まっており、同国を代表するスピリッツとなっている。原料は豊富なライ麦を主原料にしていることによる、ほのかにライ麦の風味が残っているのが特徴である。代表的なブランドとして1823年に生まれたヴィボロワ社が近年発売したヴィボロワ・エクスクイジット（Wyborowa Exquisite、非常に美しいの意。アルコール度数40％）や、連続式蒸留機で6塔蒸留した滑らかな口当たりのプレミアム・ウオツカのプラウダ（Pravda）、ベルヴェデール（Belvedere）、また、アルコール度数96％と世界最強の酒といってもいいスピリタス（Spirytus）などがある。

その他のヨーロッパ産ウオツカ

森と湖と白夜の国フィンランドの代表的なウオツカは、フィンランディア（Finlandia）である。大麦が主原料で、スムーズでライトな中にグレーン由来の味が残っている。同じ北欧には、スウェーデンのアブソルート（Absolut）がある。近年、フランスでもウオツカ生産が盛んで、プレミアム・タイプのグレイ・グース（Grey Goose）やシロック（Ciroc）などがある。

アメリカ、カナダのウオツカ

アメリカ、カナダのウオツカは、主にトウモロコシを原料に使い、アルコール度数95％以上のグレーン・スピリッツでつくる。原料由来のフレーヴァーはほとんどなく、クリーンでニュートラルである。炭濾過処理は比較的強く、ドライなタイプに仕上げられている。

アメリカの代表的銘柄には、スミノフ（Smirnoff）、ポポフ（Popov）、カムチャッカ（Kamchatka）、スカイ（Skayy）などがある。

カナダには、クリスタル・クリアーを身上とする高級ウオツカ、サイレント・サム（Silent Sam）がある。

3　ラム（Rum）

ラムの歴史と語源

ラムは、カリブ海に浮かぶ西インド諸島で生まれた。原料のサトウキビは、コ

ロンブスの新大陸発見とともに南欧から持ち込まれた。この地の気候と適合し、西インド諸島は世界一のサトウキビ生産地となった。

サトウキビの絞り汁（ケーン・ジュース、Cane Juice）を煮詰め、砂糖の結晶を取ったあとの糖蜜（ケーン・シロップ、Cane Syrop）を原料とし、発酵、蒸留、熟成を経てつくられるスピリッツがラムだが、ウイスキー、ブランデーと同様に発酵、蒸留、熟成でつくられ、成分的には似ているがミクロフローラ（バクテリア）による香味成分が多い酒である。

17世紀初め、西インド諸島のひとつバルバドス島へ移住したイギリス人が、豊富に繁っているサトウキビから蒸留酒をつくったのがラムの始まりだといわれている。また、一方では、16世紀初頭、プエルトリコに渡ったスペインの探検家ポンセ・デ・レオン（Ponce de León）の隊の中に蒸留技術を持った隊員がいて、土地のサトウキビを利用してラムをつくったという説もある。いずれにしても、ラムは西インド諸島で生まれ、少なくとも17世紀にはつくられていたといえる。

18世紀になると、航海技術も進歩し、ヨーロッパ各国の植民地政策により、西インド諸島も極めてユニークな発展を遂げる。植民地史上有名な「三角貿易」が行われるようになったが、これは①アフリカの黒人を船で西インド諸島に送り、②空になった船に糖蜜を積み込み、アメリカのニュー・イングランドに運ぶ。③ここで糖蜜からつくったラムを積み、アフリカに戻り、ラムを黒人奴隷の代金として支払う、というもの。

こうした歴史的背景の中でラムは世界的な酒に育っていくが、ラムの消費は第二次世界大戦後になって伸びた。特に1970年代後半以降は、"スピリッツはラム"といわれるほどに国際的な地位を得ることになる。日本へは、明治4（1871）年に輸入されていたが、ブームが起きるのは約100年後の1979年以降で、トロピカル・カクテルのブームが起きてからである。

ラムの語源にはいくつかの説があるが、西インド諸島の原住民がサトウキビから蒸留した強烈な酒を飲み、「みな酔って興奮（ランバリオン、rumbullion）した」ということから、この語頭の部分が残って、ラム（Rum）という酒名になったのではないかというのが一般的だ。

ラムの歴史の中で、もうひとつ忘れてならないのが、ラムとイギリス海軍の関係である。イギリス海軍は従来、水兵にビールを支給していたが、バーノン提督は粗製ラムには壊血病予防の効果があると信じて、昼食前に半パイント（284ml）のラムを水兵に支給することにした。水兵たちは喜んで、提督を「いい奴」の意

味を込めて「オールド・ラミー(Old Rummy)」と呼んだので、ここからラムという酒名ができたという説もある。なお、現在はラミーには「いい奴」という意味はなく、「酔っぱらい」という意味がある。

現在、ラムのフランス語はロム(Rhum)、スペイン語はロン(Ron)、ポルトガル語はロム(Rom)、イタリア語でルム(Rum)だが、いずれも前述の英語のラム(Rum)から転化したものと考えられている。

ラムの製造方法と産地

ラムは、一般的にいって原料特有の甘い香りや風味が蒸留液に含まれる。発酵法や蒸留法の違いによって風味の軽いライト・ラムと、風味の重いヘビー・ラム、その中間のミディアム・ラムの三つのタイプに分類される。また、色からホワイト・ラム、ゴールド・ラム、ダーク・ラムの三つに分類される。

ライト・ラムは、糖蜜を水で薄め、純粋培養酵母で発酵させ、連続式蒸留機で高濃度に蒸留するが、最高アルコール度数は95度未満に抑えられる。それ以上の濃度で蒸留すると、ニュートラル・スピリッツと変わらなくなってしまうからである。これを割り水で薄め、タンク熟成か、内面を焦がしていないオーク樽で熟成したあと、活性炭などの層を通して濾過する。柔らかな風味とデリケートな味が特徴となる。樽熟成による着色をそのまま活かすと、ゴールド・ラムになる。代表的なものに、プエルトリコ産やキューバ産のものがある。

ヘビー・ラムは、バッチ発酵といわれるシステムでつくられる。これは糖蜜を取ってからモラセスの5〜10%程度の酵母を添加し、増殖には時間がかかるが、2〜3日放置すると酸が生成される。時間がかかる分、成分も複雑で雑味香も多くなる。さらにサトウキビの絞りカス(バガス、bagasse)や前回の蒸留残液(ダンダー、dunder)などを加えて自然発酵させる。これによって独特の香気も追加され、さらに単式蒸留器で蒸留する。蒸留された新酒は、内側を焦がしたオーク樽で3年以上熟成させる。この場合、バーボンの使用樽を用いることもある。熟成を経て生まれてくる酒は、アルコール以外の副生成分を多く含んだ、風味豊かで濃い褐色をしたヘビー・ラムとなる。ラムの中ではもっとも風味が豊かで、香気も強いのが特徴である。ジャマイカやガイアナが主産地である。

ミディアム・ラムは、糖蜜に水を加えて発酵させ、さらに単式蒸留器あるいは連続式蒸留機で蒸留してから樽貯蔵する。単に、ライト・ラムとヘビー・ラムをブレンドする場合もある。ラム本来の香りと風味を持ち、ヘビー・ラムほどには

個性は強くないが、味わいには奥行きがある。デメララ産やマルティニク産などがある。

アグリコール・ラム（Agricole Rum）

　通常ラムは、サトウキビの絞り汁から砂糖の結晶を除いたあとの糖蜜からつくられるものがほとんどで、これはアンデュストリエル（industriel、工業生産品の意味）・ラムといわれる。これに対して、ミディアム・ラムの中で、1996年11月に制定されたものにアグリコール（agricole、農業生産品の意味）・ラムと呼ばれるものがある。今でも、フランスの海外県であるマルティニク島やグアドループ島などでつくられているラムで、サトウキビの絞り汁をそのまま水で薄め発酵後、蒸留（マルティニクの伝統的な連続式蒸留機を使用）してつくられる。ラベルには、アグリコールの表記が認められている。

　サトウキビの収穫時期や収穫量、その搾汁量、また、糖蜜等の添加も厳しく制約される。生産地の違いや生産者の違いなどでも個性に違いがあり、また収穫後もすばやく発酵、蒸留する必要があり、アンデュストリエル・ラムに比べ製造にも手間がかかる。それだけに個性的でもあり、熱狂的なラム・ファンが多いことも事実である。

　アグリコール・ラムのタイプとしては、マルティニク・ブラン（Martinique blanc）、マルティニク（Martinique）、マルティニク・ヴィユー（Martinique Vieux）の三つがあり、マルティニク・ブランは無色透明で、熟成（木樽での熟成を含む）は認められていない。マルティニクはオーク樽で最低1年の熟成を必要とする。また、マルティニク・ヴィユーも、オーク樽で最低3年以上の熟成が必要。

　これらアグリコール・ラムとして知られている銘柄としては、マルティニク島のトロワ・リビエール（Trois Rivieres）、J.バリー（J.Bally）、グアドループ島のダモアゾー（Damoiseau）、ハイチ島のバルバンクール（Barbancourt）などがある。

　また、砂糖の原料としてサトウキビ以外にも砂糖大根が使われるようになり、糖蜜の生産過剰も関係して、糖蜜から直にラムをつくることも始まった。この結果、アグリコール・ラムというフランスの名称ではないが、カリブ海沿岸諸国では同様のタイプのラムをつくるところも出てきている。日本のグレイス・ラム（沖縄県南大東村）が2005年に発売したコル・コル（Cor Cor）も同様のタイプのラムである。

その他のラム

　ブラジルでは、ポルトガルからの移民が蒸留器を持ち込み、蒸留酒づくりを始めた。その後、オランダ人が侵攻し、オランダ式の蒸留器で良質の蒸留酒をつくるようになり、1821年の独立運動のころから、カシャーシャ（Cachaça）、別名ピンガ（Pinga）がつくられるようになった。カシャーシャはサトウキビの絞り汁を濁ったまま発酵させ、単式蒸留する。それを樽熟成し、活性炭処理後、無色透明のまま製品化するが、副生成分が多く酒質は重い。

　また、東南アジアでもアラック（Arrack）の中に、糖蜜を発酵し、蒸留したアロマティックな香りの高いものがある。

　他には、スペイン、南米各地でサトウキビを原料としたスピリッツがつくられ、アグアルディエンテ・デ・カーニャ（Aguardiente de Caña）の名で売られているが、これも一種の地酒的なラムである。

　糖蜜は、エチル・アルコールをつくる原料としては、穀物よりもコストが安く、工業用アルコールの原料としても広く用いられている。また、糖蜜を95度以上に蒸留したニュートラル・スピリッツは、日本で「原料用アルコール」として清酒や焼酎にも使われている。

4　テキーラ（Tequila）

テキーラの歴史と語源

　世界に広く知られているスピリッツの中で、もっとも個性豊かで、かつ飲む人がロマンティックな印象を持っているのは、メキシコの特定地域でしかつくられていないテキーラであろう。

　テキーラがジン、ウオツカ、ラムと並んで4大蒸留酒のひとつとして数えられるようになったのは、1968年のメキシコ・オリンピックにより、その存在が世界的に知られてからである。

　テキーラは、メキシコに自生するアガベ（Agave、竜舌蘭、リュウゼツラン）というヒガンバナ科に属する約200種の中のアガベ・テキラーナ・ウェベル・アスール（Agave tequilana Weber var.azul）種のみを原料とし、その球茎を糖化、発酵、蒸留してつくられる。「アスール」とは「青」のことで、このブルー・アガベこそが正真正銘のテキーラの原料である。

　このアガベは約2m弱の高さで、株の直径は約100cm。このアガベの球茎のデ

ンプン質を原料にしてテキーラはつくられるのだが、アガベ100％でつくろうとすると1個のアガベで5～6本のテキーラがつくられるといわれる。もちろん、後述する糖分添加が認められているミクスト（Mixto）規格であれば倍以上の本数を取ることができる。

　1800年代はさまざまなアガベが原料として使われていたが、1905年ドイツ人の植物学者のフランツ・ウェベルによって、もっともテキーラに適した原料としてこの品種が選ばれ、アガベ・テキラーナ・ウェベル・アスールと命名された。その後、1949年、品質に関する公式規格が公示され、それ以降、使用品種として限定され、さらに1974年に、原産地呼称「テキーラ」が公表された。

　テキーラに使用できるのはハリスコ州を含む5州（ミチョアカン州、ナヤリット州、ガナファト州、タマウリパス州）の特定地域で栽培されたものに限られている。しかも、その99％はハリスコ州産で、同州内のテキーラ村やアマティタン村一帯のバジェス盆地と、アランダ村やアトトニルコ村などのロス・アルトスと呼ばれる高地に有力な蒸留所が集中している。特にバジェス盆地はテキーラ火山の麓に位置し、2006年7月にユネスコ世界遺産に登録された景観地でもある。

テキーラの製造方法

　生育に7～10年ほどかかるアガベの球茎部を収穫するが、そのとき葉を切り落としたアガベの球茎部はピニャ（piña、スペイン語のパイナップルの意味）と呼ばれ、約30～60kg前後の重量を持つ。これを1/2に割り、マンポステラという煉瓦製のオーブンのような蒸気釜で蒸し焼きにする。蒸されることによりピニャのイヌリンという果糖質が糖化し、約20～30度の糖度を持つことになる。これを粉砕し、洗浄、圧搾し、さらに繊維をほぐし、9～10度の糖度の絞り汁を得る。この糖蜜を加水後、発酵タンクに移し、約1～3日かけて、アガベ由来の天然酵母、あるいは培養酵母で発酵させる。アルコール分6～8％の発酵液は単式蒸留器で2回蒸留され、アルコール分50～55％の蒸留液をつくる。ブランコ（blanco、英語圏ではホワイト・テキーラWhite Tequilaともいわれる）は、蒸留後すぐビン詰めされる（2ヶ月未満であれば貯蔵も可）。シャープな香りがあり、テキーラらしい特徴を一番備えている。レポサド（Reposado）は2ヶ月以上オーク樽で熟成する。ほのかな樽香も含んでいる。アニェホ（Añejo）は600ℓ以下のオーク樽で1年以上、エクストラ・アニェホ（Extra Añejo）は、アニェホ同様600ℓ以下のオーク樽で3年以上熟成される。ともに樽の香りが加わり、テキーラ独

特の強靱さや鋭い芳香が薄れ、まろやかな風味が特徴となる。なお、ホーベン（Joven）、あるいはオロ（Oro）とは、ブランコ同様に熟成はしないが、ブランコ、レポサドなど異なるカテゴリーのテキーラをブレンドしたものを指す。

　現在メキシコで生産されているテキーラは、アガベ100％でつくられるテキーラの生産がかなり伸びているが、アガベの生育が追いつかない。一方で、原料の51％以上はアガベを使用するが、その他の糖類（サトウキビなど。他のアガベの糖類使用は禁止）を49％未満で使用することも認められたテキーラもあり、ミクスト（Mixto）と称されている。

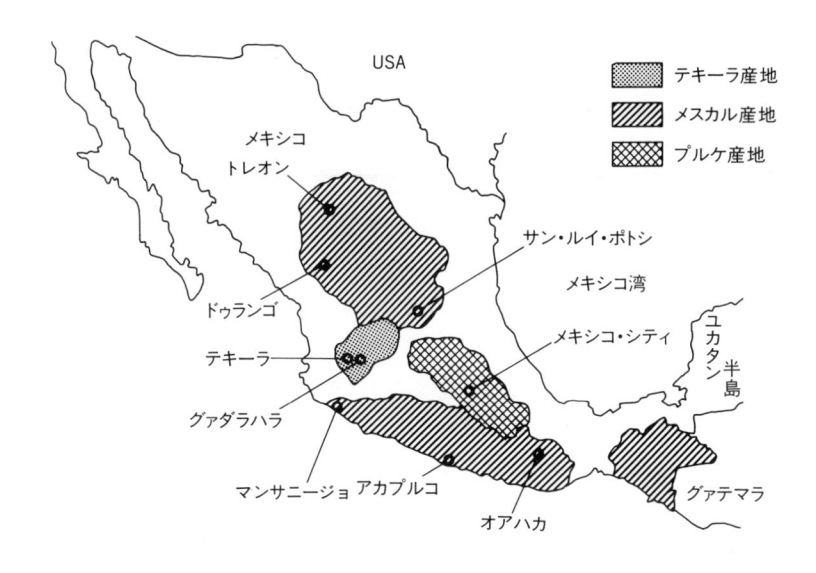

5 アクアビット他

アクアビット（Aquavit）

　ジャガイモ（最近は穀物も使用）を主原料とし、麦芽で糖化、発酵、蒸留した蒸留酒に、キャラウェイ、フェンネル、アニス、クミン、カルダモンなどのハーブやスパイスで香りをつけたスピリッツである。

　北欧諸国が特産地で、ノルウェーではAquavit、デンマークではAkvavit、スウェーデンでは両方の表記をする。綴りでわかるように、これは蒸留酒を意味するラテン語Aqua vitae（アクア・ビテ、生命の水）が変化したものといわれる。

　15世紀後半（1467～1476年）のストックホルム市財政報告書によると、当時のアクアビットは、ドイツから輸入したワインを蒸留したもので、いわばブランデーだったようで、そのころは万能薬、特に気付け薬として知られていた。今日、スウェーデンのアクアビットの一種に、ブレンビン（Brännvin、焼いたワイン）というタイプのものがあるのは、それを継承しているといえる。

　16世紀になると、ヨーロッパの寒冷化の影響でドイツのワイン生産量が減り、アクアビットの原料入手が困難になってきたので、原料を穀物に切り替えるようになった。18世紀には、寒冷地栽培に適した新大陸産のジャガイモが北欧に普及し、最後にそれを原料にするように変わり、今日に至っている。

　アクアビットの製法は、主原料のジャガイモのデンプン質を糖化酵素（エンザイム）によって糖化、発酵させる場合と、麦芽によって糖化、発酵させる場合との二通りがある。前者の場合は、ジャガイモ100％のアクアビットとなる。

　発酵後、連続式蒸留機でアルコール分95％以上のニュートラル・スピリッツを取る。これを加水し、アルコール度数を調製して、薬草、香草類を加えてもう一度蒸留する。

　一般的には樽熟成せず、無色透明の状態で製品化されるが、樽熟成したものもあり、淡い黄色、もしくは黄褐色を呈している。

　こうした樽熟成のアクアビットの中には、18世紀の歴史ある伝統を守っているタイプとして、リニエ・アクアビット（Linie Aquavit、リニエは赤道の意味）というものがある。

　当時の交通手段は帆船であったので、その船の重心を下げるため、商品の他にアクアビットの樽を下部船倉に満載し、オーストラリアへと往復していたが、赤道越えをして帰ってくると、色が薄い琥珀色になり、風味も樽熟成により向上し

ていた。現在のリニエ・アクアビットは、その故事にちなんで、ゆっくりと樽熟成し、樽由来の色と風味を持つに至ったアクアビットの商品名となっている。

コルン（Korn）

　ドイツ特産の蒸留酒で、麦類などの穀物が原料の、無色透明、クセのない味わいの酒である。ドイツ語では、穀物のことをコルン（Korn）と呼ぶが、そのコルンを蒸留するところから、酒にコルンブラントヴァイン（Kornbranndwein、穀物でつくったブランデーの意味）という名が付き、略してコルンとも呼ばれるようになった。

　EUの規制によれば、コルンとは「小麦、大麦、オーツ麦、ライ麦、ソバだけをアルコール分95％以下で蒸留した酒であり、一切香味づけをしないもの」となっている。したがって、シュタインヘーガーとかキュンメルとは別のタイプの酒といえる。ドイツはEU加盟国であるから、このEU規制に従ってつくられており、ドイツの国内法では、アルコール度数を規制し、通常のコルンは32度以上、ドッペルコルン（Doppelkorn）、またはコルン・ブラント（Korn-Brannt）は38度以上と定めている。ドッペルとは、英語のダブルにあたる言葉だが、この場合「通常のものよりアルコール度が高い」という意味あいである。

　コルンのラベルには、Roggen（ロッゲン、ライ麦）、Weizen（ヴァイツェン、小麦）、Getreide（ゲトライデ、混合した穀物）などと、主原料を表記したものが多い。

　なお、ドイツではこのコルンのような蒸留酒をシュナップス（Schnapps）と呼び、ジンのひとつのタイプであるシュタインヘーガーも、シュナップスに含まれる。つまり、無色透明で、アルコール度数の高い蒸留酒をシュナップスと総称しているわけで、隣国のオランダも同じである。また北欧スカンジナビア諸国では、こうした酒以外に、アクアビットのこともシュナップスと呼ぶ。この場合には、着色したアクアビットも含まれるので、必ずしも無色の蒸留酒ばかりとは限らない。

　ハンガリーなどの東欧諸国でもシュナップスという言葉は、蒸留酒を指す言葉として使われることがある。

アラック（Arrack、Arak）

　東南アジアから中近東にかけてつくられている蒸留酒の総称。その語源は、ア

ラビア語のAl-raga（アル・ラガ、汗の意味）からきたといわれている。

　初めは、ナツメヤシの実（デーツ）の汁を発酵、蒸留してつくっていたようだが、その後、蒸留技術が伝わっていく経路の中で、さまざまな原料が使われるようになり、今ではいろいろなアラックが、その土地ごとにつくられている。日本でも「阿剌吉酒」といわれて、江戸時代には知られていたといわれる。

　原料から分類すると、
　①ナツメヤシの実の汁、②ココヤシ、ニッパヤシなどの花序の樹液、③糖蜜、
　④米（主にもち米）、⑤糖蜜ともち米、⑥キャッサバ
などになり、これらを蒸留してつくられる。

白酒（パイチュウ）

　白酒は、わが国でいうスピリッツとほとんど同じ意味で使われている無色透明の中国の蒸留酒の総称である。中国南部では、宋の時代（618〜1279年）に、醸造酒（黄酒など）で保存するよりも、蒸留してアルコール分を高めたほうが長期保存できることを知り、急速に普及した。

　代表的なものは、茅台酒（マオタイチュウ）、汾酒（フェンチュウ）などで、原料、麹、生産地にもよって異なるが、曲（キョク、麹とも書く）という黄酒にも使われる中国独自の麹を使って穀物を糖化、発酵させる。この発酵方法は中国独自のもので、固体連続発酵法と呼ばれていて、原料を蒸し、麹と水を加えたあと固体に近い状態に固めて発酵させるものである。発酵を終えたもろみは、蒸留器で数回蒸留してアルコール度数65％前後の原酒をつくる。酒質は重厚で、荒々しさも持っているため、カメなどの陶器に入れて最低3年間熟成させて、風味が穏やかになってから製品化する。

　茅台酒は、香りの分類では醤香型で、貴州省茅台鎮で産する。原料は、紅コウリャン、小麦の他、近年は米など。発酵、蒸留に9ヶ月をかけ、さらに最低3年間貯蔵熟成する。

　汾酒は、清香型で山西省汾陽県杏花村の産物である。原料のコウリャンを粉砕して、大曲とともに2回発酵させる。蒸留後、3年ぐらい貯蔵熟成を行う。

　高粱酒（コウリャンチュ）は、天津産のものが品質的によいといわれている。なお、高粱酒の普及品は、白乾兒（パイカル）と呼ばれる。

6　焼酎

焼酎の定義

　焼酎（酒税法上はしょうちゅう）とは、アルコール含有物を蒸留した日本の蒸留酒で、酒税法上からは連続式蒸留しょうちゅう（甲類）と単式蒸留しょうちゅう（乙類）の二つに分類される（2006年に改定された酒税法により、甲類乙類の区別はなくなったが、従来の表記も認められている）。酒の性格から見ればスピリッツ類に含まれるタイプだが、酒税の関係で、日本の酒税法上からは、別の品目になっている。

　連続式蒸留しょうちゅう（以下、便宜上甲類という）は、アルコール含有物を連続式蒸留機で蒸留したもので、そのアルコール度数が36％未満のものを指す。連続式蒸留機を使用することで、ライトな風味の酒となる。そのため、コストの点から糖蜜を原料に使うことが多いが、最近は大麦やコーンを使うものもある。

　これらを発酵、蒸留し、アルコール度数85〜97％の蒸留液を得て、加水し、36％未満で製品化する。

　単式蒸留しょうちゅう（以下、便宜上乙類という）は、アルコール含有物を単式蒸留器で蒸留したもので、そのアルコール度数が45％以下のものを指す。一般的には本格焼酎と呼ばれ、九州南部や南西諸島が主な産地になっている。

焼酎の歴史

　蒸留の技術が、いつごろ日本に伝わったかについては明らかではないが、少なくとも500年前ごろには焼酎が飲まれていたことを示す古文書が南九州で発見されている。これは、鹿児島県大口市にある郡山八幡神社から発見されたもので、宮大工が永禄2（1559）年に書いたと思われる落書きで、「神社改修に際し、ケチな施工主は一度も焼酎を振る舞ってくれなかった。誠に残念である」とあり、当時南九州では一般市民の間で焼酎が飲まれていたことが推察される。

　蒸留の技術がどのような経路を経て日本に伝わったかについては、琉球国と交易の盛んであったシャム国（現タイ）から沖縄に蒸留の技術が伝来し、沖縄から、奄美諸島（当時は琉球の領内）を経て鹿児島に伝わり、さらに北上して、宮崎地方、球磨地方へと伝播したといわれるのが定説である。裏付けではないが、タイのラオ・ロンという米の蒸留酒が、製造法や風味等が沖縄の泡盛に似ていることからも信憑性が高い。

しかし、その他いろいろな説があり、おおよそは琉球経路、南海諸国経路、朝鮮半島経路の複数のルートから相前後して伝わり、その後、各地特有の原料や蒸留法でつくられるようなり、現在の技法が確立されたものと考えられている。

蒸留方法は、明治になるまでは「らんびき」と呼ばれる釜状の蒸留器で1回蒸留する単式蒸留で、その後、明治の後半になり、連続式蒸留法が伝わり、現在の甲類焼酎が誕生した。当時、この焼酎は単式蒸留焼酎の「旧式焼酎」に対し、「新式焼酎」と呼ばれた。この新式焼酎が、現在では甲類となり、旧式焼酎が現在の乙類となっているのである。

甲類（連続式蒸留しょうちゅう）

甲類は、デンプン質原料の大麦やコーンを蒸煮し、糖化酵素を加え、酵母を加え発酵させ、もろみをつくる。この発酵液を連続式蒸留機で蒸留し、割水を経て濾過後、ビン詰めされる。原料的には糖蜜を使うものもあるが、最近は穀物の柔らかさを活かして、大麦やコーンを使ったものが多くなっている。

また、この甲類に乙類（後述）を規制範囲内でブレンドした混和焼酎もつくられている。なお、その混和比率は次のようになる。

①甲類‥‥‥‥‥甲類を95%以上に乙類を5%未満の使用比率でブレンドしたもの、あるいは、100%甲類使用のもの。
②甲乙混和‥‥‥甲類を50%以上に、乙類を50%未満でブレンドしたもの。乙類のうま味が混和したもの。家庭市場に普及しているが、乙類の使用原料表示が必要。
③乙甲混和‥‥‥乙類使用比率が95%未満で、乙類の使用原料表示が必要。
④乙類‥‥‥‥‥乙類が95%以上使用されたもの。
※本格焼酎を表示する場合は、乙類を100%使用したものに限られる。

乙類（単式蒸留しょうちゅう）

米、イモ、麦、ソバ、黒糖等を発酵させてできたもろみを、単式蒸留器で蒸留してつくった、アルコール度数45%以下の蒸留酒である。

まず一次原料となる米（麹用原料米）を清酒同様に、洗米、浸漬、水切り後、蒸して蒸米をつくる（イモ、麦等もある）。次に約2日間（40時間前後）かけ麹菌を繁殖させ製麹し、さらに、水、酵母を加え一次もろみをつくる。ここまでが一次仕込みで、この際、黄麹（清酒づくりに使われる麹。クエン酸が少なく、ソフト

な仕上がりで淡麗な味わいになる）、黒麹（クエン酸が多く、暖かい地方では雑菌の繁殖を抑え、甘みとコクを持った焼酎となる）、白麹（黒麹の突然変異。酵素力が強く、飽きのこないマイルドな仕上がりになる）の、どの麹を使うかで味わいに差が出る。

この一次もろみに、二次原料となるイモ、米、麦、ソバなどを破砕、蒸し等の処理をして加える。このとき加える二次原料名が乙類の冠表示（特定の原材料の使用を強調する表示）となる。一般には二次原料が主原料となる。二次仕込みは約2週間かけて行なったあと、二次もろみを単式の蒸留器で蒸留する。

現在、蒸留には常圧蒸留と減圧蒸留の二つの方法があり、常圧蒸留とは直接蒸留とも呼ばれ、約100℃で蒸留を行う伝統的な蒸留方法。もろみ成分が十分に留出するため、コクのあるタイプの焼酎となる。同時に個性が強いため、熟成によりまろやかさを出すことが必要な場合がある。

一方、近年盛んに行われるようになったのが減圧蒸留で、間接蒸留ともいう。圧力を下げ50℃前後の低温で蒸留を行う。もろみ成分からの留出量が少ないので、まろやかで飲みやすいタイプの焼酎ができる。実際には、各蔵元の焼酎の商品スペックに合わせ単独、あるいはブレンドして商品をつくっている。蒸留後は、活性炭や、イオン交換樹脂、冷却などの濾過・精製が行われる。製品によっては樽貯蔵なども行われる場合もある。

主な乙類焼酎（本格焼酎）の特徴

(1) 米焼酎

近年は麦焼酎同様に減圧蒸留が増えつつあり、ほとんどが一次もろみも二次もろみも米を使った「純米焼酎」。減圧蒸留することにより、原料由来の風味（吟醸香、芳香、うま味など）が残る。原料は山田錦などの酒造好適米（酒米）も使われるが、ほとんどは国産の破砕米と呼ばれる、精米中に割れた白米が使用される。

生産地は熊本県の球磨・人吉地方が有名で、この地でつくられた米焼酎は「球磨焼酎」（特定産地焼酎）を名乗ることができる。米焼酎は、熊本県だけでなく、北九州の各県はもとより、日本全国の清酒の蔵元でもつくっているところが多い。

(2) 泡盛

沖縄だけでつくられる「泡盛」（特定産地焼酎）は米焼酎と似ているが、原料はタイ米の破砕米。麹も黒麹を使用し1回仕込み（全麹仕込み）でつくる。蒸留は常圧蒸留が中心だが、最近は減圧蒸留をする蔵元も出てきている。蒸留後は伝統的

なカメによる熟成方法をするところが多く、これは、毎年新酒を継ぎ足す仕次ぎ（クース）と呼ばれている方法である。

　米由来の厚みのある味わいと貯蔵由来のまろやかな味わいが特徴。伝統的にフーゼル油系の根菜類の蒸れた香りと土の香りがあり、さらに、黒麹を使うことで麹由来の苦みがドライな印象を持ち、豚や山羊のような香りという人もいる。

(3) イモ焼酎

　鹿児島県と宮崎県南部が主産地で、鹿児島県でつくられるイモ焼酎は「薩摩焼酎」（特定産地焼酎）と呼ばれる。

　原料のイモは、黄金千貫（こがねせんがん）というデンプン質の多い、皮まで白い改良品種が主流だが、多くの新品種が生まれている。一般的に常圧蒸留が主流で、若干の焦げ臭が特徴だが、減圧蒸留の原酒とのブレンドも行われている。最近ではイモ麹を一次原料に使った「純イモ焼酎」も生まれ、イモ由来の甘い香りのものも生産されている。

(4) 麦焼酎

　主産地は大分県や長崎県の壱岐の島だが、壱岐産の焼酎は特定産地焼酎になっている。清酒やイモ焼酎との兼業の蔵元もある。もともとは常圧蒸留でつくるところが多かったが、麦焼酎にも減圧蒸留の波が押し寄せている。原料には二条大麦やオーストラリア産などの輸入のものが使われ、穀物様のすっきりとした感じと、キレのよい味わいが特徴である。

(5) ソバ焼酎

　宮崎県が発祥の地であるが、県南部ではイモ焼酎の蔵元による兼業もある。減圧蒸留による、上品で優しい味わいが近年の特徴だが、従来通り、常圧でつくると、コクのあるものがつくられる。ソバは麹菌が食い込みづらく、一次仕込みには米麹や麦麹を利用するため、ソバ100%のソバ焼酎は難しいといわれる。

(6) 黒糖焼酎

　米麹（国産の破砕米を使用）に黒糖を溶かした二次もろみを加え発酵、蒸留する。ほとんどは常圧蒸留で、中には長期熟成するものもある。

　黒糖由来の甘い香りのものが多く、アルコール度数の違いによっても味わいに違いがある。後味はキレがよく、ほんのりと甘い香りが楽しめる。

　原料の黒糖は沖縄産のサトウキビを使用することが多く、また、最近は輸入のものも使われる。法律上、黒糖焼酎（特定銘柄焼酎）は奄美諸島以外では生産規定があり、つくることができない。

Ⅷ　リキュール (Liqueur)

　リキュールとは、一般にはスピリッツ（蒸留酒）に果実、薬草、香草、花などの香味成分を配し、砂糖などの甘味料や着色料などを添加してつくられる酒である。

　リキュールの厳密な定義は、各国によって異なる。日本の酒税法による定義では、酒類と糖分、その他の物品（酒類を含む）を原料とした酒類で、エキス分が2度以上のものとされている。ただし、清酒、合成清酒、焼酎、みりん、ビール、果実酒類（果実酒、甘味果実酒）、ウイスキー類（ウイスキー、ブランデー）、および発泡酒に該当するものは除かれるとされている。

　エキス分とは液体中の固形物の含有量を示す値で、基本的には砂糖などの甘味料の割合を示すと考えればよい。

　さらに、日本ではすでに製成された酒類と他の物品を混和してつくられるものということなので、現在流行っているRTD（Ready to drink、そのまま飲める飲料の意味）と呼ばれる低アルコールのカクテル・フルーツ系や、チュウハイも、酒税法上ではほとんどがリキュールに分類されてしまう。

　一方、EUでは、糖分が1ℓ当たり100g以上（エッグ・ブランデーは1ℓ当たり150g以上）含まれているアルコール飲料をリキュールとし、1ℓ当たり250g以上のものは、原料名の前にクレーム・ド（crème de）という呼称を用いてよいとしている（ただし、クレーム・ド・カシスだけは、1ℓ当たり400g以上）。また、フランスは自主規制だが、ワインと同様にカシス・ド・ディジョン（Cassis de Dijon）といった原産地呼称もある。

　アメリカでは、砂糖を2.5％以上含み、アルコール、ブランデー、ジンその他のスピリッツを用い、果実、花、生薬、ジュースあるいは天然フレーヴァーを使用したアルコール飲料をリキュールとして扱い、それが国内産のものであればコーディアル（cordial）とう呼び方をするほうが多い。なお、天然フレーヴァーではなく、合成のフレーヴァーを使用した場合には、コーディアル、あるいはリキュールの表記の他に、アーティフィシャル（artificial）の表記が必要である。

　どちらにしても、リキュールは製法上の分類では混成酒に入るが、蒸留酒をベースにしたものであり、醸造酒をベースとしたものは、リキュールに含めて考えないのが欧米での一般的な考え方である。

1　リキュールの歴史と語源

　リキュールは、古代ギリシャの医聖ヒポクラテス（Hippokrates、B.C.460～B.C.375年ごろ）が薬草をワインに溶かし込み一種の水薬をつくったのが起源だといわれている。現在のリキュール、すなわち、スピリッツをベースとした混成酒を創造したのは、ブランデーの祖でもあるスペイン生まれの医者兼錬金術師のアルノー・ド・ヴィルヌーヴ（Arnaud de Villeneuve、1235～1312年ごろ）と、ラモン・ルル（Ramon Lull、1236～1316年ごろ）だとされている。彼らはスピリッツにレモン、ローズ、オレンジの花、スパイスなどの成分を抽出してつくった。

　中世の錬金術師たちは、蒸留酒のことをラテン語でアクア・ビテ（Aqua vitae、生命の水）と呼び、薬酒として用いたが、やがて蒸留の際に各種薬草や香草を加えて、より一層薬効がある霊酒をつくり出そうと研究した。

　これらの薬酒は、植物の有効成分が溶け込んでいるので、ラテン語でリケファケレ（Liquefacere、溶け込ませる）と呼び、このリケファケレがリキュール（Liqueur）という名称の語源となっている。

　このリキュールの製法を、錬金術師から受け継いだのが、中世の修道院の僧侶たちであった。彼らは、付近の野山から薬草、香草を集めて、その成分をアルコールで抽出し、修道院ごとに特徴あるリキュールを生み出した。こうした修道院のリキュールづくりは、特にフランスで盛んに行われ、1510年ノルマンディー地方の修道院でベネディクティンが、1605年にはグルノーブル近郊の修道院でシャルトリューズが生まれている。

　イタリアからフランスにリキュールをもたらしたのは、フランスの皇太子、のちのアンリ2世（HenriⅡ、1519～1559年）に嫁いだカトリーヌ・ド・メディチといわれている。彼女は多くの侍女や調理人を連れてのお輿入れで、そのときに調理人がポプロというリキュールをフランスに紹介したのが始まりだといわれている。

　このカトリーヌ王妃の影響で、リキュールづくりが各地の修道院や貴族、領主などの間で始まり、さらにリキュールを庇護したのが太陽王ルイ14世（Louis14世、1638～1715年）で、リキュールは貴族、とりわけ貴婦人たちに愛され、身につけた宝石や衣服とのコーディネートを楽しみ、いつのころからか「液体の宝石」というニック・ネームを持ち、ヨーロッパ中に広がっていったのである。

　日本にリキュールが紹介されたのは秀吉の時代といわれ、当時の利休酒という

のがリキュールのことだろうと推測される。文献に初めてリキュールが登場するのは1853年、黒船来航のときである。「米国船サクスハエナ号に浦賀奉行を迎えたペリー提督は、さまざまな酒を出してもてなしたが、とりわけリキュールは一滴も残さず飲み干された」と記録されている。

19世紀後半に入ると、連続式蒸留機の普及とともに、高濃度のアルコールをベースとして、洗練された味わいのリキュールがつくられるようになった。現代では、それに加えて食品化学工業の高度な発達により、さらに洗練の度合いを深め、幾多の高品質のリキュールが製品化されている。

2 リキュールの原料と製法

他の酒類が発酵や、蒸留という工程を経てつくられるのに対し、リキュールはハーブやスパイス、フルーツなどの香味をベースとなる酒に移し取り、付加価値となる風味をつけた酒といえる。その原料としては大きく分けて三つあり、①ベースとなる酒類、②芳香性原料、③糖類、そして場合によっては④着色料もプラスすることもある。

そして、②の芳香性原料の種類、性質に応じて、香味の抽出方法からリキュールは次の四つに大別される。

①ハーブ＆スパイス（Herb & spices、薬草・香草）系
②フルーツ（Fruits、果実）系
③ナッツ、ビーン、カーネル（Nuts, beans & kernels、ナッツ・種子・核）系
④スペシャルティーズ（Specialties、特殊）系

香味抽出（Aromatizing）には、いくつかの方法があり、単独、あるいは併用して用いる。そのうちの蒸留法（Distillation）は、原料をベースとなるスピリッツとともに蒸留釜に入れて蒸留し、アルコール分と一緒に植物原料の香気成分を留出させる。主に、成分に精油分を多く含む草根木皮を原料とするハーブ＆スパイス系に浸漬法と併用して使われる。

浸漬法には、冷浸法と温浸法の二つがある。モモやイチゴなどのベリー系のフルーツそのものを原料とする場合、そのデリケートな風味が熱によって壊されないように冷浸法（Maceration, Infusion）を使うが、キュラソーなど、柑橘系の果物の果皮を原料とする場合は、精油分を多く含んでいるのでハーブ＆スパイス系同様に温浸法（Digestion）で行う。ともに、浸漬期間は原料の性質により数日か

ら数ヶ月間に渡る。

　パーコレーション法（Percolation）は、コーヒーのパーコレーターと同じ原理で熱湯を循環して香味を抽出する。

　最近では果汁をそのまま配合する場合もある。特にフレッシュ・タイプのリキュールで行われる方法である。また、人工のエッセンスをアルコールに添加する方法もある。

　抽出によって得た香味抽出液は、単独、または併用して、ある割合で調合する。香味液調合（Dosing）工程では、天然から得られた香料や精油（オレンジ油やハッカ油）を配合することもある。その処方については、各社のノウハウとして発表はされていない。

　次にブレンド（Blending）工程に進み、ベースとなるスピリッツ、糖類、色素などを加えて、中身をつくりあげる。ベースとなるスピリッツは、ブランデー、ウイスキー、ラム、ジン、キルシュヴァッサー、ニュートラル・スピリッツなどである。その後、一定期間の熟成（Aging）を経て、香り、味の調和、製品時のオリの沈澱予防などの処置をする。熟成を終えると、濾過仕上げ（Clarifying & Filtration）に移り、オリの除去、透明化をし、ビン詰めする。

3　代表的なリキュール

ハーブ＆スパイス系

ベネディクティンD.O.M.（Bénédictine）

　フランス、ノルマンディー地方のフェカンにあるベネディクト派の修道院で、1510年、修道士のドン・ベルナルド・ビンチェリ（Dom Bernard Vincelli）により誕生した修道院リキュールの代表的な銘柄。

　現在の製品は1863年に企業化されてから生まれた。ヨロイ草の根、ジュニパー・ベリー、西洋山ハッカ、アンジェリカ、シナモン、クローブ、ナツメグ、バニラ、ハチミツなど27種のハーブ、スパイスが使われている。ラベルのD.O.M.は、Deo Optimo Maximo（デオ・オプティモ・マクシモ）の略で、ベネディクト派の讃辞である「至高至善の神に捧ぐ」という意味を持つ。40％。

シャルトリューズ（Chartreuse）

　フランス・アルプス山麓のグルノーブルに近いシャルトリューズ修道院で、18世紀に生まれたモンクス・リキュール（Monk's Liqueur、僧侶のリキュール）。

現在の処方は、1764年、僧侶のアントニーの手により完成されたといわれる。蒸留の本拠地はシャルトリューズ修道院から24km離れたアルプスの麓に移り、現在は製造も民間企業の手によって行われているが、その処方は一部の僧侶のみが知る門外不出のリキュールとなっている。推測されるのは約130種のハーブをグレープ・スピリッツに浸漬、蒸留し、数年間の熟成後、ブレンドされ製品化されているということだ。最初はスパイシーなグリーン（vert、ヴェール、55％）がつくられ、のちにハニー風味のイエロー（jaune、ジョーヌ、40％）がつくられた。その他にも小さな容器に入ったエリクシール（Elixir végétal、エリクシール・ヴェジェタル、71％、略してE.V.、イブと呼ばれる）がある。

アブサン（Absinthe）

アブサンの語源はキク科の多年草ニガヨモギのフランス語。創製者は、フランスの王政主義者のピエール・オルディネール。ニガヨモギなどをはじめとする複数のハーブをスピリッツに浸漬し、薬効成分を抽出後、蒸留してつくられた緑色のリキュール。水で割ると白濁することから「緑の魔酒」などとも呼ばれた。

ニガヨモギの成分であるツヨンが吐き気や神経麻痺などの中毒性があることからスイスで1907年、フランスでも1915年製造中止になった。しかし、1987年、国連機関の世界保健機構（W.H.O.）と国連食糧農業機関（F.A.O.）がまとめた食品安全基準で、ツヨンについてはアルコール度数25％以上で、含有量10PPM以下であれば安全としたことで、1988年、EC（ヨーロッパ共同体。現EU）が製造を解禁したことによりフランスをはじめ各国で製造が再開されている。

パスティス（Pastis）

アブサン製造禁止後、その代用酒としてつくられた酒。パスティスという名は、フランス語で「似せてつくる」という意味のパスティシェに由来する。風味はアニスやリコリス（甘草）などによる。

ペルノ（Pernod）

アブサン風味のリキュールのひとつで、ペルノは、アニス風味のパスティスのひとつ。40％。

リカール（Ricard）

パスティスのトップ・ブランドのひとつ。1932年にポール・リカールが創製。南フランスのプロヴァンスのリコリス（甘草）風味でつくられる。45％。

アニゼット（Anisette）

アニスの種子（Aniseed）の香味を主体に、キャラウェイ、ナツメグなどを加え

てつくられる。無色透明で甘口に仕上げられたものが多い。代表銘柄には、この酒の創始者、マリー・ブリザール女史がボルドーで、1775年に興したマリー・ブリザール社のアニゼットがある。

ウゾ (Ouzo)

ギリシャ産のハーブ・リキュール。アニシードなどを、ブランデー原酒に浸漬後、蒸留してつくられる。ペルノ、リカールと同系のリキュールで、水で割って白濁した状態で飲むアペリティフのひとつとなっている。40％。

スーズ (Suze)

フランス中部の火山地帯で収穫されたリンドウの根（ジェンチアン）を主原料につくられ、苦みと甘みのバランスがとれた黄色のリキュールで、カンパリの黄色版として知られる。15％。

アメール・ピコン (Amer Picon)

1837年、フランス軍人のガエタン・ピコンが、アフリカで創製したリキュール。スピリッツにオレンジの果皮やリンドウの根のエキスを抽出し、砂糖で調製する。アメールとは「苦い」の意味。18％。

ペパーミント (Peppermint)

ミント（ハッカ）の葉の香味を基調にした清涼感あふれるリキュール。フランス風にいえばクレーム・ド・マント (Crème de Menthe)。ミントの葉に含まれる成分を水蒸気蒸留してつくられる。色のついたものは着色による。主成分でもあるミント・オイルは、気分を爽快にし、消化促進にも効果があるといわれる。

18世紀末、ピエールとジャンのジェット兄弟によって創製されたジェット・ペパーミント・リキュール (Get Pippermint Liqueur) が有名。グリーンの27はアルコール度数21％。ホワイトの31のアルコール度数は31％。

バイオレット (Violet)

スミレの花の色と香りを出したリキュール。匂いスミレ、レモン果皮、コリアンダー・シードなどを配して香味をつけ、美しいバイオレット色に仕上げている。パルフェ・タムール (Parfait Amour、完全な愛という意味) は、バイオレットと同じもの。25％。

カンパリ (Campari)

イタリア・ミラノ産のビター・リキュール。1860年にガスパーレ・カンパリ (Gaspale Campari) により創製された。最初はビッテル・アローソ・ドランディア（オランダ風の苦み酒）と名付けていたが、息子のダビデ・カンパリの代にな

り家名をそのまま商品名にした。

主原料はビター・オレンジ・ピール。これにキャラウェイ、コリアンダー、リンドウの根などを加え、グレーン・スピリッツに成分を抽出後、シロップを加えて調合される。独特の苦みと健胃作用を持ったアペリティフの代表銘柄。24%。

アペロール (Aperol)

イタリア、パドヴァのバルビエリ社製のビター・リキュール。リンドウなどをグレープ・スピリッツに浸漬して成分を抽出している。16%。

チナール (Cynar)

1949年にイタリアで生まれたリキュール。アーティチョーク（朝鮮アザミ）をベースにして数種のハーブを配合した、ほろ苦い味わい。16%。

マルティーニ・ビター (Martini Bitter)

イタリア産のビター・リキュール。ビター・オレンジの果皮を主体に、キニーネ（キナ樹皮の抽出物）などを配合。25%。

フェルネット・プレソラーナ (Fernet-Presolana)

北イタリアのプレソラーナ渓谷 (Passo della Presolana) の名を付けたビター・リキュール。アロエ、アンジェリカなどを配合したマイルドな苦みが特徴。フェルネットとは、アルプス地方の薬草抽出液でつくる薬の一般名称。40%。

ガリアーノ (Galliano)

1890年代のエチオピア戦争の英雄ジョセッペ・ガリアーノの名前を付けたイタリア生まれのリキュール。アニス、バニラなどの成分をスピリッツに浸漬後、一部蒸留してからブレンドし製品化している。黄色の甘口リキュール。25%。

サンブーカ (Sambuca)

エルダー（Elder、ニワトコの一種の灌木、和名はスイカズラ）の花の抽出液をベースにリコリス、アニスなどを配し、スピリッツに浸漬、蒸留したイタリアの特産酒。エルダー・ベリーのイタリア語であるサンブークス・ニグラから命名されている。40%。

また、エルダーの花やアニス、リコリス、レモン果皮などを抽出し、そこにエルダーの黒い実で着色したオパール・ネラ (Opal Nera) というブラック・サンブーカもある。40%。

ローゼン・リケール (Rosen　Likör)

ドイツのワイン産地、ファルツ地方のワイン街道沿いのフェニンゲン村ワイナリーでつくられるバラのリキュール。23%。

ティフィン (Tiffin)

ドイツのアントン・リーマシュミット社製のダージリン茶でつくられる紅茶のリキュール。24%。

キュンメル (Kümmel)

コルンにキャラウェイを配したリキュール。キュンメルは、キャラウェイのドイツ語。アニス、クミンなども配した、甘さ控えめのリキュール。

イエーガーマイスター (Jägermeister)

1935年、ドイツのマスト社から発売されたビター系リキュール。意味は「猟師頭」。アニス、フェンネルなど56種類のハーブやスパイス、果実などを原料につくられている。アメリカで1990年代後半に爆発的人気を得てから日本でも知られるようになった。ラベルは緑色系だが、酒の色は赤系統。35%。

ドランブイ (Drambuie)

ハイランド・モルト・ウイスキーの15年熟成のものを中心として、約60種類のスコッチ・ウイスキーをブレンドし、そこに、ヘザー・ハニー (Heather Honey、ヒースの花から採れるハチミツ) と、ヒースの花をはじめとする数種の植物の香りを配合したハーブ・リキュール。

ラベルには "Prince Charles Edward's Liqueur" と書かれている。これは、1745年、スチュワート王家のチャールズ・エドワードが、イギリス王位継承権を巡る争いの折、戦いに敗れフランスへ逃亡する際、マッキンノン家が助力を惜しまなかったことに対し、感謝の印として、秘伝の酒の製法を同家に伝授したことによる。1906年からはエディンバラで企業化されている。ドランブイとは、ゲール語で「An dram buidheach、満足する飲みもの」に由来する。40%。

アイリッシュ・ミスト (Irish Mist)

アイリッシュ・ウイスキーのタラモア・デューをベースにして、ヒースの花から採れるハチミツのヘザー・ハニーやオレンジの果皮、草木の成分などを配してつくられている。第二次大戦後の1948年に、アイルランドの古代の酒「ヘザーワイン」をモデルにしてつくられた。35%。

ストーンズ・ジンジャー・ワイン (Stones Ginger Wine)

1740年、イギリス、ロンドンのフィンズベリー社が開発した白ワイン・ベースのジンジャー・リキュール。原料はオーストラリア産のショウガの根の粉末を使用。爽快感が売りもの。ウイスキーとの相性もいい。13%。

グリーン・ティ (Green Tea)

宇治の玉露を、ニュートラル・スピリッツに浸漬したあと、抹茶をブレンド。濾過したあと抹茶原酒をつくる。これにブランデーや甘味を加えてつくる日本特産のリキュール。25％。

アンゴスチュラ・ビターズ (Angostura Bitters)
17世紀後半、大英帝国が大海軍を持ち七つの海を制覇していた時代、西インド諸島に派兵されていた水兵たちの中には、風土の違いから熱帯病を患うものも少なくなく、軍医たちは地元の人たちが使っている薬草を研究、試行錯誤の中、ベネズエラのアンゴスチュラ島の軍医だったシーゲルトが、アンゴスチュラ樹皮から採った強壮剤を用い、解熱剤としても効果のある薬草酒を発明した。軍医は島の名前、原料の名前から命名したといわれる。現在はトリニダード・トバゴで製造。リンドウの根から採る苦み成分のジェンチアンなどを配してつくられている。44.7％。

オレンジ・ビター (Orange Bitter)
オレンジの果皮や数十種のハーブやスパイスを使って、滑らかでマイルドな風味に仕上げたビターズ。オランダ産やドイツ産が人気。35％。

フルーツ系
キュラソー (Curaçao)
17世紀、ベネズエラ沖に浮かぶキュラソー島（オランダ領）のビター・オレンジの果皮をオランダ人が母国に持ち帰り、スピリッツに漬け込んでリキュールをつくり、島の名前を付けてキュラソーとして発表したのが始まりといわれる。

主流はホワイト・キュラソーで、地中海やアメリカ産のビター・オレンジとスイート・オレンジの果皮をスピリッツとともに蒸留し、シロップで甘みをつけてつくる。オレンジ、ブルーなどは着色料によるもの。使用する原料については各社のノウハウとなっている。

トリプル・セック (Triple Sec)
トリプル・セックとは「3倍辛い」の意味だが、コアントロー社が自社のホワイト・キュラソーを、他社製品より甘みを抑えて発売したときに、トリプル・セックとして売り出したもの。実際には甘口のホワイト・キュラソーである。

コアントロー (Cointreau)
1849年に、コアントロー社が家名をそのまま付けて売り出したホワイト・キュラソーの逸品。ハイチのビター・オレンジ果皮や、ブラジル、スペインのスイー

ト・オレンジ果皮を主原料としている。40％。

グラン・マルニエ・コルドン・ルージュ (Grand Marnier Cordon Rouge)

オレンジ・キュラソーというよりもオレンジ・リキュールといったほうがピッタリのトップ・ブランド。1827年に、フランスのイル・ド・フランスで、ラポストール家が創製。

カリブ海、ハイチ島のビター・オレンジの果皮をニュートラル・スピリッツに浸漬し、浸漬液とともに皮ごと蒸留する。この蒸留液に自社のコニャック地方でつくられたオー・ド・ヴィーとシュガー・シロップ、さらに企業秘密となっている成分をブレンド、精製後濾過をし、オーク樽での熟成を経て製品化される。40％。

リモンチェッロ (Limoncello)

イタリアのナポリ近郊にあるソレント半島とカプリ島で栽培される特産品の大型レモンの果皮を浸漬してつくったリキュール。もともとは家庭でつくられていた。製品化されるのは1980年代からで、各メーカーでつくられているが、原料となるレモン品種の違いが風味の違いになっている。

ヒーリング・チェリー・リキュール (Heering Cherry Liqueur)

世界でもっとも有名なデンマークのチェリー・リキュール。1818年、ピーター・F・ヒーリングによってつくられ、1836年にはロンドンにも輸出されるようになった。

原料となるサクランボは、コペンハーゲン郊外のダルビー農園で生産から販売管理まで一貫したシステムで行われている。夏に収穫された大粒の甘いサクランボをプレスし、発酵させる。その後大樽で熟成させてつくられる。25％。

マラスキーノ (Maraschino)

イタリアとスロヴェニアの国境に近い地域が特産のマラスカ種のスイート・チェリーからつくられる無色透明のリキュール。チェリーを破砕、発酵後、3回蒸留して3年以上熟成したものがマラスキーノというリキュールのベースになっている。1821年、イタリアのジェノヴァ出身のジロラモ・ルクサルドが、当時のダルマチア領だったツァラ町で生んだものが一般的には知られている。現在では各国で生産され、フランスではマラスカン (Marasquin) という名称で売られている。32％。

アプリコット・リキュール (Apricot Liqueur)

もともとはアプリコット・ブランデーと呼ばれていたが、正体はブランデーで

はなくアプリコットのリキュール。スピリッツにアンズ（アプリコット）を浸漬し、成分を抽出したあと、ブランデーと糖分で調製してつくられる。アンズの種子の中の、核由来のアーモンド・フレーバーで香りづけするもの、核を砕いて果肉とともに発酵、蒸留するものもある。

ピーチ・リキュール (Peach Liqueur)

中国北部原産の白桃が、ペルシャ（現イラン）でペルシェと呼ばれ、のちにフランスに渡りフランス語のペシェになり、ヨーロッパに根付いた。白桃を原料にしたものと、黄桃を原料にしたものがあり、ともに、果肉をスピリッツに浸漬してつくったリキュール。

1984年、アメリカの酒類研究者が発案、オランダのデ・カイパー社で製品化し、ピーチ・カクテル・ブームの先駆者となったオリジナル・ピーチツリー（Original Peachtree）が有名。24％。

サザン・カンフォート (Southern Comfort)

19世紀、アメリカのニュー・オーリンズで生まれたピーチ・フレーヴァー・リキュール。モモをはじめ、数種のフルーツやハーブの成分をブレンドしたもの。21％。

クレーム・ド・カシス (Crème de Cassis)

カシスとはフランス語で、日本語では黒スグリのこと。ユキノシタ科に属する落葉低木の一種。一般的なつくり方は、カシスを粉砕し、96％のニュートラル・スピリッツにおよそ2ヶ月浸漬、熟成させたものを絞り、蒸留水と砂糖を加え、濾過してできあがる。製造過程で、蒸留という工程を経ていないため、酒には果実味が生きているが、酸化には弱く、開栓後は冷蔵保存の必要性がある。

クレーム・ド・フランボアーズ (Crème de Framboise)

地中海沿岸で採れたキイチゴ（ラズベリー）を用い、オーク樽で、スピリッツに浸漬し、熟成したもの。蒸留したものは無色透明。

クレーム・ド・ミルティーユ (Crème de Myrtilles)

ブルーベリーやビルベリーにあたるフランス語がミルティーユ。収穫したミルティーユをスピリッツに浸漬し、糖分を添加してつくる。

シャンボール・リキュール (Chambord Liqueur)

黒いラズベリーとハチミツ、ハーブをスピリッツに溶かし込んでつくるリキュールである。16.5％。

ミドリ (Midori)

爽やかなメロンの香味を移し取った色鮮やかなメロン・リキュール。1978年、アメリカで発売と同時に人気を得た。原料は夕張メロンとマスクメロン。これをニュートラル・スピリッツ、甘味料、着色料、ブランデーとともにブレンドし、貯蔵熟成後、濾過をして製品化される。20%。

バナナ・リキュール (Banana Liqueur)

新鮮で、熟し切ったバナナを原料にしたリキュールである。以前は、濃厚な味わいで、透明な黄色だったが、現在は爽やかなグリーン色をし、風味も穏やかなものもつくられている。代表的な銘柄にオランダ産のピサン・ガルーダ (Pisang Garoeda、グリーン・バナナ) がある。14.5%。

パッションフルーツ・リキュール (Passionfruit Liqueur)

スピリッツに、パッションフルーツ (殉難の実の意味) の甘酸っぱい風味を溶け込ませた酒。各酒類メーカーがつくっているが、先駆者となったのはコアントロー社がつくるパッソア (Passoa)。エキゾティックな味と色彩を持つ。20%。

マリブ (Malibu)

1980年、ヒューブライン社が発売したココナッツ風味のリキュール。バルバドス産のホワイト・ラムをベースにココナッツ・フレーヴァーを配したもの。名前の由来は、アメリカ西海岸の町の名前。21%。

ディタ (Dita)

ライチは中国南部原産の果実で、皮をむくと白色半透明のゼリー状の果肉を持ち、甘い果汁とエキゾティックな香りが特徴。このライチをリキュール化したのがディタ。ペルノ・リカール社が開発したリキュール。日本以外ではソーホー (Soho) の名前で売られている。24%。

メロン・ウォーターメロン (Melon Watermelon)

マリー・ブリザール社から、メロンとスイカを原料とした新しいタイプのリキュールとして売り出された。現在では各リキュール・メーカーがこぞって生産している。

チャールストン (Charleston)

グアバ、パッションフルーツ、アプリコット、ピーチ、マンゴなどのフルーツをミックスしてつくったリキュール。20%。チャールストン・ブルー (Charleston Blue) は、トロピカル・フルーツをミックスして澄んだブルーに仕上げたもの。15%。

ナッツ・ビーン・カーネル系

カカオ・リキュール (Cacao Liqueur)

　日本では、カカオ豆を「カカオ」、粉に挽いて飲みものにしたものを「ココア」、砂糖やカカオ・パウダーを混ぜて菓子にしたものを「チョコレート」と呼び分けている。

　リキュールは、カカオ豆を香味の原料にして、チョコレート風味に仕上げたもの。メーカーによってはチョコレート・リキュールと称しているところもある。

　一般的な製法は、焙煎したカカオ豆をスピリッツとともに蒸留したあと、バニラ香を配しブレンドし、砂糖を加え調製する。これがホワイト・カカオで、これにカカオ豆の浸漬液を加え、色素で調製したものがブラウン色の一般的なカカオ・リキュールである。

カルーア・コーヒー・リキュール (Kahlúa Coffee Liqueur)

　焙煎したコーヒー豆をスピリッツで抽出し、バニラ・シロップを加えたリキュール。カルーア・コーヒー・リキュールは、1930年代にメキシコで生まれた。メキシコの高原で採れる良質なアラビカ・コーヒー豆をベースとした深く、まろやかなコクと甘い刺激が魅力となっている。20％。

アマレット (Amaretto)

　アマレットは、アンズの核、アーモンド、バニラ・ビーンズから抽出したナチュラル・エッセンス・オイルにハーブを配合したイタリア名産のリキュール。アーモンド・フレーヴァーの甘さの中に、アプリコット（アンズ）の繊細な香りを秘めた奥深い味わい。食後にエスプレッソとともに、ストレートで楽しむスタイルもある。

　元祖ともいえる代表的な銘柄はディサローノ・アマレット（Disaronno Amaretto）で、イタリアのミラノ市北方のサローノ村にあるイルヴァ・サローノ社製。28％。

フランジェリコ・リキュール (Frangelico Liqueur)

　野生のヘーゼルナッツ（ハシバミの実）を主体に、数種のベリー類と花弁などからの抽出液を配し、アルコール中で熟成した酒。

特殊系

ベイリーズ・オリジナル・アイリッシュ・クリーム
(Bailey's Original Irish Cream)

クリーム系リキュールは、脂肪とタンパク質に富むクリームをアルコールと渾然一体に融合させた甘美なリキュール。その中でも、これは1974年、アイリッシュ・ウイスキーをベースにフレッシュ・クリームを配合して生まれたアイルランド産のリキュール。17%。

モーツアルト・チョコレート・クリーム・リキュール
(Mozart Chocolate Cream Liqueur)

　良質のチョコレートにヘーゼルナッツを加え、キルシュヴァッサーを主体としたスピリッツにブレンドしてつくられた、オーストリア、ザルツブルク市のケーニッヒ社のリキュール。17%。他にホワイト・チョコレート・リキュール(15%)とほろ苦さが香ばしいブラック・チョコレート・リキュール(17%)がある。

ワニンクス・アドヴォカート (Warninks Advocaat)

　ブランデーやスピリッツに、卵黄、ハチミツを加え、ゆっくりと時間をかけて混ぜ合わせ、加熱、冷却させたのがエッグ・ブランデー(Egg Brandy)。中でも、オランダのアドヴォカート(オランダ語で弁護士の意味)は、弁護士のように弁舌爽やかになることから、この名前が付いたエッグ・ブランデー。17%。

キャラメル・リキュール (Caramel Liqueur)

　ヨーロッパの各リキュール・メーカーでつくられているが、通常はスピリッツにキャラメル・フレーヴァーを溶け込ませ、糖分で調製したリキュール。メーカーによりキャラメル、バター・スコッチ、バター・スコッチ・キャラメルなどネーミングはいろいろだが、ともになつかしいヌガーの風味を持ったリキュールである。

IX　ソフト・ドリンク

　飲みものは、アルコール分の有無により、二つに区分される。アルコールを含む飲みものは、一般的には酒と呼び、アルコーリック・ドリンクス (Alcoholic drinks)、あるいはハード・ドリンクス (Hard drinks) と呼ぶ。これに対し、アルコールを含まない飲みもの、または、含まれていてもごく微量の飲みものは、ノン・アルコーリック・ドリンクス (Non-alcoholic drinks)、あるいはソフト・ドリンクス (Soft drinks) と呼ばれる。

1　人間と水分

　水は、食べものとともに、人間が生きていく上で、欠かすことのできない物質である。ただ、食べものと違って、エネルギー生成に直接役立つのではなく、生命の活動を側面から支える役割を果たすので、日ごろその重要性には注目されていない。だが、人間は、3週間ぐらい食べものを摂らなくても生き続けることはできるが、水分は1週間も摂らないでいると、確実に死を迎える。水が、人間にとって必要不可欠だということは、むしろ食べもの以上に重要といえる。
　人間の身体を構成する最小単位である細胞は、水以外の基質では活動することができない。体内を循環する水は、外部から摂取した栄養素と酸素を細胞に運び、その代わりに、細胞の中の老廃物を外に運び出して、排出口へと導く。しかも、体内の水分は、常に一定であることが要求される。
　人間の体重の約2/3は水分で構成されていて、さらに、水分は多すぎても少なすぎても、健康のバランスが失われる。特に、人体内の水分のバランスが1～2%少なくなると、人間には自然に「渇き」という衝動が湧き起こり、水なり、ソフト・ドリンクなり、何らかの液体をのどに通したくなる。
　一日に必要とされる水分の量は、個人差はあるものの、体重60kgの大人で、約2～2.5ℓといわれる。その約40%近くの量が、食事の際の味噌汁、スープ、煮物の中の水分、ご飯の中の水分などの形で摂取されているが、47%ほどは、茶、コーヒー、清涼飲料などのドリンクで摂取されている。ちなみに、飲んだ水分は1分間で脳組織、および生殖器へと到達し、さらに皮膚には10分ほど、心臓、肝臓へは10～20分後には到達するといわれる。そして、1ヶ月で体外へと排出さ

れるのである。残りの10％を超える分は、体内で自然につくられている。要するに、一人の大人は、一日にかなりの量の液体の飲みものが必要で、その飲みものを、おいしい形で人体に提供するのがソフト・ドリンクということになる。

2　ソフト・ドリンクの歴史

　人間を含めたあらゆる生命体は、水の中から生まれ、それぞれ発達して今日に至っている。水なくして、生命なしといえるのである。
　ところで、人間が利用した飲みものは、水を除けば、果汁が一番古いといってよく、中でもブドウの歴史は、人類の歴史よりも古いことがわかっている。このブドウ果汁を人間が口に入れた瞬間こそ、人類と水以外の飲みものとの接点の始まりといっていいだろう。
　果汁以外では、ハチミツがそれよりはるか昔から飲まれていたようで、スペインのアラニア洞窟の壁画に、ハチミツを採取している絵が描かれている。これは、旧石器時代（今から約1万〜1万5千年前）に描かれたものと推定されるが、当時はおそらく水で薄めて「おいしい水」として飲んでいたのだろう。このおいしいハチミツ水が、やがて自然発酵して、ハチミツ酒へと変わったであろうと推定される。紀元前6千年ごろのバビロニアでは、レモンのジュースを薄めて飲んでいた記録も残っている。
　また、もともと水質の悪いヨーロッパでは、天然鉱泉水（ミネラル・ウォーター）も古くから飲まれており、清浄でおいしい湧き水の存在が、西暦紀元前後には水の湧出する地方の人々の口に伝わりだし、しかも、その水で、戦いで傷ついた身体を洗うと治癒するという話も伝わるようになった。ローマ時代の記録では、ローマ近郊に湧き出る泉は、薬効もあり飲用にも向き、カメや壺に入れて大切に利用された。のちに、その泉がいわゆる天然鉱泉水だということもわかったのだが、人類は知らず知らずのうちに、ミネラル・ウォーターを珍重していたのである。
　一方、炭酸ガス入りの炭酸飲料は、1767年、イギリスの化学者ジョセフ・プリーストリー（Joseph Priestley、1733〜1804年）によって開発される。
　当時の容器はガラス製でなく、陶製であったため、密閉する方法に苦労したようで、その後1843年にイギリスで、レモン果皮の抽出物を用いた透明飲料がレモネード・ビン（ラムネ・ビン）の発明とともに現れ、さらに炭酸ガス入りのものも現われ、それらを総称してレモネードというようになった。日本では1853(嘉

永6)年、ペリー提督率いる艦隊が浦賀来航の際、飲料水の一部としてレモネードが持ち込まれ、幕府の役人が飲んだのが炭酸飲料の始まりである。

その後、1892年にはイギリスのウィリアム・ペインター(William Painter)が王冠を発明、炭酸飲料を大きく発展させる転機となり、その後、清涼飲料水の工業化時代が始まり、さまざまな飲みものがつくり出されるようになったのである。

一方、東洋でのお茶を飲む習慣は6世紀ごろの中国の隋の時代に始まったといわれるが、西暦350年ごろには飲まれはじめていたようだ。

コーヒーは、6世紀ごろから飲まれていたといわれるが、現在のような飲み方は、アラビア人により13世紀ごろから始まった。

3　ソフト・ドリンクの分類

ソフト・ドリンクは、日本で一般に「清涼飲料」といわれるが、清涼飲料とは、アルコール飲料、牛乳、乳飲料、乳酸菌飲料を除くすべての飲料を指す。炭酸飲料、果実飲料、コーヒー飲料、茶飲料、ミネラル・ウォーター、スポーツ・ドリンクなどの総称である。

製法もさまざまで、また、製品も多様化する中、何を基準として分類するかは各説があり、日本では、まだ決定的な分類がされていない。

そこで、本書では、ソフト・ドリンクを広く解釈し、独自に次のように5分類して、記述を進めることにしたい。

①清涼飲料(ミネラル・ウォーターなど)
②果実飲料
③嗜好飲料(コーヒー、ココア、紅茶、ウーロン茶、緑茶、麦茶など)
④乳性飲料(乳および乳飲料)
⑤その他の飲料(スポーツ・ドリンクなど)

(1) 清涼飲料

ミネラル・ウォーター(Mineral Water)

ミネラル・ウォーターとは、水のみを原料とする清涼飲料水で、適度なミネラル分(カルシウム、マグネシウム、ナトリウム、カリウムなど)を含んだ水を指す。

これらのミネラル分は、鉱物由来の無機塩類で、雨や雪が地下へ浸透、滞留する際に岩盤から水に溶け込む。

日本の清涼飲料水は厚生労働省の「食品衛生法施行規則」などに従って生産されており、ミネラル・ウォーターもこの基準で製造されている。日本のミネラル・ウォーターは、平成2年に「ミネラル・ウォーター類の品質ガイドライン」が設定され、四つに分類された。

分類		原水	処理方法等
ナチュラル・ウォーター	ナチュラル・ウォーター	特定水源から採水した地下水。無機塩類の溶解が比較的少ない原水。	濾過、沈澱、加熱殺菌以外の物理的・科学的処理を行なってはいけない。
	ナチュラル・ミネラル・ウォーター	特定水源から採水した地下水。地下で滞留または移動中に地層中の無機塩類が溶解した原水。	
ミネラル・ウォーター		特定水源から採水された地下水。	濾過、沈澱、加熱殺菌以外に本来成分を変化させる処理を行なったもの。
ボトルド・ウォーター		特定水源から採水された地下水。	濾過、沈澱、加熱殺菌以外に本来成分を大きく変化させる処理を行なったもの。
		原水が地下水以外のもの。	法令に基づく加熱殺菌などの処理が必要。

　ナチュラル・ミネラル・ウォーターが、「自然のミネラル分が溶け込んだ、もっとも天然に近い水」ということができる。ただし、ヨーロッパと日本ではナチュラル・ミネラル・ウォーターに対する考え方は微妙に違い、ヨーロッパでは「生きている水」という考え方から処理は禁止されている。
　つまりヨーロッパでは、①水質の厳正管理が行われていること、②水源地周辺の環境保護を徹底していること、③科学的に健康に好適な特性があること、④有益な生菌が正常な範囲で生きていること、などが規定されており、加熱殺菌、除菌処理は不可で、水源周辺の環境保護の義務化、1源泉に1銘柄という基準がある。
　ミネラル・ウォーターの水質を表すひとつの指標「硬度」は、水の中に含まれるミネラル分のうち、カルシウムとマグネシウムの総量を表したもので、硬度＝（カルシウム量×2.5）＋（マグネシウム量×4）の計算式で算出することができる。
　この場合のカルシウム、マグネシウムの量はmg/ℓを単位としているが、含ま

れるミネラルの量やバランスによって味わいは異なってくる。
　WHO（World Health Organization、世界保健機構）では、飲料水水質ガイドラインで、硬度により次のように分類している。

硬度	主な銘柄
100mg/ℓ 以下	サントリー天然水、クリスタル・ガイザー、ボルヴィック、六甲のおいしい水など
100～300mg/ℓ	アクア・パンナ、エビアン、ハイランド・スプリング、ヴァルベールなど
300～500 mg/ℓ	ヴィッテル、ペリエ（ガス入り）など
500～1000 mg/ℓ	サン・ペレグリノ（ガス入り）など
1000 mg/ℓ 以上	コントレックスなど

　概ね、軟水と硬水の境は、硬度120mg/ℓ とされる。特に、日本の地下水はほとんど120mg/ℓ を超えることは稀なため、ほとんどが軟水ということができるだろう。
　ところで、日本とヨーロッパのミネラル・ウォーターの硬度の違いはどうしてなのだろう。日本の地下水は、地下に留まっている期間が短く（川の流域が短く傾斜角がきつい）、地中のミネラル分の影響が少ないため軟水ができる。一方で、ヨーロッパなどの大陸の水の場合、石灰岩が多い（フランスの約60％は石灰質土壌）上に地下での滞留時間が長い（川の流域が長く傾斜角がゆるやか）ため、ミネラルを吸収し、硬水となるわけである。ちなみにイギリスのミネラル・ウォーターも日本と同じ島国なので、水の質も日本に似て軟水が多くなっている。なお、ミネラル分による一般的な味わいの違いは下記のようになる。
　①カルシウム　　：適度に含まれることにより、味が引き締まるが、過剰に含まれると重く感じられるようになる。
　②マグネシウム　：苦みを感じたりする。
　③ナトリウム　　：塩気や渋みを感じたりする。
　④カリウム　　　：適量含まれることにより、味を引き締める。
　日本でもミネラル・ウォーターの飲用が定着してきており、家庭での飲用に加え、飲食店での食事とともに一緒に楽しむということに注目がされてきている。
　その際に気をつけたいのは、前述のようにミネラル分の含有量、硬度等による味の違いを十分に理解し、店に合った、食事に合った、あるいは、ミキサー（副

材料)としての酒との相性などに配慮して選択するとよいだろう。

炭酸ガスを含まない代表的なブランド
サントリー天然水・南アルプス(山梨県)
硬度30mg/ℓ。南アルプス甲斐駒ケ岳の麓の花崗岩塊から湧き出る軟水である。バランスよくミネラル分を含み、すっきりとした味わい。
クリスタル・ガイザー(Crystal Geyser、アメリカ合衆国)
硬度38mg/ℓ。アメリカ合衆国、カリフォルニア州のマウント・シャスタを水源とするピュアな軟水。
サントリー天然水・阿蘇(熊本県)
硬度52mg/ℓ。阿蘇の大地に育まれた、豊かな水。柔らかなミネラル分で、口当たりも優しい。さらりとした味わい。
六甲のおいしい水(兵庫県)
硬度84mg/ℓ。名水「灘の宮水」で知られる六甲山系の地下水である。バランスのよい中程度の軟水。
富士ミネラル・ウォーター(山梨県)
硬度87.6mg/ℓ。業務用として古くから知られたミネラル・ウォーターで、ナトリウムの含有量が幾分多い。
アクア・パンナ(Aqua Panna、イタリア)
硬度108mg/ℓ。イタリア、トスカーナ地方に水源を持ち、ベルベットのような滑らかさと軽さが特徴。飲用だけでなく、軽めの料理との相性や、ワインとの相性もよい。
ハイランド・スプリング(Highland Spring、イギリス)
硬度122mg/ℓ。スコットランドのハイランドにあるブラックフォードで採水される。スコットランドの水としては柔らかいほう。
エヴィアン(Evian、フランス)
硬度304mg/ℓ。フランスとスイスの国境近く、モンブラン峠の麓、レマン湖畔にある「カシャの泉」が源泉。カルシウムに対してナトリウムの含有量が少なく飲みやすい。
ヴィッテル(Vittel、フランス)
硬度307mg/ℓ。フランス東部ヴォージュ山脈に位置するヴィッテル村で採水されている、紀元前1世紀のローマ帝国時代からの歴史を持つ。高めの硬水。

コントレックス (Contrex)
硬度1468mg/ℓ。水源はフランス東部、ヴォージュ山脈に位置するコントレックス・ヴィル。カルシウムやマグネシウムなどが豊富に含まれる。

炭酸ガスを含む代表的なブランド
ペリエ (Perrier、フランス)
硬度400mg/ℓ。炭酸入りミネラル・ウォーターのトップ・ブランド。水源は南フランスのヴェルジェーズという町。紀元前3世紀にカルタゴの英雄ハンニバルがローマへの行軍途中に泉を見つけたといわれる。事業化されたのは1903年。天然の炭酸が心地よい刺激を感じさせる。飲みやすく、ミキサーとしてもいい。

サン・ペレグリノ (San Pellegrino、イタリア)
硬度674mg/ℓ。水源はミラノの北東約70kmのイタリア・アルプスに面したブレンバ河渓谷にあるサン・ペレグリノ。1899年にビン詰めを開始。イタリアを代表するスパークリング・ミネラル・ウォーター。きめ細かな泡が特徴。

炭酸飲料
炭酸飲料は、ソーダ、コーラ、ジンジャー・エール、サイダーなどのように、炭酸ガスを含む発泡性飲料の総称である。風味により、ソーダのようにフレーヴァーのないものと、コーラやジンジャー・エールのように甘みや酸味、フレーヴァーのあるものとの二つに分けることができる。

フレーヴァーのないものは、炭酸ガスを含んだミネラル・ウォーターと、良質な水に人工的に炭酸ガスを圧入したものがある。フレーヴァーのあるものは、良質な水に炭酸ガスを圧入し、甘味料、酸味料、フレーヴァリングなどを加えたもの。日本農林規格 (Japanese Agriculture Standard、略称JAS) では、フレーヴァリングに次のものを認めている。

①香料
②果汁または果実ピューレ
③植物の種実、根茎、葉、花など、またはこれらからの抽出物
④乳または乳製品

ソーダ水 (Soda Water)
初めから炭酸ガスを含む天然鉱泉 (発泡性ミネラル・ウォーター) と、良質な

水に人工的に炭酸ガスを圧入させたものがある。

　国産では、兵庫県西宮市のウイルキンソン・タンサンが、明治23年から天然鉱泉を企業化したものとして有名である。タンサンというのは、ウイルキンソン・タンサンの登録商標になっていて、他社の製品にタンサンという名前を付けることはできない。

ラムネ（Lemonade）、サイダー（Cider）

　日本におけるラムネとサイダーは、ソーダ水に甘みと酸味と果実のエッセンスで風味をつけた炭酸飲料で、本質的には両者同一のものでビンが違うだけである。

　ラムネは、レモンの果汁を飲みやすく水で割ったレモネード（Lemonade）が訛ったもの。1868（明治元年）年には、横浜でノースレイというイギリス人が、レモネードをラムネと訛って呼ぶようになった。

　サイダーとは、本来、リンゴ酒（シードル、Cidre）のことであるが、日本ではそれを転用している。日本では1868（明治元）年ごろ、横浜でノースレイがリンゴ風味の炭酸飲料「シャンペン・サイダー」を販売し、その後1899（明治32）年に横浜の秋元巳之助が、初めて王冠を使い、ラムネの高級品として「金線サイダー」という名で売り出したことで日本中に広まったといわれる。

コーラ（Cola）

　コーラは、アメリカで生まれ育った炭酸飲料で、現在、世界中に浸透している。コーラのフレーヴァーの主原料は、アフリカ西部原産のコーラの木（アオギリ科の植物）の種子で、クルミぐらいの大きさの実の中に数個の種子がある。それを煎り、粗い粉にして、アルコールに浸漬して香味を抽出する。この中にはコーヒーの2～3倍のカフェインとコラニンを含んでいる。フレーヴァーには他に、レモン、ライム、オレンジ、ナツメグ、シナモン、コリアンダー、バニラ、アーモンド、ジンジャーなどが用いられ、その配合はメーカー各社によって工夫されている。色調は琥珀色から濃褐色まであるが、普通はカラメルで着色されている。

　コーラは1886年にアメリカのジョージア州アトランタの薬剤師ジョン・スタイン・ペンバートン（John Stein Pemberton）によって創製された。彼は南米や東インドで原住民が興奮剤として噛んでいたコカの葉から、コカインを除去したコカ・エキスをつくり、コーラ・フレーヴァーを加え、その他香料を加えたシロップを「フレンチ・ワイン・コカ」として売り出した。翌年、それを改良したシロップを「コカ・コーラ」として薬局に売り出した。薬局では、このシロップに水かソーダを加えて売ったが、このソーダ水を加えたことが、今日の炭酸飲料としてのコ

カ・コーラの始まりとなったのである。

1892年、アトランタの薬局経営者A.G.キャンドラーは、ペンバートンからコカ・コーラの権利を買い取り、コカ・コーラ株式会社を設立。2年後の1894年から、ビン詰めのコカ・コーラを発売した。これが、今日のコカ・コーラに発展したのである。現在、コーラは世界中で多くのブランドがあるが、コカ・コーラ社とペプシコ社がアメリカの内外で首位を競っている。

また、コーラとほぼ同じつくり方であるが、コーラ・エキスの代わりに、ブラジル北西部アマゾン川流域原産のガラナ（ムクロジ科の植物）の実から採ったガラナ・エキスを原料としたのが、ガラナ（Guarana）飲料である。

ジンジャー・エール (Ginger Ale)

ジンジャー・エールは、ショウガのフレーヴァーをつけた炭酸飲料である。アフリカのザンジバルやジャマイカ、日本で産するショウガからフレーヴァーを抽出し、炭酸水にその香味をつけ、クエン酸、その他トウガラシ、シナモン、クローブ、レモンなどを加え、砂糖、カラメルで甘みづけと着色をしており、一種独特の刺激のある風味を持っている。日本では数社から各種発売されているが、カクテルに用いるときは、甘さ、辛さが微妙に違うのでブランドごとの味の違いをよく吟味して使用することが望ましい。また、ジンジャー・ビアーという炭酸飲料は、ジンジャー、酒石酸、砂糖の混合液を水で割り、発酵させてつくる。ビールのように泡立ちが細かいところから、ジンジャー・ビアーの名が付けられたが、アルコール分はないのが普通である。ジンジャー・エールと同じように使う。

トニック・ウォーター (Tonic Water)

トニック・ウォーターとは、炭酸水（ソーダ水）に各種の香草類や柑橘類の果皮の成分と糖分を加えて調整した清涼飲料のことをいう。

始まりは熱帯地方の英国領植民地で、マラリア防止にキニーネを加えて飲まれていた保健飲料であった。第二次大戦後、ジンとの相性のよさから、ジン・トニックの材料として世界中に知られるようになった。

現在は、ソーダ水にレモン、ライム、オレンジなどの果皮の成分と糖分を調製してつくられているが、ライセンス生産も含め、メーカーごとに微妙に風味が違うので、十分に風味を確認する必要がある。

(2) 果実飲料

果実飲料が事業化されたのは、1869年、アメリカの歯科医であったトーマス・

ウェルチ(Thomas Welch)がブドウ果汁をビン詰めし教会に納入したのが始まりである。1897年にこの権利を受け継いだ人が商業ベースに乗せ生産を始めた。

その後、工業的技術は発達し、1920年にはトマト・ジュース、オレンジ・ジュースが商品化。1930年にはグレープフルーツ・ジュース、パイナップル・ジュースが発売され、第二次大戦後はホワイト・スピリッツとのカクテルに多用され、さらには1970年代後半にトロピカル・フルーツのジュースが数多く発売されるようになり、多様な製品が生み出されている。

製造工程は、原料の果実を厳選し、破砕、搾汁することから始まる。この際、果汁の均一化と粘調度を増すことを目的にホモジナイザー(均質機)などにかけ、さらに果汁を清澄させてから真空脱気などの酸化防止策を計る。そして、高温瞬間殺菌法で微生物の減菌と同時に、酵素の活動を止め完成する。

果実飲料の表示は、国際基準との整合性も考慮し、1998年に農林水産省が品質表示基準を改正し、現在では「ジュース」と「果汁入り飲料」との二つに分類している。その定義は次の通りである。

①ジュース

果実ジュース(ストレートと濃縮還元を含む)、顆粒入り果実ジュース、果実・野菜ミックス・ジュースの三つに分け、ともに果汁が本来持っている糖類の濃度の基準を満たしているもの。

②果汁入り飲料

果汁が10%以上100%未満の飲料で、使用果汁の品名と使用率の表示が必要。

(3) 嗜好飲料

コーヒー

コーヒーの語源は、アラビア語でコーヒーを意味するカファ(qahwa)が転訛したものといわれる。また、エチオピアのコーヒーの産地カッファ(Kaffa)がアラビア語に影響を与えたともいわれている。

コーヒーの原料となるコーヒー豆は、北回帰線と南回帰線の間のコーヒーベルトと呼ばれる地帯で、ジャスミンに似た香りの白い花を咲かせるコーヒーの樹の実で、果実(生豆)を収穫後、焙煎され、お湯や水で抽出後、提供される。

コーヒー豆の種類は、主に生産地によって選別され、名前の付け方は国名(コロンビアなど)、エリア(ブルー・マウンテンなど)、積出港名(モカなど)、栽培地名(ハワイ・コナなど)、品種名(ジャワ・ロブスタなど)がある。

①ブルー・マウンテン（ジャマイカ）

　香り高く、バランスよく、口当たりも滑らかでのど越しがよい。最高級といわれるが、ブルー・マウンテンを名乗れるのはジャマイカ産のごく一部である。

②ハワイ・コナ（ハワイ島）

　強い酸味とコクを持つ。ブレンドに最適ともいわれ、ブルー・マウンテンに次ぐともいわれる。

③キリマンジャロ（タンザニア）

　タンザニア産のコーヒーの日本での呼び方である。強い酸味とコクが特徴。焙煎の仕方で風味が違ってくる。

④モカ（イエメン、エチオピア）

　香りが高く、独特の酸味、甘みをもっている。非常に古いブランドで、日本では馴染みが深い。

⑤コロンビア

　酸味と甘みのバランスのとれたコーヒー豆。価格は安いといわれるが、ブレンドのベースとして使われることが多い。

⑥トラジャ（インドネシア）

　苦み中心で、濃厚なコクを持つ。酸味は弱い。

⑦ジャワ（インドネシア）

　ジャワ島産の主にアラビカ種のコーヒーをいう。アラビカ種を指す場合はジャワ・アラビカともいう。現在はアイスコーヒーやエスプレッソなどに使用されるロブスタ種の主産地となっている。

ココア

　ココアとは、カカオの種子を主原料とした飲料である。カカオ豆は、発酵、焙煎後、種子と胚芽を取り除き、すり潰してカカオ・マスにする。ココアはこのカカオ・マスを脱脂して得られるココア・パウダーをお湯や牛乳、砂糖などで溶かして飲むのが一般的である。一方で脱脂しないものがチョコレートである。

　カカオの生産地は赤道直下の南北緯度20度の範囲であるが、その7割はコートジボアールやガーナなどの西アフリカ地域で生産されている。

　南米で発見されたカカオは、16世紀ごろにはヨーロッパに送られたが、最初は薬用として扱われていた。その後、疲労回復剤としての栄養剤となり、さらに砂糖を入れ甘くして飲まれるようになった。

　1828年ごろには、オランダのバンホーテンにより、カカオ豆から脂肪分を取

り除き、粉末にする技術が開発され、飲用に向けられるようになった。これが、現在の粉末ココアの始まりである。

カクテルには、飲むためだけでなく、最近では砂糖や塩のスノー・スタイルの代わりにこのカカオ・パウダーを使ったカクテルも生まれている。もちろん、チョコレートを刻んでチョコレート・チップにして使用する場合もある。

紅茶

茶の原産地は、中国の雲南、あるいはチベットの山岳地帯といわれる。ツバキ科カメリア属の永年性常緑樹で、すでに周の時代 (B.C.2000年) には、山茶があったといわれ、紀元前から茶を飲んでいたという説もある。

初めは薬用として飲まれていたが、やがて、中国式の緑茶が東洋、ヨーロッパへと伝わっていった。しかし、ヨーロッパでは緑茶よりも発酵させたウーロン茶を好んだので、中国ではウーロン茶をさらに発酵させて、紅茶をつくりあげた。この紅茶は、ヨーロッパの中でも、特にイギリス人の好みに合い、やがてイギリスはインドにおいて紅茶を生産するに至った。

原料は同じでも、茶はその製造方法により、非発酵の緑茶、半発酵のウーロン茶、発酵させた紅茶の三つに分けられる。世界で生産されている茶の8割が紅茶であり、外国でティー (英文Tea、茶の意味) といえば、紅茶のことである。

茶の成分の中にあるカフェイン、ティオフィリンは、大脳への刺激、興奮作用を持ち、利尿、疲労回復の効果がある。

紅茶の種類はストレート、フレヴァリー、ブレンドの三つに分けられる。

①ストレート・ティー

　ダージリン (Darjeeling)‥北インド産。マスカット・フレーヴァーと呼ばれる独特の香りが特徴。軟水に向く種類。

　アッサム (Assam)‥‥‥‥北インド産。タンニンが多いが、クセが少なく芳醇な香り。ミルク・ティーに適する。

　ウヴァ (Uva)‥‥‥‥‥‥セイロン (スリランカ) 島南東部産。芳醇で刺激的な味。香りが高い。濃いめのミルクに向く。ダージリン、キーマンと並ぶ三大銘茶。

　ジャワ (Java)‥‥‥‥‥‥ジャワ島産。マイルドな香りと味。品質も安定。

　キーマン (祁門)‥‥‥‥‥中国安徽 (あんき) 省の祁門県で収穫される茶葉。三大銘茶のひとつ。蘭の香りにたとえられるかすかなスモーキーさを漂わせ、渋みも穏やか。

②フレヴァリー・ティー
   アールグレイ(Earl Grey)‥中国、セイロンなど。ベルガモット(柑橘系)の
                           香り。一番有名なフレヴァリー・ティー。
   アップル(Apple)‥‥‥‥中国、セイロンなど。名前の通りリンゴの香り。
③ブレンド
   イングリッシュ・ブレックファースト(English Breakfast)
              ‥‥‥‥ インド、セイロン茶葉使用のモーニング・ティー
                      用につくられたブレンド茶。渋みが特徴。
   オレンジ・ペコ(Orange Pekoe)
              ‥‥‥‥ セイロン産を多種ブレンド。明るいオレンジ色。
   アフターヌーン・ティー(Afternoon Tea)
              ‥‥‥‥ インド、アッサム産の茶葉のブレンド。まろやか。

ウーロン茶

ウーロン茶(烏龍茶)は、中国茶の中の青茶(せいちゃ、あおちゃ)で、茶葉を発酵途中で加熱して発酵を止め、半発酵させた茶のことである。主産地は中国福建省や広東省、および台湾の中南部の高地で、茶葉の形状がカラスのように黒く、龍のように曲がりくねっているために名付けられたという。

①凍頂烏龍茶
   台湾東部の山腹を中心に広く栽培される、台湾の代表的なウーロン茶。
②東方美人茶
   台湾東北部の新竹県などで栽培されるウーロン茶で、ウンカに食われることによる独特の風味が特徴。
③鉄観音
   中国福建省南部が産地の南岩という種類。台湾や広東省でもつくられている。
④武夷岩茶
   中国福建省の代表銘柄。イギリス人によるインド紅茶の原型となったお茶。
⑤水仙
   中国広東省と福建省で生産され、香港で評判のウーロン茶。

緑茶

緑茶は、鎌倉時代から普及して、お茶として飲まれている。玉露、抹茶、煎茶、番茶、ほうじ茶、玄米茶などに分類される。緑茶の産地は、静岡、九州南部、京都、三重、奈良、埼玉などが主産地で、特に京都の宇治茶は最高の品質を誇って

いる。

茶の木は、植えてから6〜7年で採取可能となり、それから約50年間収穫できる。緑茶の収穫は、1年に何回にも分けられて行われる。4〜5月いっぱいにかけて摘まれる最良質のものが1番茶と呼ばれ、6月下旬〜7月上旬にかけて摘まれる。摘まれた生茶を蒸気で蒸し、粗揉機で熱風を送り、乾燥させながらよく揉む。その後、乾燥機でよく乾燥させ、入念な仕上げをする。現在では、ほとんど機械化されているが、人手による手揉み茶も最高級品として、生産されている。

麦茶

麦茶は、厳密にいえば茶葉を使用していないので茶ではないが、日本で生まれた独特のもので、平安時代に貴族の間で飲まれだしたとされる。江戸時代には屋台の「麦湯売り」なども流行したようで、庶民の家庭で飲まれだしたのは明治時代に入ってからで、「煎り麦」を購入し、煮出して飲用されるようになった。

その後、昭和30年代に入り、冷蔵庫の普及とともに冷やして飲む習慣が広まり、麦茶という商品として誕生した。現在では、麦の煎り粒を煮出して用いることは少なく、利便性や経済性からティー・バッグ状のものが主流となっているが、粒煎り麦の香ばしさから、あえて粒煎り麦を購入する人も増えはじめている。

(4) 乳性飲料

乳飲料とは、一般的には牛乳を指し、乳性飲料とは、それを加工した飲みものの総称である。乳飲料には、コーヒー牛乳とかフルーツ牛乳と呼ばれるものも含み、これは食品衛生法上からは「生乳」、「牛乳」などを原料とした、乳成分50％以上の飲みものとされ、表現上は牛乳、ミルクの表示は禁止されている。

一方で乳性飲料は、発酵乳と乳酸菌飲料に分けられる。発酵乳はヨーグルトに代表されるもので、牛乳または脱脂乳に乳酸菌を植えて乳酸菌発酵させたものである。乳酸菌飲料は、乳酸菌を薄めて、香料や甘味料を加え調整した「発酵乳」以外の飲料である。

その他の乳製品として、クリーム、エバ・ミルク、コンデンス・ミルク、アイス・クリームがある。クリームは、生乳、牛乳などから乳脂肪以外の成分を分離したもので、乳脂肪分18％以上のものをいう。乳脂肪分18〜25％はライト・クリーム、45％前後のものはヘビー・クリームと呼ばれる。用途に応じて使用するとよいだろう。エバ・ミルクは無糖練乳といい、コンデンス・ミルクは加糖練乳といい、どちらも牛乳を濃縮した練乳である。

アイス・クリームは、牛乳などを原料にして冷却しながら攪拌し、クリーム状にして凍らせたもので、そのうち柔らかいものがソフト・クリームである。国によりアイス・クリームの規定はさまざまで、日本では、乳固形分15％以上（うち乳脂肪分8％以上）のものをいい、原料としては、乳製品、糖分、油脂、安定剤、乳化剤、香料が使われている。

(5) その他の飲料
スポーツ・ドリンク

近年では、競技のスポーツ以外に、健康のためのスポーツも盛んになってきている。一般に激しく運動する選手は、2時間で約2.5ℓの汗をかくといわれる。運動による発汗等により身体から失われてしまう水分の欠乏による熱疲労と熱射病の防止に、また一般のカゼによる高熱などによって起こる脱水症状の回復のための水分を補給する手段として、スポーツ・ドリンクが飲まれていて、疲労回復の際のもっとも効率のよい飲みものといわれている。

世界で最初に商品化されたスポーツ・ドリンクは、アメリカで1968年にストークリー・ヴァンキャンプ社より発売された「ゲータレード」で、これを皮切りに、各国、各社でさまざまなスポーツ・ドリンクが発売されている。

現在、各種スポーツ・ドリンクには、粉末タイプと、缶やペットボトルに詰められている液状タイプがある。糖質以外にビタミンB_1、B_2、ビタミンCを含んでいるので、疲労回復にも優れているといわれる。

代表的なブランドとしては、前述のゲータレードをはじめ、アクエリアス、ポカリスエット、アミノバリュー、VAAM（ヴァーム）、アミノバイタル、エネルゲンなどがある。

野菜飲料
トマト・ジュース

トマト・ジュースとは、JASによると「トマトを破砕して搾汁し、又は裏ごしし、皮、種子等を除去したもの」または「濃縮トマト（食塩以外のものを加えていないものに限る）を希釈して搾汁の状態に戻したもの又はこれに食塩を加えたもの」となっている。塩分の有無で、有塩と無塩に分かれる。消費者にとってのトマト・ジュースは、なぜかトマト100％製品とイメージができあがっているジュースでもある。トマト・ジュースはそのまま飲むのが一般的ではあるが、ブラッディ・メアリーをはじめとしたカクテルに使用したり、トマト・スープや、煮込料理の

材料などとしても使われている。日本のメーカーではカゴメ、世界ではデルモンテやキャンベルなどが有名。また、近年は有機栽培によるトマトを使用するなど、付加価値を付けた少量生産のトマト・ジュースが各地で出荷されている。

野菜ジュース

　日本ではトマト・ジュースと野菜の絞り汁を混ぜ合わせたトマト・ミックス・ジュース、ニンジン・ジュースと野菜の絞り汁を混ぜ合わせたニンジン・ミックス・ジュースが一般的である。野菜ジュースの基準はないが、トマト・ジュース、トマト・ミックス・ジュース、ニンジン・ジュース、ニンジン・ミックス・ジュースという名称を使用するための基準がJAS規格で決められている。

X　カクテルの副材料

1　ハーブ・スパイス類

　ハーブ（Herb）とは、西洋で昔からその薬効成分や芳香性を利用してきた薬用植物を指す。主として、植物の根、茎、葉が利用されてきた。
　スパイス（Spice）とは、香辛料を指し、主に東洋から西洋に移送され、さまざまな香りや味で料理の味を引き立たせ、かつ食欲増進の役目を果たしてきた。主に、植物の葉、蕾、種子、果実などが利用されている。

ミント（Mint）

　ミントは、シソ科ハッカ属の植物で、ほとんどは多年草だが、一年草もある。世界中に多くの種類があり、日本では昔からハッカ（薄荷）として知られており、口の中に広がる清涼感が特徴である。
　代表的な品種系統としては、ペパーミント系、スペアミント系がある。ペパーミント（Peppermint）系は、メントールの含有量が多く、刺激性があり、香味が優れている。主な利用法としては、キャンディー、ガムなどの香料にされる。スペアミント（Spearmint）系は、比較的弱く甘い香りがある。ガムや歯磨き粉の香料にされる。
　カクテルでのそれぞれの使い分けは、ペパーミントは潰してミント・ジュレップなどに、甘い香りのスペアミントはデコレーションに使うとよい。
　また、ミントは比較的栽培しやすいハーブなので、植木鉢やプランターで自家栽培して、フレッシュな香りを提供したい。

ナツメグ（Nutmeg）

　東インド諸島やインドネシアのモルッカ諸島が原産で、ニクズク科の常緑高木である。スパイスとして売られているナツメグは、種子の中身の仁（胚乳）を乾燥させたもので、砕いていないホール・ナツメグと、砕いてあるグラウンド・ナツメグがある。
　ナツメグの主成分は、ミリスチン、ピネン、カンフェンで、健胃、駆風薬とされ、精油は慢性リュウマチに外用する。また、独特の甘い芳香があり、肉や魚料理の香味づけ、製菓、加工食品等に多用されている。

パウダー・タイプも売られているが、香りが飛びやすいので、ホール・ナツメグを使う寸前におろしがねでおろして新鮮な香りを出したい。

シナモン（Cinnamon）

シナモンはクスノキ科の常緑高木で、その外皮を除いた樹皮を乾燥させたもの。日本では、肉桂（ニッケイまたはニッキ）と呼ばれる。スリランカ、台湾、中国、日本などに産し、エキゾティックで芳香性の甘い香りを持つスパイスである。それらのうち最高級品はスリランカ（セイロン）で生産される。

シナモンの精油主成分は、シナミック・アルデヒド、オイゲノール、サラロールなどで、薬効には健胃、発汗、解熱剤に用いる。また、ケーキ、ドーナツ、クッキーなどの洋菓子類や、コーヒーなどの飲料にも調味料として多用されている。

クローヴ（Clove）

インドネシアのモルッカ諸島が原産。日本では丁子（ちょうじ）と呼ばれる。香料、スパイスとして用いられるクローヴは、熱帯産の樹木クローヴの花の蕾を乾燥させたもの。その香りは、あらゆるスパイスのうちでももっとも強力であるといわれる。ナツメグとともに、15世紀に始まる大航海時代以来、ヨーロッパの列強が争って入手を計った香辛料である。

主成分はオイゲノールで、健胃薬とされ、歯科では消毒、痛み止めに用いる。スパイスとしては、肉料理などの香味づけやカレー、製菓、加工食品などに使われる。クローヴは、低い温度では香りが出ないので、ホット・ドリンクに使用される。

トウガラシ（Red Pepper）

メキシコ原産で、結実すると初めは緑色、熟すると赤色になる。辛みが強く、香りが優れているのが、チリ・ペッパー、タカノツメ、タバスコ、ハラペーニョなどで、辛みが少なく野菜とされるのがピーマンやシシトウ（シシトウガラシ）である。気候、風土により独特の色と香りを持つパプリカ系統などもある。

トウガラシの辛み成分は、カプサイシンで、この辛さは刺激が強く人により好き嫌いもあるが、健胃薬として食欲増進、消化促進の効果がある。

コショウ（Pepper）

インド西部のマラバル海岸が原産で、スパイスの王様といわれる。日本には、奈良時代に伝わり、今日もっとも多量に使われるスパイスである。

コショウは常緑低木で、黒コショウ（Black Pepper）は、青い未熟果を乾燥させたもので、強い独特の風味があり、特に牛肉との相性がいいといわれる。ま

た、白コショウ（White Pepper）は、完熟果を収穫後、果皮を取り除いたもので、マイルドで上品な香味があり、魚料理等との相性がいい。

　薬用としては発汗、健胃、食欲増進剤などに使われる。また、防腐効果があり、肉の保存に使われる。料理には、ソースやカレー原料などに広く使われる。飲みものには、辛みより香りのほうが大切なので、使う寸前に白コショウをコショウ挽き器で挽いて使うとよい。

2　野菜類

トマト（Tomato）
　ペルー・エクアドル圏の原産で、インディアンの移動とともに、アンデス、中央アメリカ、メキシコへと伝播したと考えられる。

　ナス科の一年生草本であるが、熱帯では多年生となる。新鮮な実は、ヘタが緑色でピンとしている。ヘタが黒みを帯びたものは、鮮度が落ちている。トマトは、ほとんど青いうちに収穫し、追熟、貯蔵されるのが一般的だが、完熟トマトを収穫後すぐに絞ったトマト・ジュースは栄養価が高い。

キュウリ（Cucumber）
　ウリ科の一年生つる性草本で、原産地はヒマラヤ南麓といわれる。青臭い香りが特徴。購入時は、ハリのあるトゲのよく付いた新鮮なものを選びたい。バーでは、オードブルの野菜スティック、あるいは、カクテルのマドラーの代わりとして使われる。

セロリ（Celery）
　セリ科の一～二年生草本で、古くから薬用、香辛料とされ、17世紀に食用とされた。歯切れのよい肉質と爽快な香気を持つ。

　一株ずつ購入するほうが日持ちはよいが、1本ずつ茎を分けたものでも、余分な葉を落として、ラップをして冷蔵庫に保存すれば鮮度が保てる。カクテルではスティック状にしてマドラー代わりに使われることが多い。

オニオン（Onion）
　タマネギのこと。ユリ科の一～二年生草本で、原産地は中央アジア南西部といわれているが、野生種は発見されていない。栽培の歴史は極めて古く、エジプトでは、ピラミッド建設の労働者が食用にしていたという記録が残っている。

　多くの種類が栽培されているが、カクテルに使用するのはこのうちの小球種で、

ピクルド・オニオン、またはパール・オニオンと呼ばれ、主として辛口のカクテルのデコレーション用に使われる。

3　フルーツ類

オレンジ (Orange)

　オレンジを代表とする柑橘類は、すべてミカン科の常緑樹の果実で、世界中に百数十種類ある。原産地は、インド・アッサム地方が定説となっている。紀元前4世紀にアレクサンダー大王が、インド遠征から持ち帰ったものが、ヨーロッパでの栽培の始まりとされている。ヨーロッパに伝わった柑橘は、地中海沿岸の温暖な気候のもとで盛んに栽培された。17世紀にはアメリカに渡り、南部諸州やカリフォルニア州が世界最大の生産地となっている。現在、果実の中での柑橘類の生産量は、ブドウに次ぎ世界第2位となっている。

　オレンジは、原産地であるインド・アッサム地方からヒマラヤを越えて、中国に伝わり、日本へは明治時代に伝わる。その伝播の中で中国品種の変異したものが、15世紀にこれを持ち帰ったポルトガル人の手により地中海沿岸に広まった。地中海品種は、フロリダに渡りバレンシア・オレンジとして大発展し、一方、ブラジルに渡ったものはネーブル・オレンジとなり、やがてアメリカ伝わった。主産地はアメリカ、ブラジル、スペイン、イタリア、メキシコなどである。

　オレンジは、バレンシアをはじめとする普通オレンジ群、果頂部にヘソを持つネーブル・オレンジ群、果肉がアントシアン色素で血がにじんだように赤いブラッド・オレンジ群に分けられる。

　バレンシアは、世界でもっとも多く栽培され、生食ではなく、ジュース加工用としても最適である。ネーブルは、風味がよく生食の最高品種といわれる。ブラッド・オレンジは、イタリアやスペインで好まれており、独特の風味を持つ。

　日本国内での流通品のほとんどはアメリカのカリフォルニア産で、バレンシアは3月末～11月、ネーブルは11～3月、ブラッド・オレンジは2～3月に輸入される。国内でのオレンジ栽培は、ネーブル・オレンジが広島県、和歌山県、静岡県などで生産されている。

　オレンジは、果皮にハリと艶があり、持ち比べて重いほうが果汁も多く、新鮮である。冬は冷涼な場所に、夏はポリ袋に入れて冷蔵庫にて保存するとよい。

　アメリカではオレンジ総生産量の80％以上が果汁加工品として利用されてい

る。そのうち100％天然果汁は、絞った果汁を裏ごしして密封殺菌したもの。裏ごし果汁を殺菌後、濃縮機にかけ、糖度55％程度まで濃縮し、−17℃以下の冷凍庫に保存するものを冷凍濃縮果汁（Frozen concentrate）と称する。なお、濃縮還元果汁とは、濃縮果汁を精製した水で、濃縮前の100％果汁になるように戻した果汁をいい、天然香料を補填して製品化している。

レモン (Lemon)

インド北部のヒマラヤ周辺が原産で、15世紀ごろには地中海で栽培され、コロンブスの大陸発見でアメリカに伝わり、カリフォルニアが世界の大産地に発展した。国内では、瀬戸内海を中心に香川県や広島県、愛媛県などで少量栽培されているが、ほとんどがアメリカから輸入されている。

レモンは、糖分が少なく、酸味が強いので、生食用にはあまりしない。だが、果汁の中にはビタミンCがたっぷりと含まれているため、飲料にすると爽快な気分にしてくれる。また、料理や洋菓子などにこの果汁を少量加えると、味を引き締める効果がある、果汁は、1個分で約45ml得られる。

レモンの主要品種は、カリフォルニアで生産されるユーレカ種。果皮が美しいレモン・イエローで、やや楕円形である。果肉は柔軟で、香味、酸味が優れ、果汁も多い。

ライム (Lime)

レモン同様、インドが原産地である。大航海時代にビタミンC不足による壊血病で悩まされた船員たちには不可欠な存在だった。今でも、ライム・ジューサーとはイギリス水兵や船員を指す俗語となっている。

ライムは、果皮が緑色で、皮が薄く、レモンより酸味、苦みが強く、芳香がある。ライムの種類はレモンよりやや小さめのタヒチ・ライムと、一回り小さなメキシカン・ライムがあり、主にカリフォルニアやメキシコから輸入されているが、メキシコから輸入されるからメキシカン・ライムとは限らない。どちらにしても艶のある深い緑色のものが上質である。1個分で約30mlの果汁が得られる。

グレープフルーツ (Grapefruit)

ブドウの房の形をして枝に実っているところからその名が付いた。18世紀、西インド諸島のバルバドス島で、母はザボン、父はスイート・オレンジから突然変異してできた。当初は、「禁断の木の実（Forbidden Fruit）」と呼ばれ、学名は「楽園のミカン（Citrus paradise）」という。西インド諸島から中南米を経て、フロリダ、カリフォルニアに伝わる。20世紀に入ってから、カリフォルニアが

一大生産地となり、世界中に輸出され有名になった。

グレープフルーツは、果肉の黄色いものは、果肉が滑らかで、極めて多汁である。ピンク色の果肉のものは、前者よりも糖度がやや高い。オレンジがかった赤みのものは、ルビー・グレープフルーツと呼ばれ、糖、酸ともに多く、濃厚な味わいである。

グレープフルーツの日本への入荷時期は、カリフォルニア産が6～8月、メキシコ産が9～10月、フロリダ産が11～翌年の5月、そしてその合間にイスラエル産が多少出回っている。特に品質がいいのは、フロリダのオーキッド諸島で生産されるもので、特有のカトレア・フレーヴァーを持ち、果汁が極めて多く、触感が滑らかである。また、どの品種を選ぶにしても、果皮が滑らかで、果肉に弾力を持った硬さのあるものが鮮度、質ともによい。

パイナップル (Pineapple)

アナナス科の植物で、原産地は熱帯アメリカ。ブラジルの多年草といわれており、この地で先住民により果物として栽培されていたものが、西インド諸島などに広まった。16世紀にポルトガル人が西インド諸島で発見したといわれ、その後世界中に広まった。ヨーロッパでは「アナナス（Ananas）」というほうが一般的である。この語源は、果面が亀甲に似ているため、カリブの土着語で「ナナス（カメの実の意味）」と呼んでいたのをポルトガル語の接頭語「ア」を冠して「アナナス」といったところからくる。英名のパイナップルは、松かさの形に似ているアップルから名付けられた。

日本に輸入されているのは大部分がフィリピン産だが、味のよいハワイ産や台湾産のものも多い。最近では小ぶりながらジューシーな奄美諸島産のものなども出回りだしていて、高価だがカクテルの素材としては魅力あるものである。

食べごろは、果皮が1/3くらい緑色から黄色に変わり、甘い香りが強くなったときである。また熟すと、果肉も白っぽい色から黄色みを帯びた透明になる。

果汁には、タンパク質分解酵素のブロメリンが含まれているため、肉を食べたときは消化を助ける。しかし、未熟なパイナップルにはシュウ酸石灰が多く含まれているため、口の中を荒らす恐れがある。

パパイヤ (Papaya)

熱帯アメリカ原産(メキシコ南部)で、チチウリノキ(乳瓜木)科の果実である。日本に輸入されるのは、ハワイ産のソロ種が多く、一年中出回っている。ソロ種の中でも、赤橙色の果肉のものは味がさっぱりとしている。沖縄では人家の庭先

に自生している。タイやフィリピンなどからも少量入ってくる。

　選ぶときは、ふっくらとしていて、果皮に傷や斑点などがないもので、手で握ったとき柔らかみを感じたら食べごろと考えればよい。冷蔵庫に入れて保存すれば1週間ぐらいは大丈夫である。

マンゴ（Mango）

　原産地はインドからインドシナ半島と推測される。原産地インドでは、「聖なる果樹」と呼ばれ、栽培の歴史は古く、インドでは4000年から6000年前といわれ、仏教の法典にもその名が見られる。

　現在500種以上の種類があるといわれるが、インド、メキシコ、フィリピン、タイ、オーストラリア、台湾が主な生産国で、日本では沖縄、宮崎などでも栽培されている。日本に輸入されるのはほぼ2種類で、ひとつは、カラバオ種のペリカン・マンゴと呼ばれるフィリピン産で、黄色く平べったく、さっぱりとした味をしている。形状がペリカンのくちばしに似ていることから付けられている。

　もうひとつはメキシコ産のアーウィン種のアップル・マンゴが大半を占める。日本での栽培は、この品種が9割以上を占める。濃厚な甘みがあり、繊維質が多い。マンゴは独特の舌触りと香りが特徴で、縦に3枚におろして食べるのが一般的だが、ミキサーにかけ、ネクター状にして飲んでも甘みと酸味があっておいしい。また成分は、ビタミンA、C、そしてカロチンを多く含んでいる。

　購入時は、果皮が柔らかできれいなものを選び、果皮に黒い斑点があったり、傷んでいるものは避ける。少し青いものを購入し、追熟させるのもいい。完熟すると酸味が弱くなり甘みが強くなって、独特の芳香を持つ。完熟したものはポリ袋などに入れ冷蔵庫で保存すれば1週間ぐらいは保存できる。

パッションフルーツ（Passionfruit）

　ブラジルが原産地で、独特の青臭い香りをした果実である。名前の由来は、パッションフルーツの雌しべの形が、十字架に掛けられたキリストに見えたので、「パッション・フラワー（受難の花）」と呼び、以来その実をパッションフルーツというようになった。

　ほとんどがニュージーランドからの輸入品だが、日本でも小笠原や八丈島で栽培されており、価格は高いが、新鮮で果皮にハリと艶がある。

　実からは少量のジュースしか取れないが、独特の風味のためカクテルの素材としては貴重な果物といえる。

キウイフルーツ（Kiwifruit）

原産は、中国揚子江沿岸地域で、マタタビ科の果実である。20世紀初めにニュージーランドで栽培が始まり、果実の形状がニュージーランドの国鳥「キウイ（Kiwi）」に似ていることから名付けられた。

春5月から年末まではニュージーランド産のヘイワード種が販売され、11〜5月までは国産のものが出回る。一年中入手の容易な果物である。

味わいは、酸味と甘みのバランスのよさで、約半個分で一日に必要とされるビタミンCが摂れる。タンパク質分解酵素を含むので、肉料理のデザートなどにもよい。購入するときは、手で触れてみて均等な硬さのあるものを選ぶとよい。

グアバ（Guava）

熱帯アメリカ原産のフトモモ科の果実である。スペイン人によって16世紀には知られるようになった。日本名はバンジロウ（蕃石榴）。現在では世界中の熱帯および亜熱帯の地方の、ごく普通の植物。主な産地はカリフォルニア州を筆頭に、フロリダ州、キューバ、メキシコ、ブラジル、ペルー、ハワイなどで、日本でも鹿児島県南部や奄美大島や沖縄の石垣島などで栽培されている。

強い甘酸っぱい香りを持ち、白か橙色の果肉の中には、多くの小さくて硬い種がある。果汁はそれほど取れないが、少量でもカクテルの素材として使うと独特の風味が得られる。

ココヤシ（Coconut Palm）

世界の熱帯から亜熱帯に分布する多年生の高木で、特に海岸線に多く生えている。果実の若いうちは、外皮が緑色で、中の果汁はかすかな甘みと酸味を持っている。熟すと茶色になり、ゼリー状だった胚乳が固形の層になり、これを削ってココナッツ・クリームやココナッツ・ミルクをつくる。また、固形の果肉からはヤシ油を採ることができ、極めて用途は広い。

日本には一年中フィリピンから輸入されていて、選ぶときは外皮がみずみずしい緑色で、持ち上げて振ってみたとき、中で果汁がチャポチャポと音を立てるものがよく、果汁やゼリー状の胚乳を使う。

ピスタチオ（Pistachio）

ウルシ科で原産地は地中海沿岸である。ローマ時代から知られており、この地に自生していたものを食用に栽培してきた。現在は、カリフォルニア州、アリゾナ州、テキサス州、イタリア、インド、中近東のトルコ、イランなどが主産地で、このうちイランが世界一の生産量を誇っている。種子（仁）のピスタチオ・グリーンと呼ばれる緑色の深いものほど良質といわれる。「ナッツの女王」とも呼ばれる。

アボカド (Avocado)

　熱帯アメリカ原産のクスノキ科の果実である。果皮がワニに似ているので、「アリゲータ・ペア（ワニナシ）」とも呼ばれる。

　熟すと果皮が緑色から黒褐色に変化し、果肉は緑がかったクリーム状で、舌触りがクリーミーなところから「森のバター」の異名を持ち、果実の中でもっとも栄養価が高い。タンパク質、ビタミンA、C、Eを含み、脂肪分もリノール酸などの不飽和脂肪酸で、ノン・コレステロールである。アメリカでは、ダイエット・フルーツとして見直されている。また、栄養バランスの悪い現代人にとって、成人病、病後の栄養補給に優れた食物である。ビタミンEを豊富に含んでいる。

　食べごろは、果皮が緑色から黒褐色になり、手で握って柔らかみを感じるころで、未熟なものは、常温で追熟させ、完熟してから冷蔵庫に入れる。

　使うときは、ナイフを種に当てるようにグルッと入れ、両手で反対方向に回す。種はナイフを入れたまま少し回すと簡単に取れる。スプーンで食べてもよし、皮をむいてスライスし、ワサビ醤油やドレッシングで食べてもよい。熟しすぎたときは、ピューレにしてサラダ・ドレッシングにするとよい。

バナナ (Banana)

　マレーシア原産で、もともとは黒いザラザラした種がいっぱい詰まっていたが、突然変異で種なしの果実が見つかった。その後、株分けで増やして栽培されるようになった。現在の主産地は中南米で、世界生産量の50％を占めている。

　日本への輸入は、フィリピン産80％、台湾、エクアドル、コロンビアなどから一年中入荷している。主要品種は、黄色く、少し反り返っていてサイズの均一なキャベンディッシュ種で、世界の生産量の約半分を占めている。他に、赤い皮でふっくらとしたモラード種や、掌サイズの房のモンキー・バナナなどがある。

　栄養価が高く、カリウムをはじめとするミネラル分も多く含まれる。果皮に黒い斑点が出ているものは、日持ちはしないが、食べごろで甘い。保存は常温でよい。皮の色を気にしないで中身だけ使うのであれば、食べごろのときに冷蔵庫に入れると成熟が止まって、甘みののった状態を保つことができる。ただし、皮は黒くなってしまう。

メロン (Melon)

　原産地はアフリカ西部の砂漠地帯というのが定説である。スイカとともにウリ科の植物で、クレオパトラも好んで食べたといわれる。アフリカ西部から北上して中央アジアを通り、ロシア南部に伝わり、西はギリシャ、ローマを経てヨーロッ

パ各地へと伝わった後、海を渡りアメリカに伝わった。これらは、マスクメロン、ハネデューメロンなどの西洋メロンである。

一方で、東へはアフガニスタンから中国に伝わり、マクワウリ、ハミウリなどの東洋系メロンとなった。日本へは弥生時代に、中国からマクワウリが入ってきたのが始まりである。

マスクメロンは、日本の数ある果物の中で王様の称号を持つ。気品溢れた見事な果皮ネット、麝香（ムスク）に似た芳香、端正な形状、香味、甘みを持ち、単価も高く、どれをとっても王様の名に恥ずかしくない。

マスクメロンに代表される温室メロン（アールス種）の栽培技術は、日本がもっとも進んでいて、世界的な評価を得ている。

その他の緑色メロンは、アムスメロン、アンデスメロンなどが有名である。また、近年は赤い果肉のメロンに人気が高まり、その代表が北海道の夕張メロンである。果肉が柔らかく、濃厚な甘さが特徴である。果肉の白いメロンには、しらゆき、ハネデューメロン、プリンスメロンなどがある。

食べごろの見分け方は、花落ちしたところを親指で押してみて、柔らかくなっているのがよい。熟すにしたがい香りも強くなるので、匂いで見分けることもできる。また、指で果実を弾き、跳ね返る音で見分ける方法もある。しかし、マスクメロンなど高級メロンは、買うときに食べごろの目安を聞くのが一番安心である。冷蔵庫へは完熟してから入れる。冷やしすぎると甘みが落ちるので注意が必要である。使用する4〜5時間前に入れるのが目安である。

スイカ（Watermelon）

ウリ科の一年草で、原産地はアフリカ西部の砂漠地帯といわれる。原産地はメロンと同様で、伝播の仕方、ルートもほぼ同じである。中国の唐の時代に西域からきたウリという意味で西瓜（スイカ）と名付けられた。日本は、江戸時代に庶民から身分の高い階層へと普及したが、今でもスイカは庶民の果物といえる。

生産量で圧倒的な地位を誇るのは中国で、世界の生産量のおよそ7割を生産している。日本では庶民の果物といわれるが、その生産量は1割にも満たない。

ブドウ（Grape）

もっとも古くから人類に利用され、現在でも世界でもっとも生産量の多い果物である。その利用方法は、世界的に見ればその8割が醸造用（ワイン用）、そして、干しブドウ、生食用と続くが、日本では逆に、生食用が約8割強、残りが醸造用として生産されている。

生食用ブドウは、醸造用に比べると酸味が穏やかで、皮がむきやすく、種と果肉の実離れがよく、大粒のものが主流となっている。日本で代表的な品種としては、巨峰、ピオーネ、甲斐路、マスカット・ベリーA、デラウエアなどだが、麝香(ムスク)に似た芳香を持ち、上品な甘みのマスカット・オブ・アレキサンドリアや、安価で手に入るネオ・マスカットなどもある。
　購入時は、茎(果梗も含む)がしっかりとしていて青々とした、顆粒がはちきれそうに張った房を選ぶとよい。ブドウは、肩の部分が一番甘く、房の下へいくほど酸味が強くなるので、試食販売しているときは、房の下のほうを試食するとよい。そこが甘ければ、房全体が甘いといってよいだろう。

サクランボ（Cherry）

　原産地はイラン北部からコーカサス地方一帯で、新石器時代にはすでに栽培されていたといわれる。現在、世界での主な生産地は、オランダ、フランス、ドイツ、ベルギー、アメリカ、日本などである。
　国産では、比較的大粒で鮮やかな色、甘みが強く、適度な酸味を持つ佐藤錦がもっとも多くつくられている。他では、小粒の高砂(アメリカ原産)、大粒のナポレオン(ヨーロッパ各国で生産)などがある。輸入されているアメリカン・チェリーは、北アメリカ西岸のカリフォルニア州とオレゴン州が主産地で、酸味が穏やかで、果肉まで赤紫色で特有の香りを持っている。どちらにしても、果実が艶やかで、締っていて、柄が新鮮なものを選びたい。
　国産は、ほとんど生食用だが、ヨーロッパやアメリカでは加工用として、キルシュヴァッサー、マラスキーノ、チェリー・ブランデーなど洋酒の原料や、洋菓子の材料として缶詰めにされている。
　また、カクテルのデコレーションとして使うチェリーは、種を取り、着色したり、シロップに漬けたりしたものでレッド・チェリー、グリーン・チェリー、イエロー・チェリーがある。

イチゴ（Strawberry）

　南アメリカ原産のバラ科の植物で、メロンやスイカとともに野菜の仲間である。アメリカ大陸発見によりヨーロッパに導入され、現代のイチゴの祖であるアナナス・イチゴがオランダでつくられるようになった。
　日本へは天保時代にオランダから伝わり、その後、明治に入って世界にその名をはせた福羽イチゴが誕生する。
　イチゴは、バイオ・テクノロジーの研究開発がもっとも発達した果物で、新し

い品種が現在でも次から次へと開発されている。

日本の主な品種は、女峰(栃木県)、とよのか(福岡県)、雷峰(山形県、長野県)、とちおとめ(栃木県)などだが、各地で需要に合った品種が栽培されている。

イチゴはヘタが青々として、果実に艶があり、赤みがヘタまで達していて完熟した新鮮なものがよい。保存は、洗わずにヘタを残した状態で、ラップをして冷蔵庫で保存する。使うときに、ヘタを付けたままで、塩水ですばやく洗う。洗いすぎるとビタミンCが流出するといわれる。

イチゴのビタミンCは、レモンの2倍で、3～4粒で成人一日当たりの摂取量を十分にまかなえるほど。また、冷凍イチゴも出回っているが、ビタミンCの含有量は変わらない。また、アメリカからの輸入品の中には缶入りのシロップ漬けの冷凍イチゴもある。フローズン・カクテルなどには使いやすい素材といえる。

クランベリー (Cranberry)

アメリカ北部、カナダ一帯の渓谷に原生するツツジ科の潅木である。現在アメリカでは、オンタリオ湖の東岸からバージニア州まで栽培されている。高さ1mほどの小型の潅木で、初夏に花が咲き、果実は秋に暗紅色に色づき熟す。果実は1cmほどの直径で、酸味が強く、やや苦みも持つ。生で食べるよりもクランベリー・ジュースとして加工されたり、冷凍状態で売られ、家庭で自家製ジュースとして飲まれる。また、アメリカの収穫感謝祭の七面鳥料理には欠かせないクランベリー・ソースとしても使われる。果実の色が、丹頂鶴（クレーン、crane）の頭のように赤いので、クランベリーと名付けられたという。

ラズベリー (Raspberry)

ヨーロッパおよびアジア原産のバラ科の潅木である。日本名はキイチゴ、フランスではフランボアーズ（Framboise）で、葉の裏に白毛が密生し、春には白い小さな花を咲かせる。初夏に果実は熟し、多汁で甘く、少し酸味を持つ。色は赤、黄色、紫、およびその中間色とさまざまな色があるが、黒色だけはブラックベリー（Blackberry）として別扱いされる。ラズベリーは、生食の他、ジャムに加工されたり、リキュールの原料とされる。

ブルーベリー (Blueberry)

アメリカの沼地などに生える潅木から改良されたものである。高さ1～3mで、管状で薄い桃色の花が咲く。果実は房状になり、直径1.5cm。7月下旬～9月には黒紫色に熟す。すばらしい酸味を持ち、生食、ジャム、パイ、冷菓などに幅広く利用される。

カシス（Cassis）

　ヨーロッパ原産の落葉潅木で、カシスはフランス語名である。英名はブラック・カラント（Black Currant）、日本名はクロスグリと呼ぶ。枝条には特有の香りがあり、5月に花が房になって咲き、果実は7月下旬〜8月にかけて黒色に熟す。果実の頭にトゲがあるのが特徴である。果肉は酸味が強く、生で食べることはあまりない。クレーム・ド・カシスの原料やジャム、ゼリー、果汁、製菓などに利用される。

リンゴ（Apple）

　コーカサスから西アジアにかけての寒冷地帯が原産地といわれる。スイスでは先史時代の人種である湖棲民族の遺跡から炭化したリンゴの種が発見されている。民族の移動とともに東西に伝わった。ブドウ、オレンジとともに世界三大フルーツのひとつといわれている。

　アメリカには「一日にリンゴ1個で、医者知らず」という諺があるが、リンゴはビタミン、ミネラルが豊富で、特にカリウムが多く、体内の塩分を体外に排出する働きがある。繊維質からの整腸作用、さらにストレスからくるイライラを鎮める作用もある。

　19世紀末、アメリカのアイオワ州でジョナサン（紅玉）から生まれたデリシャス種は、リンゴ界に革命を起こし、日本の主要品種である「フジ」や「ムツ」もその血を受け継ぐ。現在では、さまざまな育種交配が行われ、大粒のもの、甘みの強いもの、爽やかな酸味を持ったものなどがつくられている。

　世界一生産量が多いのは「フジ」で、世界各国で生産されている。国内では「王林」、「津軽」、「ジョナゴールド」などが知られている。

　選ぶときは、果皮にハリがあり、身が締まっていて、持ち重りのするものがよい。種の回りが一番甘いので、縦切りにして、色止めには塩水に浸けておく。また、暑い時期は冷蔵保存する。

ナシ（Pear）

　日本の果実ではもっとも古い歴史を持ち、弥生時代に栽培が始まった。現在でも、国内ではミカン、リンゴに次いで生産量の多い果物である。

　ナシは、大別すると日本ナシと西洋ナシに分かれる。日本ナシは、元来赤銅色をした赤ナシ系と青磁色の青ナシ系が各地で栽培されてきた。明治26年に青ナシ系の「二十世紀」が、翌年27年には赤ナシ系の「長十郎」が誕生して以来、二つのナシが日本ナシの主要品種として発展してきた。

現在一番生産量が伸びているのは、赤ナシと青ナシから生まれた「幸水」で、甘さと爽やかな口当たり、そして、日本の果物としては珍しいジューシーなところが特徴となっている。赤ナシ系でその他知られているのは「豊水」で、生産量の３割を占め、生産量第２位である。「幸水」よりもやや大きめで、糖度も高いが、ほどよい酸味があり、味も濃厚である。

　西洋ナシの滑らかな口当たりに対し、日本ナシのザラザラとした触感を西洋人は「サンド・ペア（砂を噛んでいるようなナシ）」といって長い間嫌っていたが、最近は、口当たりのよい「二十世紀」系のナシの輸出も伸びている。

　一方、西洋ナシは、生産量No1で缶詰などに加工される「バートレット」や、味、香りともすばらしい「ラ・フランス」などがある。ナシは、カリウムを多く含むので、塩分を取りすぎる日本人には、適した果物といえる。果皮にハリがあり、ずっしりと重いものを選ぶとよい。保存は、ポリ袋に入れて冷蔵庫へ入れる。

　日本ナシは、生食でデザートやフルーツ・ポンチに合う。西洋ナシは、シャーベットやムース、ジャム、ジュースなどに利用され、また、チーズとも合う果物のひとつとされている。カマンベールなどクリーミーなチーズの上に西洋ナシをスライスしてのせ、オードブルの一品にするのもよい。

モモ（Peach）

　サクラ科で、原産地は中国西北部の山岳地帯といわれる。原産地から西に向かいペルシャで発展し、さらに古代オリエント一帯に広がった。アレクサンダー大王の遠征により、ギリシャからローマに伝わり、やがて地中海沿岸、17世紀にはアメリカへ渡った。この西方へ伝播したモモは、果肉が黄色くなり黄桃として発展する。現在、最大生産地はカリフォルニアで、黄桃の缶詰を世界に供給している。

　一方、中国から東回りで明治時代に伝わった天津水蜜桃や上海水蜜桃から、滴り落ちる果汁と柔らかな果肉を持つ日本独特の白桃が生まれた。現在の日本のモモは、ほとんど白桃の血を引いている。

　また、英語のピーチ（Peach）、フランス語のペシェ（Pêche）の語源は、ペルシャで発展したモモの学名ペルシカ（Persica）からきている。

　国内で人気が高いのは、白鳳と白桃だろう。購入時は、左右対称で、形がよく、押し傷等がないものを選ぶとよい。食べごろはひっくり返して、花落ちの部分まで色が回っていればよい。また、完熟すると香りが強くなるので匂いで見分けもつく。冷やしすぎは甘みが落ちるので、冷蔵庫に入れっぱなしの状態にはしない

ほうがよい。

ザクロ (Pomegranate)

　ペルシャ原産といわれ、古代ペルシャからエジプトに、さらに北上してギリシャからヨーロッパ一円に広まった。一方、東に進んだザクロは、インドを経て中国へ、日本へは平安時代に渡来したといわれる。もっとも日本では、食用に供することはなく、もっぱら観賞用として栽培されてきた。

　主産地は地中海沿岸で、アメリカのフロリダ州などでも生産されている。日本には、フロリダ産のものが、10～2月にかけて輸入される。

　ザクロは、熟してくると果皮が割れ、赤い小粒の果肉が見えてくる。欧米では、400～500gもある大型の種類もある。そのまま食べたり、デザートやサラダに、また、果汁を絞ってオレンジ・ジュースやレモン・ジュースに混ぜたり、また煮詰めてシロップ（グレナデン・シロップ）などにと、いろいろな加工の仕方がある。

オリーブ (Olive)

　地中海沿岸原産で、紀元前2千年には、オリーブの油を利用していたといわれる。スペイン、イタリア、アメリカが主産地で、日本でも香川県の小豆島や広島県、岡山県でも栽培されている。

　オリーブは、未熟な身は青く、熟すに従い黄色みを帯びてきて、完熟すると黒紫色になる。塩漬けやピクルス（酢漬け）にして缶詰やビン詰めにしたり、良質のオリーブ油は食用の他、工業生産品にも利用される。

　カクテルのデコレーションに使われるグリーン・オリーブは、未熟な青い実の種を取り、赤いピメント（赤ピーマン）を詰め塩漬けしたスタッフド・オリーブだが、種ありのグリーン色をしたものや、熟した黒い実のブラック・オリーブもある。

4　砂糖類

上白糖

　結晶が細かく、ややしっとりとした触感を持つ。日本独特の砂糖で、世界で生産される量の半分を日本で生産している。一般的には白砂糖と呼ばれ、吸収性が高いため、用途は広い。ただ、カクテルに使う場合は溶けづらいのが難点である。アメリカではソフト・シュガーと呼ばれる。

グラニュ糖

　白粗目（白ザラメ）を粒状に粉砕した砂糖の種類で、グラニュ糖とは、グラニュレーテッド・シュガー（Granulated Sugar）からの名称である。精製度は99.8％と高く、純粋なショ糖の結晶といえる。カクテルのスノー・スタイルに使うと、キラキラと輝いて見える。

　熱いコーヒーや紅茶には溶けやすいが、結晶が大きいためカクテルに使うのには溶けづらいのが欠点である。あらかじめシュガー・シロップにして使用するとよい。

上双目（じょうざらめ）

　白ザラメの中で特に純度の高いものをいう。グラニュ糖とほぼ同じ純度で、クセのない甘みがある。グラニュ糖同様、低温では溶けづらい。

粉糖（パウダー・シュガー）

　グラニュ糖、あるいは白ザラメを乾燥後、粉砕し、ふるいにかけて繊細な結晶にしたもの。水や酒にも溶けやすく、カクテルには使いやすい。

角砂糖（キューブ・シュガー）

　上白糖に無色透明で濃厚な樹液を加え、角型に固めたあと、乾燥させたもの。純度は高い。形状がいびつなものや、ブラウン・タイプなどいろいろな角砂糖がつくられている。

5　シロップ類

　シロップとは、英語のシラップ（Syrup）の訛ったもので、フランス語ではシロ（Sirop）という。砂糖を水に溶かし込んだ樹液や、それに果汁、エッセンス、着色料などを加えた甘味液の総称である。

シュガー・シロップ（Suger Syrup）

　水と砂糖だけでつくられ、シロップの中ではもっとも基本的な形態のもの。シンプル・シロップ、プレーン・シロップともいわれる。

　自家製でつくる場合は、グラニュ糖1kgに、720mlの水を溶かし込む。ミキサーで攪拌し溶かすもいいし、熱湯で溶かし、冷ましてから使う場合もある。その際、鍋などで加熱しすぎると、砂糖が熱によりカラメル臭を帯びることがあるので、決して沸騰させないことが大事となる。

ガム・シロップ (Gum Syrup)

砂糖の結晶化を防ぐため、シュガー・シロップにアラビア・ゴムの粉末を加えたことにより、この名が付いた。市販されているものは純度の高いグラニュ糖を原料とした濃厚でクセのない良質のシュガー・シロップで、ゴムは使用されていない。

グレナデン・シロップ (Grenadien Syrup)

シュガー・シロップに、ザクロの風味をつけた赤色のシロップで、エッセンスと着色料だけでつくられた無果汁のものと、ザクロの果汁を加えたものとが市販されている。最近では、シュガー・シロップに自分で絞ったザクロの果汁を加え、自家製のグレナデン・シロップをつくる店も増えている。

フレーヴァード・シロップ (Flavored Syrup)

シュガー・シロップに、天然または人工のエッセンスでフルーツや草根木皮などの香りをつけた各種シロップの総称である。グレナデン・シロップは、その代表格であるが、他にもいろいろなものが市販されている。メープル・シロップは、カナダ産の砂糖楓（メープル）の樹液を煮詰めたもので、これだけは天然の糖液である。

世界各国でこうしたフレーヴァード・シロップは市販されているが、中でも、歴史のあるモナン・シロップは、1912年にフランスのブールジェで生まれ、1930年から各国へ輸出が始まった。新鮮な原料を使用したハイ・クオリティのシロップで、ラインナップもバラエティー豊かで、ノン・アルコール・カクテルの素材としても、また、カクテルの脇役としてもバーテンダーに支持を受けている。

6　氷

現代的コールド・カクテルの調製上、欠かすことのできないのが氷である。氷を使う目的は、飲みものを冷やすことは勿論だが、飲みものには温度による味があり、コールド・カクテルは、その温度によって味わいが変わることを知っておきたい。

冷やす場合、一般的に人間の体温マイナス25〜30℃がおいしいと感じる温度帯だ。この温度に冷やすためには、氷の質、タイプ、量などに気を配り、適切なおいしい温度にして提供する必要があるといえる。

ブロック・オブ・アイス (Block of Ice)
　約1kgの氷の塊のこと。一貫(3.75kg)の氷を三つぐらいの大きさにしたもので、パンチなど、大量に飲みものをつくるときに使う。

ランプ・オブ・アイス (Lump of Ice)
　ブロック・オブ・アイスを、アイス・ピックを使い、握りこぶしぐらいの大きさに割ったもの。オン・ザ・ロックスなどの際に使う。最近では、包丁やアイス・ピックで丸く削って使用することも多い。

クラックド・アイス (Cracked Ice)
　直径3～4cmにアイス・ピックで割った氷のことで、シェークやステアなどの調製の際に使用することが多い。溶けにくいように角がないよう割ることが重要である。もちろん、グラスに直接つくるビルドの技法の際にも使う。

キューブ・アイス (Cube Ice)
　市販の製氷機でつくられる氷の大きさ。ほとんどは3cmくらいの立方体にできあがるようになっている。タンブラーやコリンズ・グラスなどに使うことが多い氷だが、シェークやステアにも使われる。製氷機の氷を使うとき大事なのは、氷の硬度(固さ)を調製することである。氷の中央に穴が開いているようでは、氷が柔らかく、カクテルは水っぽくなる。

クラッシュド・アイス (Crushed Ice)
　クラックド・アイスやキューブ・アイスを粒状に砕いたもので、手動式、あるいは電動式のアイス・クラッシャーでつくる。少量つくる場合や、前述のクラッシャーがない場合は、乾いたタオルなどに氷を入れ、アイス・ピックの柄などで叩いてつくることもできる。

チップド・アイス (Chipped Ice)
　細かく粉々にした氷。クラッシュド・アイスと同義語と考えてよい。

シェーブド・アイス (Shaved Ice)
　クラッシュド・アイスよりも細かく、カキ氷に使われるような薄く削った氷のこと。シェープド・アイス(Shaped Ice)ともいう。カクテルだけでなく、冷たいオードブルなど、視覚に訴える料理などにも使う。

FACILITIES OF BAR
バーの設備(機器)・器具

Ⅰ バーの設備

1 設備の種類

　バーのあり方の根源は、酒やカクテルを主な商品として、客に快適な空間を提供することである。
　そのためには、店舗力、商品力、サービス力の三つの力がいずれも優れていることが必要となる。そのどれかひとつでも力不足を起こせば、即、経営不振を起こし、客離れが始まる。

<経営不振の要因>
　　　店舗‥‥‥　みすぼらしい外観、みすぼらしい内装、欠陥設備・機器、まずいレイアウト
　　　商品‥‥‥　魅力のないメニュー、まずい仕入れ、まずい商品、商品管理不備
　　　サービス‥　まずい接客、人手不足、待たせる

　などの要因を克服することにより、客のニーズに応じた快適空間を提供しうるバーをつくることができる。
　一方では、従業員の働きやすい快適空間も必要である。こうした二つの面から、バーにはどんな設備や機器が必要かを検討してみたい。
　バーにおける設備としては、
　　①照明設備
　　②音響設備
　　③カウンター回りの設備
　　④厨房回りの設備
　　⑤給排水設備
　　⑥空調設備
　　⑦その他（レジ、テーブル、イス、OA機器など）
　などがあるが、中でもバーテンダーが実際に働く空間スペースの③のカウンター回りと④の厨房回りの設備にポイントをおいて述べていきたい。

2　設備調達のポイント

設備調達にあたっては、次の手順を踏んで決定するとよい。
　①客層を読む（利用動機＝モチベーションを読む）。
　②メニューを決定する。
　③決定したメニューをおいしく、クイック・サービスのできる機器を探す。
　④省力化できるところを洗い出し、それに合った設備を考える。
　⑤ランニング・コストの低減を図れる設備を探す。
　⑥従業員の使いやすさ、動線計画に無理のないものを選ぶ。
　⑦なるべくファッション性のある新しい機器で、アフター・ケアーのよいものを選ぶ。

　新しい店舗を開店するとき、設計事務所では、カウンター内部や厨房は後回しにし、外装や内装など、客にアピールする部分から決めていくことがあるが、まずは、店の心臓部であるカウンターや厨房スペースにどのような設備を導入するのかを決定するのが先決問題である。それにより、バー本来の機能である、よい商品をより最適な状態で客に提供するという大事なポイントを克服することができるようになる。

　十分に店のコンセプトを説明し、一方的な売り込みを黙認せず、リストをチェックし、必要なものとそうでないものをよく話し合い、じっくりと決めるべきある。また、機器だけでなく、カウンター回り、厨房回りの関連として排煙スペース（排煙上有効な窓の開口部）、設備の容量不足（電化製品増設のための経路確保）なども、複合テナント・ビル（貸事務所＋貸店舗のビル）の場合、十分な注意が必要である。

3　カウンター回りの設備

コールド・テーブル（テーブル型冷凍冷蔵庫）
　横に長い床置き式の冷凍冷蔵庫である。奥行き 600mm ×高さ 800mm のものが広く出回っている。これをバー・カウンターの下に設置し、上面を作業台にしたり、バック・バーの酒棚の下に設置し、上部に酒棚をはめ込む。ただし、バック・バーの下に設置した場合は、コールド・テーブルからの熱が酒棚に熱伝導するので、棚材の材質には十分考慮する必要がある。

こうすることによって、冷凍冷蔵庫スペースを広く取ることができ、グラスの冷却、ビール、ワインや、炭酸飲料、乳性飲料などのミキサー類の冷却、果実や冷菓の冷却が余裕を持って行える。また、ガラス張りのものを導入すれば、リーチ・インの効果もあり、提供商品に対する店の姿勢を客にアピールするという付加価値も生まれる。これからのバーにおいては、カウンター内に設置したい必須アイテムといえる。

リーチ・イン冷蔵ショーケース

酒販店などで、ビール、清涼飲料を冷やして売っている前面ガラス張り（全面ガラス張りの塔型もある）の冷蔵ケースである。バーでは、カウンター内や店内に設置し、ワイン、スピリッツやデコレーションに使用するフルーツなどを冷やしてディスプレイすれば、POP としての効果も増大する。

また、最近はバーにおけるワインのウエイトの高さから、ワイン専用の冷蔵ケースも大小出回っており、扱いアイテム数に合わせて、積極的に検討したい設備・機器といえる。

ワイン・ディスペンサー

開栓されたワインのボトル内に窒素ガスを充満させることにより、ワインの酸化を防ぎ、ワインのグラス売りを可能にした装置である。

バーの商品としての重要度を増しているワインのことを考えるならば、必需品といえるが、ある程度のアイテム数を扱わない限り、スペース的にも無理があるし、商品的にもロスが出る場合もある。

製氷機

バーと氷は切っても切れない密接な結びつきがある。その氷は、製氷会社のつくる大きな板氷（1 枚 16 貫 = 60kg）を割って使う店と、店内に設置した製氷機がつくり出すキューブ・アイスを使う店とがある。

前者の場合、氷を適当な大きさに割るという労力が必要だが、氷そのものの結氷力が強く、解けにくい氷ということができる。後者は、形が定型なので、割る技術や労力が省力化できる。どちらの方法を採用するか、あるいは、利用目的により両方導入するかは、店のコンセプトなりポリシーによる。

もし、製氷機を設置する場合、機種の選択ポイントは、
　　①空冷式か水冷式か（ランニング・コストを見極める）
　　②できあがる氷の形状
　　③営業ピーク時の製氷能力（ストック量も含む）

④機種のアフター・サービス態勢が整っているか（日・祭日の故障時の対応が可能かどうかなど）

の4点である。

　近年は、カクテルやオードブルにもクラッシュド・アイスを使うことが多くなってきている。クラッシュド・アイスは、かち割り氷やキューブ・アイスをアイス・クラッシャーで割ることによりつくることが可能だが、繁盛店では、労力に余裕のない場合もあり、使用量の多い店では、初めから自動式のクラッシュド・アイス・メーカー（フレーク・アイス・メーカー）を設置したほうがいい場合もある。

バー・バルブ（バー・ガン）

　ホースの先の抽出口にいくつかのボタンがついていて、片手でボタン操作ができ、水、ソーダ、炭酸飲料などが冷たい状態で噴出するバー設備である。5種類、あるいはそれ以上のドリンク類を、能率よくスピーディーにサービスできる。ガス圧は、ガス調整機のバブル操作で加減できる。ある程度規模も大きく、メニュー上必要を感じるような店舗では、十分に活用可能な機器といえる。

グラス・フリーザー

　グラスを−10℃以下に凍らせて、霜降り状にしておく装置のこと。コールド・テーブル内にグラス冷凍スペースが取れないときに導入を考えるとよい。カクテル提供の上での演出効果を考えると、かなりの付加価値を高めることができる。

4　厨房回りの設備

　本来、バーは酒やカクテルをメインとして売るところだが、単なるおつまみとは言い切れない気の利いた一品料理は、バーの商品としてウエイトが増している。

　そのためには、カウンターの片隅のレンジだけでは対応に無理が出るし、これからは、厨房設備も店舗ディスプレイのひとつとなり、客の目を楽しませる効果も出て、カクテル調製同様に、料理づくりも客の商品への期待感を増幅する。

　そうした設備・機器としては、ガス・レンジ（IHクッキング・ヒーター）はもちろんのこと、電子レンジ、オーブン、保温器、保冷器など厨房スペースとメニューを考慮して検討していく必要がある

　また、グラス洗浄機同様、食器洗浄機の導入も単純労働からの脱却という面から必要度が増してくるといえる。

II　バー・ツール

1　カクテル調製器具

　酒およびカクテルを手際よく、おいしく提供するためには、昔から伝統的に使われてきたツール（道具）の他に、近年開発された新しいツールも積極的に揃える必要がある。
　そして、これらのツールはすべて、おいしく酒やカクテルを楽しむという目的のために考えてつくられた無駄のないツールばかりである。当然、もっとも重要なポイントは、清潔に保つということである。
　現代のバーに必要なツールをあげてみよう。

シェーカー (Shaker)

　混ざりにくい材料をよく混ぜ合わせ、同時に冷たくするための器具である。素材はニッケル・シルバーやガラス製、最近ではシェークするといい音が出るチタン製もあるが、ステンレス製のものが広く出回っていて、実用的でもある。大きさは各種あるが、扱いやすさからいって中型のものが一般的といえる。
　トップ(Top)、ストレーナー(Strainer)、ボディ(Body)の三つの部分からできている。ボディに材料と氷を入れ、ストレーナー、トップの順ではめる。シェークしたのち、トップをはずし、ストレーナーを通して中の酒を注ぎ出す。
　シェーカーの形状は、ファッション性に優れたものなどいろいろだが、大型のものとしては、ボストン型シェーカーと呼ばれているものがある。これは大型のメタル・カップと大型のグラスの二つからなっているもので、初めグラスの部分に材料と氷を入れ、メタル・カップをかぶせてシェークし、氷を押さえるストレーナー（後述）をメタル・カップにはめて中の酒を出す。欧米では主流となっていて、大型のため演出効果を考えると迫力があり、日本でも店舗形態によっては使うところも出てきている。

ミキシング・グラス (Mixing Glass)

　別名バー・グラス(Bar Glass)とも呼ぶ。酒と酒など、混ざりやすいもの同士の組み合わせや、素材の味を活かしたいとき、色彩を鮮やかに仕上げたいときなどのカクテル調製に用いる。シェークするよりも、酒や副材料の本来の味が強調

できる調製器具である。

　厚手のガラスで大型につくられており、内側の底の部分が丸みを持っている。大きめの氷と材料を入れ、グラスの内側に沿ってバー・スプーン（後述）を回し、ストレーナーをはめ、飲用グラスに注いで提供する。

　アメリカでは、ボストン型シェーカーの大型メタル・カップか、こちらの大型グラスのほうかを、好みによって使っている。

バー・スプーン (Bar Spoon)

　材料を混ぜるために使う、柄の長いスプーンで、中央部が螺旋状によじれている（最近は左利き用も開発されている）。これによって何回もスムーズに回転させることができるので、ミキシング・グラスでカクテルをつくるときや、ビルド（後述）でつくるときには、なくてはならないツールになっている。

　また、一方の端がフォーク状になっているが、これは、ビンの中のチェリーを取り出したり、レモン・スライスをのせたり、いろいろな用途に使われている。

　バー・スプーンは入れるときも出すときも、スプーンの背を上に向けて、氷にぶつからないように注意する。また、スプーンは茶さじの大きさにつくられているので、カクテル・ブックのレシピに「茶さじ（tsp. ＝ ティー・スプーンの略）何杯」と指定してあるようなときは、このバー・スプーンで計量すればよい。

ストレーナー (Strainer)

　ヘラ型をした平らなステンレス板に、螺旋状のワイヤーを取り付けたもの。ミキシング・グラスの縁にはめ、中の氷や果物の種や果肉などがグラスの中に入るのを防ぐのに用いる。ストレイン (Strain) とは、「濾過する」という意味である。

　氷とカクテルが同居しているミキシング・グラスやシェーカーの中から、カクテルだけを濾過して注ぎ出す役目をすることから、そのような名前が付いた。

メジャー・カップ (Measure Cup)

　酒やジュースの分量を計るために用いられる金属製のカップである。30mlと45mlのカップが背中合わせになっているものが一般的で、バーでの利用価値も高い。他にも15mlと30ml、30mlと60mlを組み合わせたものもあるが、一般的ではない。

　なお、日本ではメジャー・カップのことをジガー・カップというところもあるが、これは誤った和製英語であって、英語ではこういう言い方はしないので注意したい。

スピンドル・ミキサー (Spindle Mixer)

　アメリカで開発された電動式シェーカーで、大きなメタル・カップに材料を入れて、スピンドル・ミキサーに装着すると、小型プロペラがカップの中で自動的に急速回転し、材料と氷を素早く混ぜ合わせることができるようになっている。グラスに注ぐときは、カップにストレーナーをかぶせて注ぎ出す。

　作業時間がシェーカーでつくるより短くて済むが、プロペラの回転力により、シェーカーでつくるよりも細かな浮遊性の氷ができるのが難点である。フレッシュ・クリームをホイップするときなどにも使える。

　スピンドル・ミキサーを使うときのポイントは、使用する氷の大きさが1.5cm角ぐらいのチップド・アイスと呼ばれる形状の氷を使うことで、そうでないとうまく仕上がらない。

ブレンダー (Blender)

　日本でいうミキサーのこと。アメリカではミキサーとはいわず、ブレンダーといっている。カクテル・ブックなどのレシピにある Mixer は、スピンドル・ミキサーのことではないので混同しないこと。ブレンダー使用の場合は、Blend とレシピに表示されている。

　アメリカから流行し始めたフローズン・カクテルやスムージーなどは、日本だけでなく世界的に広まっており、こうしたカクテルをつくるときには、不可欠なツールである。音が少々騒々しいが、バーにとっては必需品のひとつと考えたい。

2　その他の器具・備品類

アイス・クラッシャー (Ice Crusher)

　クラッシュド・アイスをつくるためのもので、手動式のものと、電動式のものとがある。自動フレーク・アイス・メーカーを設置していない店では、どちらかが必要である。

アイス・シャベル (Ice Shovel)

　氷をすくうためのシャベルのこと。クラックド・アイスやキューブ・アイスをすくうためのやや大型のものと、クラッシュド・アイスをすくうための小型のものの2種類は揃えておきたい。

アイス・トングズ (Ice Tongs)

　アイス・トングという人もいるが、Tongs はつねに複数形を用いるから、ト

ングズ、あるいはトンズと呼ぶのが正しい。氷挟みのこと。氷を挟みやすいように、先がギザギザになっている。ステンレス製で、バネの復元力の強い、しっかりとしたものを選びたい。

アイス・ピック (Ice Pick)

カクテルに不可欠で、もっとも重要といわれる氷を砕くのに使用する錐のことである。錐の部分が一本のヤリになったもの、二股になったもの、三股になったもの、また、錐の長さが長いもの、短いものなどスタイルはいろいろとあるが、把手の部分の重さを利用して氷を割るため、長い一本のヤリ状のものが扱いやすい。

氷を割るときには、錐の先の部分を握り、2cm ほど先を手から出し、把手の淵に親指をストッパー代わりに当てて使う。把手の部分の突起物は、角張った氷の表面を滑らかにするときに使う。

アイス・ペール (Ice Pail)

アイス・バケツ (Ice Backet) ともいう。割った氷を入れておく器具で、解けた氷の水分を切るための中敷が付いているものが便利である。金属製、陶器製、ガラス製、プラスチック製などがあり、店の雰囲気に合わせて選ぶとよい。ジャー・タイプのフタの付いているものは、空気に触れないため、氷が解けにくい。

エスプーマ・マシーン (Espuma Machine)

爽快な泡の刺激が楽しめる新感覚調理マシーン。卵白や生クリームを使わずにフルーツやアルコールなど、食材に CO_2（炭酸ガス）を直接添加することで、カクテルをムース状にする。軽い口当たりの泡状のカクテルをつくってくれる。

オープナー (Opener)

ビールや炭酸飲料などの王冠を抜くときに用いる栓抜きのこと。缶入りの果汁やフルーツ、オードブル材料などを開缶するときに使うのはカン・オープナー (Can Opener)。オープナーと一緒になっているものが多いが、できれば専用のものを用意したい。

カクテル・ピン (Cocktail Pin)

カクテルの飾りやオリーブ、チェリーなどに刺し、それらをつまんで食べやすいようにしている楊子状のピンのこと。形状、デザイン、材質などいろいろだが、先が鋭利な金属製のものはデザイン的には優れているが、危険性も伴う。口に入れることを考えればプラスチック製が無難である。

グラス・タオル (Glass Towel)

グラスを拭くのに用いる布のこと。グラスをきれいに磨きあげるには、生地に必ず麻が入っているものが理想だが、最近では新素材の優れたものも出回っている。長さは70cmのものが一般的である。

グラス・ホルダー(Glass Holder)

タンブラーにはめる金属製の把手のこと。ホット・ドリンクをタンブラーにつくった場合、タンブラーの外肌が熱くなって持てないので、これをタンブラーの底にはめて、熱が手に伝わらないようにする。最近は耐熱性のグラスも多くあり、グラス・ホルダーを使わない場合もある。

コースター(Coaster)

グラスの下に敷くマットのこと。グラスから水滴がたれてくるので、ある程度吸水性のあるものが理想である。

コルクスクリュー(Corkscrew)

いろいろなコルクスクリューが出回っているが、プロのバーテンダーが客の前で使うのは、テコの原理を応用して抜くテコ型のコルクスクリューが理想的。しかし、力のいらないことを考えれば、スクリュー・プルなども使いやすい。

シャンパン・ストッパー(Champagne Stopper)

シャンパン(スパークリング・ワイン)を開栓後、その炭酸ガスが逃げないよう、ボトルの口を密閉できる器具である。これにより、バーでもシャンパンなどの発泡性ワインのグラス売りが可能になり、さまざまなシャンパン・カクテルの販売も可能になった。

スクイザー(Squeezer)

柑橘類のレモン、オレンジ、ライム、グレープフルーツなどからフレッシュ・ジュースを絞るときに用いる器具である。中央に、螺旋状の突起があり、胴切りしたフルーツの実をここに押し当て、ジュースを絞る。ガラス製、プラスチック製、陶器製などがある。大型で重量感のあるガラス製のものが使いやすいが、量を必要とする店などでは、カウンターに装着できる大型の圧縮式のものも使いやすい。

どれを使うにしても、無理矢理押しつぶすのではなく、全体にバランスのとれた力を加え、果皮からの余分な油や果肉を絞り出さないようにするのがコツである。

ストロー(Straw)

正式には、ドリンキング・ストロー(Drinking Straw)という。クラッシュド・

アイスを使ったカクテルには必需品である。材質はいろいろなものがあるが、グラスの大きさやカクテルのイメージに合わせて使いたい。

なお、細身の短いストローは、カクテルを飲むためというよりも、カクテルを混ぜるために利用されることが多いので、ステアリング・ストロー（Stiring Straw）と呼ぶ。

ビターズ・ボトル（Bitters' Bottle）

ビターズを入れるガラス製のボトルのこと。小型で下部がタマネギ状になっているものが多く、上部には金属製の口が付いている。

ペティ・ナイフ（Petit Knife）

刃渡り18cmくらいまでの小さな包丁のこと。フルーツのカッティングや料理の素材のカッティングなどに使用する、手にしっくりとするものを1本は用意したい。パイナップルなど大きめのフルーツを使うことが多い店では牛刀も用意したい。

ポアラー（Pourer）

キャップをはずしたボトルに差し込んで使う替え注ぎ口のこと。出てくる液体の量をコントロールできるので便利である。一日の業務が終わったら、ポアラーはビンからはずし、元の栓をしておくこと。また、ポアラーは使用前によく洗浄し、清潔にしておくのは当然である。フレア・バーテンディングで使用するポアラーも同様に考えたい。

ペストル（Pestle）

フルーツやミントの葉などをシェーカーやグラスの中で潰すツール。金属製や木製などがあるが、衛生上から考えると金属製が好ましい。先端にギザギザが付いていて潰すことが可能になっている。

マドラー（Muddler）

カクテルを混ぜたり、カクテルに入っている砂糖やフルーツの果肉を潰すのに使われる棒のこと。木、ガラス、プラスチック、金属など材質はいろいろある。冷たい飲みものには好みのものでよいが、ホット・ドリンクには、木やプラスチックは、臭いがつくのでふさわしくない。

ロング・スプーン（Long Spoon）

柄の長いスプーンのことで、ホット・ドリンクなどに用いられる。金属製のものが一般的である。

III　バーのグラス学

1　ガラスの歴史

　ガラスの起源は、紀元前24世紀以前に地中海に近いアルレのナーマン川の畔で、ソーダの結晶で焚火のかまどをつくったとき、偶然にガラスができたとされている。その後、紀元前16世紀ごろには、エジプトやメソポタミア地方でコア・グラスと呼ばれる粘土でつくった型の外側にガラスを巻きつけて、ガラスが冷めて固まったところで、内側の粘土を壊してガラス器（グラス）づくりが始まる。この当時のグラスは、ほとんど高価な装飾品として扱われ、不透明な色のグラスだった。

　装飾品から器としてのグラスが登場するのは、紀元前1世紀ごろに地中海を中心に始まったローマン・グラスの「吹き」技術が発明されてからである。この技術は、1mぐらいの鉄のパイプの先にガラス生地を巻きつけ、風船を膨らますように口で吹いて器を作る技術で、さまざまな形のグラスがつくられ、グラス生産を大きく前進させることとなる。

　3～5世紀ごろにはササーン・グラスと呼ばれるカット・グラス（切子の始まり）が登場、円形模様のカットなどもつくられた。日本の正倉院の白琉璃碗はその典型的な形といわれる。

　さらに、7世紀ごろからは、イスラム・グラスと呼ばれるササーン・グラスにペインティングなどの加工技術がなされたグラスが登場する。

　現在のような無色透明で、グラス素材にソーダ、カリ、酸化鉛などを使ったグラスが登場するのは、10～13世紀ごろのソーダ・ライムを使ったベネチアン・グラスが生まれてからで、これはイスラム・グラスの影響を受け、華やかな装飾と高度なガラス工芸技術を駆使したものである。

　17世紀になるとボヘミア地方で、カリを使った良質の無色透明なグラスが登場し、さらに、1673年にはイギリスで酸化鉛を加えて美しい輝きを放つ鉛クリスタル・グラスが発明され、またステム（脚）を細く優美にした食卓用のグラスも広まりだした。

　さらに、20世紀になると、アメリカに新しいグラス工業がスタート。サンドイッチ・グラスと呼ばれるプレス・グラスの量産技術が発明され、ローマン・グラス

時代以来の吹きグラス技術と共存時代を迎えることになる。

一方、19世紀末のヨーロッパの工芸美術界ではアール・ヌーボー運動が起こり、エミール・ガレ、ラリック、ヴェニーニなど現在よく知られているブランドが続々と誕生している。

現在、日本で手に入るブランドの代表的なものとして、フランスのサン・ルイ (Saint-Louis)、バカラ (Baccarat)、ラリック (Lalique)、ドーム (Daum)、クリスタル・ダルク (Cristal d'Arques)、ドイツのパイル (Peill)、テレジアンタール (Theresienthal)、ローゼンタール (Rosenthal)、アイルランドのウォーターフォード (Waterford)、フィンランドのイッタラ (Iittala)、スウェーデンのコスタ・ボダ (Kosta Boda)、オレフォス (Orrefors)、ポルトガルのアトランティス (Atlantis)、オーストリアのリーデル (Riedel) などがある。

これらのブランドは、デザイン的に次のような関係にある。

ブランドデザインの分類

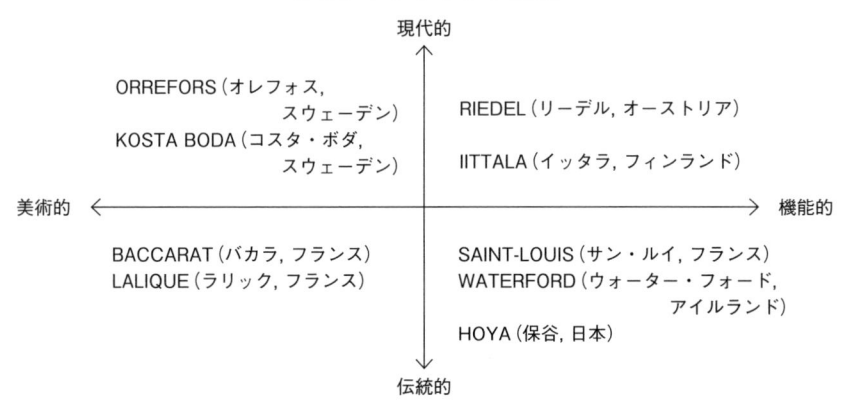

```
                          現代的
                            ↑
    ORREFORS(オレフォス,
              スウェーデン)     RIEDEL(リーデル, オーストリア)
    KOSTA BODA(コスタ・ボダ,
              スウェーデン)     IITTALA(イッタラ, フィンランド)
美術的 ←─────────────────────┼─────────────────────→ 機能的
    BACCARAT(バカラ, フランス)  SAINT-LOUIS(サン・ルイ, フランス)
    LALIQUE(ラリック, フランス) WATERFORD(ウォーター・フォード,
                                        アイルランド)
                             HOYA(保谷, 日本)
                            ↓
                          伝統的
```

2　グラスの材質

グラスも、カクテルを引き立てる脇役としてのウエイトが高くなっている。ハイ・グレードなバーのサービスを目指すならば、グラス・デザインばかりでなく、その材質面にもこだわりを持って対応すべき時代になったといえる。

グラスの材質は、ガラスの歴史の項でも述べたように、ソーダ・ライム、カリ、酸化鉛の三つに大きく分類することができる。

ソーダ石灰グラス（ソーダ・ライム・グラス）

　珪砂、酸化ナトリウム（ソーダ灰）、酸化カルシウム（石灰石）でつくられる。歴史的にも古く、通常のグラスは、ほとんどがこのタイプである。酸化するとグラスに青みがつき、中に注いだ酒の色合いが鈍くなる。

ボヘミアン・クリスタル・グラス

　珪砂、酸化カルシウム（石灰石）、酸化カリウムでつくられ、科学的な耐久性はソーダ石灰グラスよりもあり、色の変化も少ない。ある程度の透明感もある。

クリスタル・グラス

　最高純度の原料を使うため透明感が強く、成分に酸化鉛（鉛丹、えんたん）を含むので重量感がある。主成分は酸化鉛の他に珪砂、カリ。生まれてくるグラスは、屈折率が大きいため、カットしたときに輝きがすばらしい。指で弾くと独特の澄んだ金属音がするが、耐熱性があるとか強度があるということではない。

　国際的には酸化鉛の含有率が24％以上のものを、クリスタル・グラスと呼んでおり、わが国のガラス・メーカーもその基準に沿ってつくっている。

　なお、国産グラスで、セミ・クリスタル・グラスといっているのは、酸化鉛の含有率が8〜12％ぐらいのものをいう。

（パーセントは標準数値を表します）

ソーダガラス（普通のガラス）
- その他（副材料）......10％
- 石灰......5％
- ソーダ灰......15％
- 珪砂......70％

クリスタルガラス
- その他（副材料）......10％
- カリ......10％
- 酸化鉛......24％以上
- 珪砂......55％

3　グラスのタイプと選び方

ウイスキー・グラス（Whisky Glass）

　ショット・グラス（Shot Glass）ともいう。ショットとは、「一杯」の意味。いわば、これはウイスキーを一杯売りするときに主として用いられることから、そういう名前が付いたわけである。また、別にストレート・グラス（Straight Glass）という名称も付いており、これはウイスキーをストレートで飲むときに使われる

からである。

　大きさは、シングル（Single、30ml）と、ダブル（Double、60ml）の2種類がある。

　凝ったデザインのものも多く、客に合わせて、あるいは、注ぐ酒のイメージに合わせていろいろと揃えたいグラスである。

ロック・グラス（Rock Glass）

　正式には、オールド・ファッションド・グラス（Old Fashioned Glass）と呼ばれ、現在のタンブラーの原型と考えられている。古代から酒器として使われてきたデザインなので、オールド・ファッションド（古風な）・グラスという名称が付いたものである。

　口径が広く、大きな氷がそのまま入るため、ウイスキーやカクテルをオン・ザ・ロック・スタイル（On-the-rocks-style）で飲むときに広く用いられている。丸く削った氷を入れて楽しんでもらうことができるのも、このグラスならではのことである。

　また、アメリカや日本では、ロック・グラスと呼ばれることが多いため、本書でも、ロック・グラスという名称のほうを採用し、カクテル・レシピでもロック・グラスで表記してある。なお、容量は180〜300mlである。

タンブラー（Tumbler）

　通常、コップと呼んでいるグラスで、ハイボールやジン・トニック、ソフト・ドリンクに広く用いられ、バーの基本アイテムのひとつとなっている。使用頻度も高いため、他のグラスよりも数多く用意する必要がある。

　容量は、180〜300mlといろいろあるが、国際的には240ml（8オンス）入りのものが標準の大きさとなっている。

コリンズ・グラス（Collins Glass）

　円筒形の背の高いグラスで、チムニー・グラス（Chimney Glass、煙突型グラス）、トール・グラス（Tall Glass、背高グラス）とも呼ばれる。コリンズと名の付くカクテルや炭酸ガス含有のカクテルに使用される。容量は300〜360mlが標準である。

ジョッキ（Jug）

　ジャグと発音するのが正しいが、日本ではジョッキと訛って発音している。大型のものにはビール・ジョッキ、小型のものにはワイン・ジョッキがあり、小型のものは、アイス・コーヒーやパンチ・カップとしても使われる。

　ジョッキに似たデザインで、把手付きのマグ（Mug）があるが、これは金属製

か陶器製を指す名称である。

リキュール・グラス（Liqueur Glass）

　リキュールをストレートで飲むためのグラスで、ウイスキーやスピリッツ類をストレートで楽しむときにも使う。容量は 30ml が一般的である。できればリキュールの色を楽しむため、無色透明なものがよい。

　また、プース・カフェをつくるときは、このグラスを使用することが多いが、本来は、ポニー・グラスという、リキュール・グラスを少し細長くしたものを使う。

ブランデー・グラス（Brandy Glass）

　ふっくらと丸く、口のところがすぼまっているバルーン型の大型グラスである。容量は 180 〜 300ml ぐらいのものが多い。

　ブランデーをストレートで飲むときに使われるが、その他、銘醸ワインや、香りの高いハーブ系のリキュールなどにも使われる。

　ブランデー・グラスの、上部がすぼまっているのは、香りを逃がさないためで、スニフター（Snifter、匂いをかぐもの）という別名がある。

カクテル・グラス（Cocktail Glass）

　ショート・ドリンクに属するカクテル専用グラスである。形状は逆三角形の下に脚が付いたのが一般的だが、ソーサー型シャンパン・グラスのような丸みを帯びたものもある。注ぐカクテルの味のイメージで使い分けるとよい。

シェリー・グラス（Sherry Glass）

　スペイン産のシェリーを飲むときのグラスで、リキュール・グラスを一回り大きくした感じ。容量は 75ml 程度である。デザイン的には、シンプルなほうが、ウイスキーを提供するときなどにも使え、用途が広い。

シャンパン・グラス（Champagne Glass）

　シャンパンやスパークリング・ワイン、また、シャンパン・カクテルなどに使われ、口径の広いソーサー型と、細身で背の高いフルート型の 2 種類がある。

　ソーサー型は、パーティーなどでの乾杯用に使われ、口径が広いので泡持ちが悪く、食卓には向かない。標準は 120ml の大きさで、カクテルやデザートにも応用できる。フルート型は、口の部分が狭いので、ガスの逃げが少なく、グラスから立ち昇る泡を楽しみながら飲むことができる。

ワイン・グラス（Wine Glass）

　国や地方の風俗、あるいはワインのタイプ（色、味など）によって、いろいろな形、いろいろな大きさのものがある。

いずれも、長い伝統の中で育ってきたものとして尊重すべきだが、実際にはいろいろと揃えることは難しい。一般的に、バーでは次の条件を満たしているものが理想といえよう。

①ワインの色が楽しめるよう、無地、無色透明であること。
②チューリップのように、グラスの上部が内側にカーブしているもの。
③口径が6cm以上あること。
④容量は、240ml以上のもの。
⑤グラスの肉厚は、口元の感触の関係から薄手のもの。

こうした条件を満たしたグラスで、ワインを1/2ないし2/3ほど入れ、提供するのが理想とされる。

サワー・グラス (Sour Glass)

サワーという一種のカクテルを飲むためのグラスで、容量は120mlが標準である。日本やアメリカでは脚付きのものが一般的だが、底が平らなものもある。

ゴブレット (Goblet)

タンブラーに脚を付けたものと考えればよく、ビールやソフト・ドリンク、また、氷をたっぷりと使うカクテルなどに用いる。容量は300mlが標準だが、最近はもう少し容量の大きいものもある。

ビアー・グラス (Beer Glass)

ビール専用のグラスである。ピルスナー・グラスともいう。ビール・ジョッキ以外のグラスの中では、ビールの色、香り、泡立ち、味わいを楽しむのに適している。

グラスの選び方

バーでの各種グラスを選ぶ場合、まず第一に店の立場で選ぶか、客の立場で選ぶかの問題がある。

たとえば、逆三角形のカクテル・グラスひとつを考えても、次頁のような形状による印象の違いがある。

これらの印象の他にも、カットがあれば豪華に感じるし、カットがなければシンプルな印象を与えることもある。

つまり、さまざまな種類のグラス（たとえばカクテル・グラス）の中にも、いろいろな印象を与えるデザイン上の違いがあるので、このカクテルはこのグラスと決めつけず、そのカクテルを飲んでもらう客のイメージするカクテル・グラスは、

自分の店のストックの中のどれなのかを、バーテンダーのセンスと、その場その場の雰囲気で選んで使う必要があるわけだ。

そのためにも、ある程度、タイプの違う、あるいは違った印象を与える、いくつかの違ったデザインのグラスを取り揃える必要が出てくる。

選択のポイントとしては、

　①高級感、高品質化ということでブランド・グラス、アンティーク・グラスがいいか。

　②ブランド志向にこだわらない、ニュー・アイテムのグラスがいいか。

　③日本人的感覚を意識したナチュラル志向のグラスがいいか。

　④ハンド・メイドかマシーン・メイドのグラスか。

などがある。

グラスの形状	店側の受ける印象	お客側が受ける印象
背の高いグラス	不安定 壊しそう 倒しそう エレガント	きれい, 美しい おしゃれ 緊張感 高級感 どこを持てばよいか
背の低いグラス	安定感 丈夫 ラフ	あたたかさ かわいい 安定感 不格好
大きいグラス	満足感がある	
小さいグラス	少なく見える	
重いグラス	持ちにくそう	
軽いグラス	安価そう	

4　バーでのグラスのT.P.O.

　衣装にもフォーマル感覚のものと、カジュアル感覚のものがあるように、グラスにもフォーマル感を持ったもの、カジュアル感を持ったものがある。
　簡単にいえば、脚付き型グラスはフォーマル派で、平底型グラスはカジュアル派といえる。
　これは西洋の酒器の発達史と関係があるが、紀元前に生まれたビール、ワインを当時の人が、今の我々と同じグラスで飲んでいたわけではない。
　考古学的な発掘品から見ると、古代の人々は、家畜の角を酒器として利用していたと推定されている。その後、時代が進んで、青銅や粘土で酒器をつくる時代が訪れるが、酒器の出発が家畜の角だから、その後の酒器の形状もその形を踏襲し、口が狭く、背が高いデザインになった。
　さらに、角に似せ、しかも倒れないように脚を付けた形のものは、つくるのに手間がかかるので、酒器の中で高級品として扱われ、主として、神前用や高貴な人の専用酒器となった。
　一方、角の下部を手軽に切って、そこに底を付けた形のものは、製造に手間がかからず、量産がきくデザインなので、庶民の用いる大衆用となった。
　このように過去から受け継いできた酒器の文化が、現在のグラス・デザインにまで影響を与え、格調あるフォーマルな場では脚付き型のグラスが、また、気軽にワイワイガヤガヤするときには、気取らずに使える平底型のグラスのほうがその場の雰囲気にぴったりとくるのである。
　つまり、バーのグラスのT.P.O.の基本は、フォーマルな雰囲気を演出しているバーならば、すべからく脚付き型のグラスを使うべきで、カジュアルな雰囲気を醸し出しているバーならば、平底型のグラス中心でいいというわけである。
　そして、最近では、こうしたグラスの使用区分もだんだん薄れ、バーテンダーのセンスを活かしたグラスの選択がなされ、創意、工夫に満ちたグラスの使い方が行われるようになってきている。

5　グラスの手入れ、拭き方

　グラスは、中性洗剤をつけたスポンジできれいに洗ったあと、汚れていない熱湯に湯通しし、それを伏せてしずくを切る。次いでグラスの温もりが消えないう

ちに、麻か麻と綿の混紡(新素材も含める)の専用グラス・タオルでていねいに拭きあげるようにする。

グラス洗浄機を使って洗ったグラスでも、自然乾燥ではしずくのあとが残ってしまうので、必ず拭きあげるようにする。

また、拭きあげたグラスを収納する場合は、グラスを上向きにして置くのがプロのバーテンダーの仕事といえる。

これは、グラスは決して伏せた状態でデザインされたものではないからで、グラスの収納棚も店のディスプレイのひとつと考えれば十分納得できるはずだ。

なお、グラスの拭き方は、下記の要領で行う。

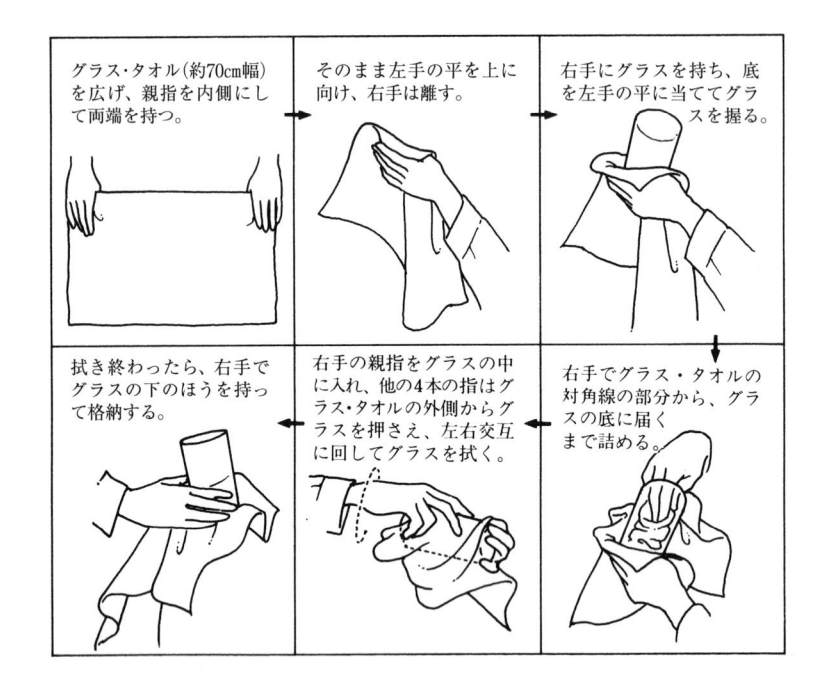

グラス・タオル(約70cm幅)を広げ、親指を内側にして両端を持つ。	そのまま左手の平を上に向け、右手は離す。	右手にグラスを持ち、底を左手の平に当ててグラスを握る。
拭き終わったら、右手でグラスの下のほうを持って格納する。	右手の親指をグラスの中に入れ、他の4本の指はグラス・タオルの外側からグラスを押さえ、左右交互に回してグラスを拭く。	右手でグラス・タオルの対角線の部分から、グラスの底に届くまで詰める。

BASIC TECHNIQUE of COCKTAIL
カクテルの基本技術

I　カクテルの定義と語源

1　カクテルの定義

　酒の飲み方は二通りの方法がある。ひとつは、そのまま飲むこと。これはストレートという。アメリカで生まれた言葉で、現在ではストレート・アップ（Straight Up）ともいう。酒そのものの味を生のままで味わうことができる。そして、こうした飲みものは、ストレート・ドリンク（Straight Drink）と呼ばれる。

　ちなみに、ストレートに氷を加える飲み方のオン・ザ・ロックスは、オーバー・ロックス（Over Rocks）、または、オーバー・アイス（Over Ice）ともいう。

　こうした飲み方に対して、氷や器具を使って、あるグラスに酒と何かをミックスしてつくる飲みものをミクスト（ミックス）・ドリンク（Mixed Drink）と呼ぶ。

　ところで、カクテルの定義だが、一般的な概念を知るために、手元の国語辞典などを開いてみると、「（数種）の洋酒に、香料、甘味などを混ぜ合わせて出す（食前の）飲み物」といった解説が載っている。要するに、ある酒に別の酒や、何かを加えて、新しい味を創作した飲みもののこととなる。

　つまり、「酒＋サムシング（something）」＝「カクテル」ということになり、「ミクスト・ドリンク＝カクテル」と考えていいわけである。

　カクテルはCocktailと綴る。人によってはコクテール、カクテール、あるいはコックテールなどとも書くが、いずれもCocktailを欧米人の発音に近いように表現したものと考えればよい。

　カクテルは、創作する人、つくる人、飲む人の工夫や好みによってさまざまな組み合わせが可能なのである。つまり、無限の可能性を持った飲みものという点がカクテルの特徴といえる。

　ところで、日本ではこのカクテルという言葉は、20世紀末から広まりだした全国チェーンの居酒屋におけるカクテル・メニューの浸透により、世代によりカクテルのイメージを大きく変えた。若い世代に見られるのは、それこそ「酒＋something」のパターンである、ロング・グラスにつくるワンタッチ・カクテルが、カクテルのイメージとして根強いのに対し、本格的なバーなどでカクテルを注文する世代は、カクテル・グラスなどによって提供されるショート・カクテルにカクテルのイメージを写している。時代により、世代により、店舗形態、飲酒モチ

ベーションにより、カクテルのイメージも変化しているということだろう。

2　カクテルの語源

　カクテルという言葉が、いつ、どこで、どのようにして生まれたのかは定かではない。メキシコ説、イギリス説、アメリカ説、フランス説といろいろ伝えられているが、どの説も定説とはなっていない。

　それらの諸説の中で、世界的な組織、国際バーテンダー協会（International Bartenders Association、略してI.B.A）が、テキストに載せているものをここでは紹介しておこう。

　『昔、メキシコのユカタン半島のカンペチェという港町に、イギリス船が入港したときのこと。上陸した船員たちがある酒場に入ると、カウンターの中で少年がきれいに皮をむいた木の枝で、おいしそうなミクスト・ドリンクをつくって、土地の人に飲ませていた。

　当時、イギリス人は、酒というものをストレートでしか飲まなかったので、それはとても珍しい風景に映った。一人の船員が、「それは何？」と少年に聞いてみた。船員は、そのドリンクの名前を聞いたつもりだったが、少年はそのとき使っていた木の枝のことを聞かれたのかと勘違いして、「これは、コーラ・デ・ガジョ（Cola de gallo）です」と答えた。コーラ・デ・ガジョとは、スペイン語で「オンドリの尻尾」の意味。少年は木の枝の形が似ているので、そうした愛称で呼んでいたのである。このコーラ・デ・ガジョを英語に直訳すると、テール・オブ・コック（Tail of cock）になる。これ以来、ミクスト・ドリンクのことは、テール・オブ・コックと呼ばれるようになり、やがてカクテル（Cocktai）となった。』

　その他の説としては、
①鶏尾説（アメリカ説）
　アメリカ独立戦争（1775〜1783年）たけなわのころ、ニューヨーク市の北にエムスフォードというイギリスの植民地があった。バー『四角軒』では、美女の経営者ベティー・フラナガンが、独立軍の兵士たちに酒をふるまい、力づけていた。
　ある日彼女は、反独立派の大地主の家に忍び込み、みごとな尻尾を持つ雄鶏を盗み出しロースト・チキンにして兵士たちにふるまった。兵士たちは、チキンを

つまみにして酒を飲み、さてもう一杯分おかわりをとバック・バーを見ると、ミックスされた酒のビンに雄鶏の尻尾が差してあった。そこで、兵士たちは、チキンの正体を知り、「カクテル万歳」と叫び、そのミックスされた酒を注文するときCocktail（カックテール）といって注文するようになった。これが「カクテル」の始まりである。

②ドック・テール説（イギリス説）

　イギリスの北イングランド、ヨークシャー地方では雑種の馬の尻尾を切って純血種の馬と区別していた。この尻尾を切った馬を指すドック・テールがコック・テールになったというもの。

　混ぜた飲みものを、雑種の馬になぞらえたというわけだが、この説を支持する人はヨーロッパに多いともいわれる。

③コクチェ説（フランス説）

　1795年、カリブ海の大アンティル諸島に属するイスパニョーラ島（La Hispaniola、現在、西側1/3をハイチ共和国、東側2/3をドミニカ共和国が統治）のサント・ドミンゴで反乱があったとき、アメリカに逃げてきたアントワーヌ・アメデ・ペイショーは、ニュー・オーリンズで薬局を開店した。彼の目玉商品は二つあり、ひとつはペイショー・ビターズ、これはカクテルにも入れられた。いまひとつは、ラムをベースにした卵酒である。

　当時のニュー・オーリンズはフランス人が多く、この卵酒のことをフランス語でコクチェ（Coquetier）と呼んでいた。

　このコクチェ、もともとは病人用の酒であったが、病人以外にもファンが増え、いつかこのコクチェ（卵酒）のような、混ぜた飲みもののことを「コクチェのような飲みもの、コクテール」と呼ぶようになった。

　このように、カクテルの語源はいろいろな説があるが、どれも絶対というものはない。

II　カクテルの歴史と変遷

1　カクテルの歴史

　先にも述べたように、もし、「カクテル＝酒＋something」ということなら、カクテルの歴史は古代ローマ帝国の時代まで遡ることになる。

　クセジュ文庫の『味の美学（Robert J.Courtine著、黒木義典訳／白水社刊）』は、古代ローマ人がワインに混ぜものをして飲んでいたことを述べ、「この混合はブドウ酒に対して悪い影響しか与えなかった。一番いいブドウ酒は非常にアルコール分が強く、また、濃かったので、壺から盃に移すとき、その沈澱物を漉してその場で水割りにしなければならなかった。もっともよく飲む人たちでも水で割っていた。そして、割っていないブドウ酒をこっそり飲むのは異常者か欠陥人間だけで、その人たちは現在のエーテル常用者のように非難されていた…」と書いている。当時のローマでは、ワインの水割りが市民の常識的な飲み方であって、この他にも石膏、粘土、石灰、大理石の粉、海水、松脂、樹脂などを加えて飲んでいたようだ。

　また、古代エジプトでも、ビールにハチミツやショウガ、ハーブなどを加えて飲んでいたようで、これらはチズム（Zythum）、カルミ（Calmi）、コルマ（Korma）などと呼ばれていた。

　こうしたワインやビールに何かを加えて飲むスタイルは、カクテルの原始的な姿と受け止めるべきで、当時はカクテルとはいっていなかったにすぎないと考えるべきだろう。

　くだって、紀元前640年ごろには唐でワインに馬乳を加えた乳酸飲料が飲まれていたと伝えられている。現在のヨーグルトを使ったカクテルのようなものであったに違いない。

　また、中世のヨーロッパ（12〜17世紀にかけて）では、冬季の寒冷化が起こり、冬の間は自然に飲みものを温めて飲むスタイルが普及した。

　14世紀ごろからの中部ヨーロッパは、ワインの生産量が多かったこともあり（17世紀には減少し、冬季はジャガイモからつくるスピリッツ、アクアビットも登場する）、大きな鍋に薬草とワインを入れ（当時、砂糖は貴重品だった）、火で焼いた剣を鍋に入れて温めて飲んでいた。

これが、ワイン文化圏のフランスではヴァン・ショー（Vin chaud）、ドイツでグリューヴァイン（Glühwein）、穀物文化圏の北欧ではグレッグ（Glögg）と呼ばれている飲みものの祖先である。
　現在、カクテル・ブックに載っているマルド・ワインやマルド・ビアー（エール）もこうした中世ヨーロッパで生まれたホット・ドリンクの名残りといえよう。
　しかし、こうしたホット・ドリンクも中世に突然生まれたわけではなく、おそらくは古代の時代から自然に受け継がれてきたものであろう。
　中世には蒸留酒も生まれ、ビール、ワインしか使わなかったミクスト・ドリンクの世界もしだいに様相を変えていくことになる。
　1630年ごろ、インド人によって発明されたといわれるパンチ（Punch）は、イギリス人によって後世に伝えられることになる。
　このパンチは、インドの蒸留酒であるアラックをベースに、砂糖、ライム、スパイス、水の五つの材料を大きな器でミックスし、注ぎ分けて飲む飲みもので、パンチという名称はヒンドスタニー語（近代インド語）で「五つ」を意味するパンジ（Panji）が英語のパンチになったといわれる。
　伝えられるパンチの話としては、1694年11月26日、時のイギリス海軍地中海艦隊のエドワード・ラッセル司令官（のちの元帥）が、スペイン南部、バレンシアに近いアリカンテ村の自分の家に将校たちを招いたときのエピソードが残っている。彼は、庭に大きな穴を掘り、おそらくは帆船の帆をひき、そこにラム250ガロン、マラガ・ワイン225ガロン、ライム・ジュース20ガロン、レモン2500個分のジュース、砂糖1300ポンド、ナツメグ5ポンド、水500ガロンを入れパンチをつくったというのである。
　これは、のちにノックアウト・パンチ（Knockout Punch）と呼ばれるようになる。ともあれ、パンチは、17世紀後半にはインド在住の東インド株式会社のイギリス人たちの間に根を下ろし、ついに、イギリス本国に紹介されて、家庭での飲酒生活の中に溶け込むこととなった。
　その後、1720年ごろイギリスでニーガス（Negus）が、1740年ごろには、イギリス海軍の船上でグロッグ（Grog）が登場した。これは、水夫たちが「オールド・グロッグ（Old Grog）」とニック・ネームで呼んでいたヴァーノン提督がラムを水で割って支給していたからだといわれている。
　さらに、インド駐在のイギリス陸軍が、ジンにキニーネ・ベースの炭酸水をミックスして、マラリヤ防止のために飲用を勧めているが、これが、ジン・トニック

(Gin & Tonic) の始まりともいわれている。

　アメリカ大陸では、1815年にクラレット・ベースのミント・ジュレップ (Mint Julep) がアメリカ南部でつくられ (1861年にバーボン・ベースが文献に登場)、1830年にはジン・ビターズ (Gin & Bitters) がイギリス海軍で誕生した。

　1855年に出版された、イギリスの作家、サッカレーの小説『ニューカムズ』には、「大佐、あなたはブランデー・カクテルを召し上がりますか」という箇所があり、この時代になると、すでにカクテルがヨーロッパの社交界に浸透していたことがわかる。もちろん、カクテルという言葉が生まれたのはそれ以前であり、1800年代初めではないかとされる。

　ただ、当時のブランデー・カクテルは、現在、バーで提供しうるブランデー・カクテルと同一のものではあり得ない。というのも、現在なら、氷をたっぷりと使って、キリッと冷たく仕上げるのが当然だからである。

　つまり、カクテルという言葉は1800年代初めには登場していたが、現代人であるわれわれにとって、カクテルを「氷を使い、器具を使ってつくる、冷たいミクスト・ドリンク」と考えるならば、19世紀後半の人工の製氷機の出現を待たなければならないからだ。

2　カクテルの流行と変遷

　古代ローマ人により始まったカクテルの歴史は、中世の寒冷化したヨーロッパでのホット・カクテルに続き、19世紀後半にはコールド・カクテル（冷たいカクテル）を誕生させた。

　1870年代初頭、ミュンヘン工業大学のカール・フォン・リンデ (Karl von Linde、1842～1934年) 教授が、アンモニア高圧冷却機の研究で業績を上げ、1879年にはリンデ製氷機製作会社の社長となり人工の製氷機が出現した。それまでは、冬季に川や湖の畔に住んでいた人が結氷したものを使うか、一部の超富裕階級が、結氷期の氷を氷室に保存すること以外では不可能だった氷の使用が、四季を通じて可能になったのである。

　さらに、カクテルをシェークしたり、ステアしてつくる技術が登場し、現在、われわれが知っているサイドカーやマンハッタンなどのキリッと冷えたカクテルがつくられるようになったわけで、現在、よく知られているカクテルが生まれてから、せいぜい100年ちょっとしか経っていないということになる。

しかし、その100年ちょっとの間に、カクテルはさまざまな変遷を経験することとなる。
　文学史的にとらえた言葉「世紀末」の19世紀末期、パリではカクテルではなくアブサン（Absinthe）の水割りが飲まれていた。
　また、アメリカの都市ではそろそろマティーニやマンハッタンといった、アルコール度数の高いカクテルも飲まれ始めていた。当時のカクテルは、まだ大衆の飲みものではなく、主として上流階級の、それも男性の飲みもので、しかも飲む時間はディナーの前の食前酒だった。そのためアルコール度数の高いものが多かったのである。
　また、この時代にはまだジュースが企業化されていなかった（1869年、ウエルチのグレープ・ジュースが商品化の最初）ため、酒だけでつくるマティーニを王様、マンハッタンを女王様といったのである。だが時代の変わった現代では、カクテルはいろいろな酒や副材料を苦労せずに手に入れることができるのだから、キングもクイーンも時代に合わせて変わってもおかしくない。
　ところで、19世紀末から20世紀初頭にかけて、カクテルが花開いたのはアメリカにおいてだった。
　20世紀初頭のアメリカは、歴史的にも、文化的にもまだ若く、また、国民が多民族で構成されていたため、飲酒文化も伝統やしきたりといったものにとらわれることなく、新しい飲みものや、新しい飲み方をつくり出すことに積極的になった。
　そうした風潮や行動が、第一次大戦に際して、ヨーロッパに派遣された軍人によってヨーロッパにも伝えられ、アメリカン・スタイルのバーやカクテルの出現を促し、カクテル普及の原動力となった。
　つまり、現代的なカクテルは、アメリカで準備がなされ、アメリカ人たちによって第一次大戦とともに世界に普及していったのである。
　さらに、ヨーロッパでのカクテル・ブームに拍車をかけたのがアメリカの禁酒法（1920～1933年）だった。この禁酒法は、カクテルの世界に二つの流れをつくり出した。
　ひとつは、この間、アメリカの都市には、地下のモグリ営業の酒場（スピークイージー、Speakeasy）が続出し、官憲の目から逃れてカクテルを楽しむ風潮が生まれた。家でこっそり飲むために、本棚そっくりのカクテル・ツール（ホーム・バー）がつくられ、同時に、アール・デコ・スタイルのバー・ツール（アイス・ペール、

シェーカー、ソーダ・サイフォン、スィッズル・スティックなど)やグラス・コレクションを揃えた楽しい時代でもあった。

しかし、飲酒に馴染んでいたアメリカ人の中には、観光客としてキューバに押しかけ、国外に逃げたバーテンダーたちによって、特産のラムを使ったさまざまな新しいカクテルを楽しむということもできた。当時のハバナは「カリブ海のパリ」として知られ、キューバ在住のバーテンダーたちにより、洗練されたカクテルが提供されていた。この時代は、ラ・フロリダ、スラッピー・ジョーなどの伝説的バーも登場、現在ではスタンダード・カクテルとなっているダイキリ、エル・プレジデント、クヴァ・リブレ、モヒートなどが飲まれていた。

一方で、禁酒法に嫌気が差した良心的なバーテンダーたちは、アメリカを捨て、ヨーロッパに職を求めて渡り、ここでもアメリカン・スタイルの飲酒文化を広めていった。1920年代のヨーロッパは、ロンドンにナイト・クラブがオープンし、若者たちは夜遅くまでジャズや酒を楽しみ、1889年にオープンしたサボイ・ホテルでもハイ・カウンター、ハイ・スツールを備えたアメリカン・バーが導入され、昼間からバーが開いていてカクテルを楽しむことができるようになった。カクテル・ブックのバイブルともいわれる『サボイ・カクテル・ブック』(1930年)を出版したハリー・クラドックがいたのもこの時代だった。

そして、飲酒文化に起きたそれ以上の変化は、酒場空間への女性客の進出だった。それまで、パブは男性の独占的な空間だったが、男女客の勢力地図に変化が起き始めた時代でもあった。

こうして徐々にではあるが、カクテルの世界は自由奔放なアメリカン・スタイルと、アメリカの飲酒文化を取り入れながらもヨーロッパの伝統を持ったヨーロピアン・スタイルの二大潮流をつくり出していく。

当時のカクテルは、ウイスキー、ブランデー、ジンなどがベースの主体で、カクテルのつくり方もステアかシェークで、味のほうも材料そのものの味は前面には出さず、渾然一体とした、まるっきり別の味に仕上げてしまうカクテルがほとんどだった。スタイルもカクテル・グラスにつくるショート・カクテルが圧倒的に多かった。

第二次大戦が終わると、再びヨーロッパ、特にフランスとイタリアがカクテルの世界で力を発揮し始める。まず最初に登場したのが、1945年につくられたキール(Kir、このカクテルは1960年代、スィンギング・シックスティーズと呼ばれた時代に流行した)やマッカ(Macca)、マラガ・ミスト(Malaga Mist)などのワ

インやリキュール・ベースのカクテルや、イタリアのベリーニ（Bellini）やゴールド・ベルベット（Gold Velvet）などのスパークリング・ワインやビールをベースにしたカクテルで、ライト・タイプでありながら甘みをしっかりと持ったものがつくられるようになる。

一方、アメリカでは1960年ごろ、ミキサーを使ったフローズン・カクテルや、使う酒の味をできるだけプレーンに出したバーボンやテキーラ・ベースのカクテル、ライト嗜好からのウオツカ・トニックやワイン・クーラーなど、口当たりの爽やかな、アルコール度数の低いカクテルが多く見られるようになる。

これはシー・ブリーズ（Sea Breeze）やケープ・コッダー（Cape Codder）など、1960年代に始まり現在まで続いている「ウオツカ＋フルーツ・ジュース」というパターンへと受け継がれている。

1970年代後半に入ると、アメリカではシェープ・アップやヘルシー・ダイエットなどの健康志向が高まり、プロティンを中心とする健康食品が闊歩し始める。そんな中で登場したのがスムージー（Smoothies、氷を使わずにフリージングしたフルーツでつくるシャーベット状のカクテル）。瞬く間にアメリカからオーストラリアにまで飛び火し、開花した。健康志向飲料文化の影響を受け、酒離れが始まるかと思われたが、リキュールがカムバックし、1980年代に入るとジュースやソーダ割り、あるいはリキュール同士をミックスしたシューター（Shooter）などの新しい飲み方や、新しいタイプのリキュールが続々と登場、新しい飲酒層を開拓し始めるようになる。

また、1990年代初め、アメリカ東海岸のニューヨークやボストン、ワシントンを中心に始まったマティーニ・バリエーション（マティーニ・グラスにつくられるショート・カクテル）のブームは、コスモポリタン（Cosmopolitan）などの秀逸カクテルをも誕生させることになった。

こうした、アメリカン・スタイルのカクテルの影響は再びヨーロッパに飛び火する。フランス、イタリアを中心に、新しいヨーロピアン・カクテルのスタイルともいえる原色カラーで、トロピカルフルーツ・ジュースなどをふんだんに使った、見て楽しめる新しいカクテルの分野を開拓することになった。

一方で、斬新なスタイル、エスプーマ（Espuma、スペイン語で「泡」の意味）が料理人によって生まれる。スペイン、バルセロナ近郊のレストラン「エル・ブリ」の料理長フェラン・アドリアにより開発された画期的な調理法で、亜酸化窒素ガスを使ったエスプーマ・マシーンを使い、あらゆる食材をムースのような泡状に

することができる。このマシーンをカクテルに応用、ジン・フィズやウイスキー・サワーなどを斬新なスタイルにし、食前酒として紹介した。今後も、こうした新しいスタイルのカクテルが、誕生してくることも予想されるだろう。

ところで、日本には明治初期の欧風化の波にのり、比較的早くからカクテルが渡来している。鹿鳴館の時代には、すでに元老たちによって飲まれていたようだ。東京の市民の間で、カクテルという名前が知られるようになったのは、大正元年（1912年）ごろ、下町にバーというものが出現してからである。

また、昭和の初期には国産洋酒はほとんどなく、輸入酒も限られていたため、カクテルも限定されていたし、カクテルを楽しむ余裕のあったのは都会のシャレた階層の人たちに限られ、カクテルもジン・ベースのマティーニなどが代表であった。

そして、本格的にカクテル・ブームが訪れるのは、第二次大戦が終わってからで、戦後の洋酒元年といわれる昭和24年（1949年）のバー再開とともに、日本人の手による創作カクテル「青い珊瑚礁」（昭和25年、1950年）がコンクールで1位になり、さらに、戦後の開放された風潮の中で、おりから出現したトリス・バーが、手ごろな価格で気軽に洋酒が楽しめる雰囲気を売りものにしたため、「青い珊瑚礁」とともに急速にカクテル・ファンを増やしていった。

昭和40年代（1965年〜）になると、女性の飲酒傾向が強まり、コンパやマンモス・バーが出現、カクテル人気の大きな力となり、さらに、昭和50年代（1975年〜）には海外旅行ブームも影響してトロピカル・カクテル・ブームが起こり、昭和60年代（1985年〜）にはカフェ・バーや本格的なバーでスタンダード・カクテルの新しい飲酒層を開拓した。そして、今までウイスキーの水割り一辺倒だった飲酒パターンに新風を起こし、カクテルを明るい陽の光の中へ引っ張り出した。カクテルは、酔うための飲みものから、自分の生活空間を楽しませる脇役として、また、生活をエンジョイするための小道具へと変化したのである。

しかし、現代のカクテルの主流は、日本でも欧米でも、「伝統回帰」ともいえるシンプル・イズ・ベスト（Simple is best）路線のものに集約化されてきている。ロンドンでも、ニューヨークでも、パリでも、そして東京でもドライ・マティーニ、ジン・トニック、カンパリ・ソーダ、ブラッディ・メアリー、スクリュードライバーといったものが安定した力を保持している。そこには長い流行と変遷の果ての安定感がある。

III　カクテル調製の5技法

カクテルをつくる技法をまとめると、次の五つになる。
　　ビルド（Build）‥‥‥‥グラスに直接材料を注ぎ、その状態で提供する。
　　シェーク（Shake）‥‥材料と氷をシェーカーに入れ、強く混ぜ合わせる。
　　ステア（Stir）‥‥‥‥材料と氷をミキシング・グラスに入れ、バー・スプーンで混ぜ合わせる。
　　ブレンド（Blend）‥‥材料と氷をミキサー（ブレンダー）に入れ、機械の力で、渾然一体と混ぜる。
　　エスプーマ（Espuma）・エスプーマ・マシーンを使い、亜酸化窒素ガスで、できあがりのカクテルをムースのような泡状にするスタイル。

カクテルをつくる上では、このいずれの技法でつくるにしても、その前段階として、ボトルをどのように取り扱うか、また、メジャー・カップはどのように取り扱うとスムーズな流れになるかなどが問題となる。

1　ボトルとメジャー・カップの取り扱い

ボトルを、ラベルの貼ってある正面から握ったらよいか、後ろ側から握ったらよいか、あるいは、脇側から握ったらよいかは、プロのバーテンダーであっても意見の分かれるところである。バーテンダーの手は濡れていることもあるので、正面から握ると、ラベルを濡らして汚す恐れもある。また、最近のボトルは、丸ビンばかりでなく、持ちづらい形状のものもある。

一番理想なのは、ラベルを汚さず、また、客にも、何を注いでいるかがわかるようにボトルを脇側から、それもボトルの下部を持って注ぐスタイルである。

次に、ボトルのキャップの開け方だが、キャップのほとんどは、メタル製のターン・スクリュー型のものが使われている。こうしたキャップは、上から開ければ、4～5回さなければならない。しかし、右利きのバーテンダーだったら、ボトルを右手に持ち、その手を左回りに内側に巻き込み、左手でキャップを握るようにする。そのときボトルは右回りに内側に巻き込んだ位置で真横から握るようにする。

こうして、両手を外側に開くようにすると、1回か、せいぜい1回半の回転で、キャップをスピーディーに、しかも簡単に開けることができる。
　はずしたキャップは、左手の親指と人差し指の付け根の股のところに、軽く押さえるような感じで持ちながら、右手に持ったボトルの酒を注ぎ出す。はずしたキャップをカウンターや作業台（コールド・テーブルなど）に置くと、作業の邪魔になるばかりでなく、スピーディーなイメージに欠けることにもなる。
　逆に、キャップをはめるときは、左手の親指と人差し指の付け根にあるキャップをそのままボトルの口に当て、左手の親指で横に回転させ、最後に親指と人差し指でスクリュー部分をしっかりと締める。
　なお、リキュールなどエキス分の多い酒類の場合、ボトルの口に残液がついていると、キャップを締めたあと、ビンの口とキャップがくっついて開かなくなるときがある。こうした酒類を扱ったときは、清潔なタオルなどで残液を拭き取る習慣を身につけておきたい。
　次に、メジャー・カップの持ち方だが、人差し指と中指とで持つのが理想といえる。前述のように、ボトルのキャップを親指と人差し指で持つ場合、親指は他には使えないが、人差し指の先の方は自由が利く。その人差し指の先のほうをメジャー・カップの手前に添え、中指をメジャー・カップの向こう側に添える。
　すると、この2本の指の操作で、メジャー・カップを逆さ向きに置くことも、酒を計量して器に注ぎ入れることも、軽快な動作で行うことができる。そのとき、薬指と小指は、人差し指と同じように、メジャー・カップの手前側に添えるようにする。
　メジャー・カップとボトル、容器の位置は図のような形が、動線が短くて、スマートに見えるし、酒をこぼす率も少ない。

Ⅲ　カクテル調製の5技法

2　カクテルのアルコール度数の概算法

　カクテル・グラス使用のカクテルは、その処方（レシピ）を分数表記するのが一般的である。この場合の分数は、グラスに注いだときの適切な量を1として（この量を1グラスという）、その半分の量を1/2というように表記している。日本で、一般的に使用されるカクテル・グラスは、容量90mlである。これに注いで適切な量は、約70mlだが、カクテルをつくるときに氷を使えば、どうしても氷が解ける。その量は熟練したバーテンダーであっても、10mlに近い。その分を差し引けば、90mlのカクテル・グラスに必要な量は60mlと考えていい。その1/2は30ml、1/3は20ml、1/4は15mlと概算すれば、ほぼ適切な量のカクテルをつくることができる。

　一杯のカクテルのアルコール度数の概算法は、使用するグラスの容量に関係なく、使用する材料の全体量を1として、個々の材料の使用量率を分数化し、それにその材料のアルコール度数を掛け、全部加算した数字がそのカクテルのアルコール度数となる。

　最近は、アルコール度数と飲酒心理の関係もあり、また、メニューにアルコール度数を表示することもあるため、提供するカクテルのアルコール度数を知っておくことはバーテンダーにとって必須条件である。

```
＜例＞
   サイドカー（Sidecar）      30％（度）
                             （アルコール度数）
      ブランデー              1/2×40％＝20％
      ホワイト・キュラソー      1/4×40％＝10％
      レモン・ジュース         1/4× 0％＝ 0％
                                       30％
   スプモーニ（Spumoni）      5.3％（度）
      カンパリ                30ml（30/135）×24％＝5.3％
      グレープフルーツ・ジュース  45ml（45/135）× 0％＝ 0％
      トニック・ウォーター       60ml（60/135）× 0％＝ 0％
                                              5.3％
```

　※氷の解ける量は考えずに。

3 カクテルのスタイル

広義のカクテル、つまりミクスト・ドリンクの数は無限ともいわれているが、その数多いカクテルも、大きく分けるとショート・カクテル、ロング・カクテルの二つに分類できる。

そして、このショート・カクテルやロング・カクテルはつくるスタイルによって次のように分けられ、さらに各カテゴリー（タイプ）に分けられる。

```
┌ ショート・ドリンク (Short Drinks)
└ ロング・ドリンク (Long Drinks) ─┬─ コールド・カクテル (Cold Cocktails)
                                  │    （別名：サマー・ドリンク、Summer Drinks）
                                  └─ ホット・ドリンク (Hot Drinks)
                                       （別名：ウィンター・ドリンク、Winter Drinks）
```

エスプーマ (Espuma)

カクテルのカテゴリー（タイプ）というよりも、カクテルのつくり方のスタイルと見たほうがいいかもしれない。亜酸化窒素ガスを使ったエスプーマ・マシーンを使い、ムースのような泡状に仕上げたカクテル。

エッグノッグ (Eggnog)

タンブラーに、酒、牛乳、卵、砂糖を入れ、よく混ぜた飲みもので、ホットとコールドがある。もともとは、アメリカ南部で飲まれていたクリスマス・ドリンクだが、現在では世界中で四季を問わずに飲まれている。日本ではブランデーを使ったものがよく知られていて、その場合はブランデー・エッグノッグ（Brandy Eggnog）と呼ばれる。

カクテル (Cocktail)

狭義では、いろいろな酒をベースにリキュールやジュース、シロップを加え、シェーカーやミキシング・グラスで冷たく仕上げ、カクテル・グラスやシャンパン・グラスなどに注いだスタイルをいう。もちろん広義では、ミクスト・ドリンクのこと。

カップ (Cup)

パーティー・ドリンクのひとつのスタイルである。ピッチャーにワインをベースにして、ブランデーやリキュール、ソーダ、フルーツなどを加えてつくり、タ

ンブラーでサービスする。

クーラー (Cooler)
ノン・アルコールのものとアルコールを含んだものとがある。後者はスピリッツやワインに柑橘系のジュースを加え、炭酸飲料で割ってつくる。

コリンズ (Collins)
イギリス生まれのロング・ドリンクで、フィズに似ているが、一杯分の量が多いのが特徴である。コリンズという名前は、この飲みものをつくったとされるロンドンのジョン・コリンズ (John Collins) 氏の名前に由来する。

コブラー (Cobbler)
クラッシュド・アイスをいっぱい詰めた大型のタンブラーに、ワインまたはスピリッツをベースにつくり、フルーツとストローを添えた非常に清涼感のある飲みものである。バー・スプーンでグラスの表面に霜が降りたようになるまで、十分にステアをするとよい。

サワー (Sour)
スピリッツに酸味と甘みを加えたもので、サワー・グラスにつくる。ウイスキー・サワー、ブランデー・サワーが有名だが、アメリカン・スタイルではソーダを加えないのが原則で、使用するグラスも細身のロック・グラスにつくることもある。サワーとは「酸っぱい」の意味。

サンガリー (Sangaree)
中型のタンブラーか大型のワイン・グラスに赤ワインを入れ、甘みを加え、水または湯で割り、ナツメグを振りかけた飲みものである。サンガリーとは、スペイン語のサングレ (Sangre、血の意味) に由来しているので、赤ワインを使うのが一般的だが、最近はシェリーやポート、ウイスキー、ブランデーを使ったものもある。

シューター (Shooter)
1980年代にアメリカで登場したスタイル。一般的には、バーボンやテキーラ、あるいは1980年代に話題となったリキュールを使い、ショット・グラスにつくられる。マティーニなどに代表されるフォーマルなカクテルに対するアンチテーゼとしてつくられた。量も少ないため、グイッと一気に飲む (ショットダウン) ことから、シューターと名付けられたともいわれている。

ジュレップ (Julep)
1815年、イギリスのフレデリック・マリアット (Frederick Maryatt) 船長が、

アメリカ南部の農園で、クラレットやマデイラをベースにした、ミントの香りの飲みものをご馳走になったのが最初の記録といわれる。

現在は、バーボン・ベースでつくるのが主流になっている。スマッシュ（Smash）はジュレップの小型版である。

スウィッズル（Swizzle）

スウィッズル・スティックと呼ばれるマドラーの一種で、氷とともに中味を混ぜて飲む飲みものである。暑い夏向きのドリンクといえる。

スムージー（Smoothie）

20世紀末ごろからアメリカの女性が朝食の代わりとして飲んでいる、プロティンとヨーグルト、フリージングしたフルーツをミキサーで混ぜ、ドロドロ状にした飲みものが2005年ごろからアメリカ西海岸でブレイクし、その後、プロティンの代わりにリキュールなどを入れたカクテルとして定着した。フローズン・カクテルとの違いは、氷を使わずにシャーベット状にできること。栄養価も高く、フルーツの凝縮感も高い飲みものである。

ズーム（Zoom）

ハチミツを使ったナイト・キャップ向きのショート・ドリンク。オリジナルのブランデー・ベースもいいが、好みのスピリッツを使ってもよい。ズームとは、「ブーン」という蜂の羽音の意味で、「人気が沸く」という俗語である。

スリング（Sling）

タンブラーにスピリッツと甘みを入れ、水または湯で割ってつくる。コールド・ドリンクのほうはトデーに似ているが、トデーはレモン・スライスが入り、水で割るところが違う。スリングの語源は、ドイツ語の「飲み込む」の意味のSchlingenが転訛したといわれる。

デイジー（Daisy）

スピリッツに甘酸味とソーダを加え、大型グラスでサービスする。サワー系の飲みもので、最近は、クラッシュド・アイスを使用し、フルーツとストローを添えてサービスされる。デイジーとは「ひなぎく」という意味で、俗語で「素敵なもの」の意味がありジン・デイジーとなれば、「ジンの素敵な飲みもの」となる。

トデー（Toddy）

大型タンブラーかロック・グラスに砂糖を入れ、少量の水で溶かし、好みのスピリッツを加え、水または湯で割って飲まれる。ホットの場合は、シナモン、クローブ、ナツメグなどとレモン・スライスを加えてサービスする。

ハイボール (Highball)

　ハイボールは、あらゆる酒がベースとなり、それを炭酸清涼飲料で割った、もっともポピュラーなロング・ドリンクである。日本では、ウイスキーのソーダ割りが一般的である。

　語源は諸説あるが、定説となっているのはゴルフ場説で、イギリスのゴルフ場でウイスキーを楽しんでいた人が、自分の番が回ってきたので、そばにあったチェイサーにウイスキーを空け、一息に飲んだところ非常においしかった。たまたまそこへ他人の打ったボールが飛んできたので名付けられたといわれる。

バック (Buck)

　スピリッツにレモン果肉、あるいは果汁を入れ、ジンジャー・エールを加えてつくるのがオリジナル・レシピである。代表格は、ジン・バックである。バックの名の由来としては、Stag（雄鹿）と同じ意味で使われ、「キックのある飲みもの」といった意味を持つ。

パンチ (Punch)

　ワイン、スピリッツをベースにして、フルーツやジュースなどを入れてつくる。ポピュラーなホーム・パーティー・ドリンクである。

フィズ (Fizz)

　主としてジンをベースにして、レモン・ジュース、砂糖、ソーダでつくられるロング・ドリンクである。フィズという名称は、ソーダの中の炭酸ガスが水から離れるときにたてるシュッ！という擬声語だといわれる。

フィックス (Fix)

　サワー系の飲みもののひとつである。デイジーとほとんど同じだが、デイジーがラズベリー・シロップかグレナデン・シロップを使うのに対して、フィックスはパイナップル・シロップを使う点が異なる。フィックスには「直す、修復する」という意味がある。

プース・カフェ (Pousse-Café)

　何種類かのリキュールやスピリッツを、その比重の違いを利用し、順次混ざらないように層のスタイルに積み上げる。つくるときのポイントは、使う酒のエキス分、アルコール度数を確認して、比重の重いものから、バー・スプーンの背を利用して注ぎ入れること。製造メーカーが違うと同じタイプのリキュールでも微妙に比重が違うので注意を要する。現在、輸入リキュールによってはエキス分の表示のしていない酒もあり、事前に比重の違いを試しておく必要がある。

また、1990年代に始まったシューター・スタイルのカクテルの中には、B-52など、使う酒の比重の差を利用してプース・カフェのスタイルにつくり、その後、シェークしてサービスする、見るだけのプース・カフェから飲むプース・カフェも出てきている。

フラッペ (Frappé)

フラッペとは、フランス語で「冷たくしたもの」の意味で、普通はカクテル・グラスかソーサー型のシャンパン・グラスにクラッシュド・アイスを入れ、好みのリキュールを注ぎ、ストローを2本添えてサービスする。シェーカーを使う場合もある。

フリップ (Flip)

エッグノックに似ているが、フリップは牛乳を使わず、ワインかスピリッツに、卵と砂糖を加え、サワー・グラスなどに注ぎ、ナツメグを振りかける。ホットのフリップもある。

ホーセズ・ネック (Horse's Neck)

コリンズ・グラスの縁に、レモンの皮を螺旋むきにしたものを掛け、好みのスピリッツとジンジャー・エールで割るスタイルである。ブランデーを使うのが一般的である。ノン・アルコールの場合は、プレーン・ホーセズ・ネック (Plain Horse's Neck) という。

ミスト (Mist)

フラッペと同じスタイルだが、ミストはオールド・ファッションド・グラスにつくるのが一般的で、よくステアして、グラスの外側がミスト（霧）状になったところでストローを添えサービスする。レモン・ピールやレモン・ツイストを絞ることもある。

リッキー (Rickey)

スピリッツにライムの果肉とソーダでつくる。飲み手が、マドラーで好みの味加減にライムを潰して楽しむ飲みものである。19世紀末に、アメリカのワシントンD.C.の『シューメーカー』というレストランで夏向きのドリンクとして考案され、最初に飲んだ客のジム・リッキー (Jim Rickey) 氏にちなんで命名された。

4 カクテル調製の手順

　一杯の飲みものをつくるのに、氷が使われる場合は、まず最初に氷から入れていくことが原則と覚えたい。
　オン・ザ・ロックスでも水割りでも、まず最初に氷を入れてからスタートする。シェーカーやミキシング・グラスを使ってつくる場合も、最初に氷を入れ、少量の水でステアし、氷の角や氷の表面についているクズ氷を取ったあとストレーナーで水切りをする。こうすることによりカクテルが水っぽくならない。
　次に材料を入れるわけだが、レシピに書かれている順に入れていく。通常、レシピは最初にベースの酒があり、次に副材料となる酒があり、酒以外の副材料がそのあとに書かれている。
　私たちは、レシピを覚えるとき、当然、ベースの酒からレシピの順に覚えるわけだから、レシピの順に材料を入れていくべきである。逆に入れることは、レシピを逆暗記するようなもので理にかなわないといえるだろう。
　では順にカクテルの技法を見ていこう。

5 ビルド (Build)

　ビルドという動詞は、「直接グラスにつくる」という意味と思えばよい。器具を使わないでつくるカクテルの技法で、もっとも簡単な方法といえる。
　この技法のポイントは二つある。ひとつは、ウイスキー&ソーダのように、炭酸ガスを含んだミキサー（副材料）で割る場合である。まず、タンブラーに氷を3個ぐらい入れ、ウイスキーをメジャー・カップで45ml計って入れる。次に、冷えたソーダをグラス八分目まで注ぐ。このとき、ソーダが生温かいと氷の負担が大きくなり水っぽくなるので、ソーダは必ずよく冷やしておくこと。そして、大事なのは、バー・スプーンで軽く1回転、もしくは2回転ステアして止めること。かき混ぜすぎると、せっかくの炭酸ガスが逃げてしまい、水っぽくなるからである。
　二つ目は、リキュールなどのエキス分の高いものや数種のジュースなどを使う場合である。どうしても比重の関係で、グラスの底の辺に淀んでしまうので、バー・スプーンを軽く持ち上げる感覚で2回ぐらい回す。こうすることにより、上下が均一化される。
　どちらにしても、ステアの回数は、原則として2回止まりと考えたい。

6　ステア (Stir)

　ステアという動詞は「混ぜる」、「攪拌する」といった意味を持つ。カクテルのレシピでこの言葉が表記されている場合は、ミキシング・グラスに氷と材料を入れ、バー・スプーンでかき混ぜてつくることをいう。

　手順としては、まずミキシング・グラスに氷と少量の水を入れ、軽くステアし、ストレーナーをはめて水を切る。これにより、ミキシング・グラスが冷え、さらに氷の角も取れる。次いで、材料をレシピの順に手早く注ぎ、バー・スプーンで、材料と氷を同時に回転させる。バー・スプーンの持ち方は、右手の手の平を上に向け、中指と薬指の間にバー・スプーンの中央の螺旋状の部分を軽く挟み、親指と人差し指をバー・スプーンの上部に添える。

　そして、親指と人差し指は力を抜き、中指の腹と、薬指の背中とで、スプーンを時計回りに動かす。そのとき、氷の惰性をうまく利用して、手首のスナップを利かせながら中指と薬指でバー・スプーンを回転させ続ける。

　バー・スプーンを扱うときは、つねにスプーンの背のほうを上にして、ミキシング・グラスに入れているようにする。また、回転中は、つねにスプーンの先が底に届いているようにし、さらに、スプーンが倒れないように軽く支えているだけで、回転はあくまで中指と薬指の2本に任せる。こうしないと、スムーズな回転は望めない。

　15～16回クルクルと回転させたら、ステアの動作は終了である。バー・スプーンは入れたとき同様にスプーンの背を上に向けてアーチを描くようにして抜き取る。

　ストレーナーをミキシング・グラスにはめるが、このとき、ミキシング・グラスの注ぎ口は左向きにし、ストレーナーの柄は反対側を向くようにしてはめる。

　そして、人差し指をストレーナーの突起部分に当て、残りの4本の指でミキシング・グラスをしっかりと握り、グラスに注ぐ。

7　シェーク (Shake)

　シェークという動詞は、「振る」という意味で、カクテルのレシピにこう表記されている場合は、「シェーカーを振ってつくる」という意味になる。

　シェーカーは通常、カウンター、あるいは作業台(コールド・テーブル等)の上

に、ボディを逆さにし、その上にトップをはめたストレーナーをかぶせるようにして置くとよい。

シェークの手順は、最初はステア同様に氷をボディに入れ、水を少し加え、軽くステアして水を切る。氷の量は八〜九分目ぐらいまでたっぷりと入れる。

次に、材料を入れ、ストレーナーをはめ、トップをはめる。このとき、ストレーナーとトップをつけたままボディをはめると、シェークしたあとシェーカーの内と外に気圧差が生じて、トップがはずれなくなるので、必ず、順にひとつずつはめる。

シェーカーの振り方を右利きの人を基準にして述べよう。右手の親指をトップに当て、薬指と小指でボディを挟む。次に左手の親指をストレーナーの肩のところに当て、中指と薬指の第一関節のところまでボディの底に当てる。

右手の人差し指と中指、左手の人差し指と小指でシェーカー全体を包むように軽く挟む。こうして握ったシェーカーを、身体の正面からやや左側、肩と乳首の間ぐらいの位置に持ってくる。そして胸の前で、斜め上→手前→斜め下→手前へ、とリズムよく4動作で振り、これを7〜8回繰り返す。この振り方を2段振りという。カクテルをつくる人の動作が、一番生き生きとして見える振り方である。

この他、1段振りや3段振りもあるが、どれを採るにしても、規定の回数を振れば、指先に冷たさがキューンと伝わり、シェーカーの表面も、霜が降ったように白くなってくる。これでシェークの動作は終了である。

しかし、クリームや砂糖、卵などの副材料を使う場合は、溶けづらいので、前述の2倍ぐらいの回数を力強く振って、渾然一体とミックスするよう心がけたい。

シェークが終わったら、トップをはずし、右手の人差し指をストレーナーの肩のところに当て、ストレーナーがはずれないようにしながら、グラスに注ぐ。このとき、最後の一滴まで中身のカクテルを注ぐ。

使い終わったシェーカーは、氷を捨て、よく水洗いして、元の場所に戻す。脂肪分の多い材料や、アニス系やミント系の香りの強い酒を使ったときは、中性洗剤と湯を使い、匂いが残らないように注意したい。

8　ブレンド (Blend)

ブレンドという動詞は「混和する」という意味であることは、いまさらいうまでもない。しかし、カクテルのレシピでこの表記があった場合は、アメリカでブ

レンダー、日本ではミキサーといっている電動式の機械で混ぜ合わせることである。材料にクラッシュド・アイスを加え、シャーベット状のフローズン・カクテルをつくる場合や、イチゴやバナナなどのフルーツをトロトロに溶かし込んで、フルーティーな味わいに作る場合に、この技法が必要となる。現在ではブレンドの技法は、フローズン・カクテルだけでなく、フリージングしたフルーツを使うミクソロジー・カクテルや、スムージー・スタイルのカクテルをつくるときにも使われている。

　カップに材料を入れる順序は本来ならレシピの記載順序に従うべきだが、ブレンドの場合は、クラッシュド・アイスを先に入れても構わない。また、フルーツを使う場合は、フルーツを先に入れ、その上にクラッシュド・アイスを入れて、フルーツの酸化による色の変色を防ぐ場合もある。

　一定の時間ミキサーを回したら、スイッチを切り、回転が完全に止まってからカップをはずすようにする。スローズン・カクテルの場合、カップ内で硬めのシャーベット状にできた場合などは、バー・スプーンでかき出すようにする。

9　エスプーマ（Espuma）

　亜酸化窒素ガスを使ったエスプーマ・マシーンを使い、ムースのような泡状に仕上げたカクテル。スタンダード・カクテルといわれるものもこのスタイルで仕上げると、まるっきり違ったイメージのカクテルになる。亜酸化窒素ガスの代用として炭酸ガスを注入しても近いものがつくれる。

10　カクテルの提供温度

　飲みものや食べものには温度による味があり、特に嗜好品である酒（カクテル）の提供温度には十分な注意が必要である。

　個人差はあるが、一般的には人間の体温プラス・マイナス25〜30℃がおいしい温度といわれている。ホット・ドリンクにしてもコールド・ドリンクにしてもこの温度帯は知っておきたい。

おいしく感じる温度帯

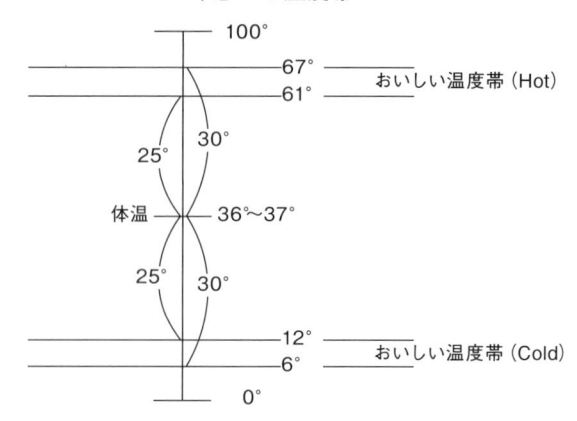

```
           100°
            67°    おいしい温度帯（Hot）
            61°
       30°
    25°
  体温     36°〜37°
    25°
       30°
            12°    おいしい温度帯（Cold）
             6°
             0°
```

11　その他のカクテルの調製用語

スノー・スタイル（Snow Style）

　グラスの縁に砂糖や塩をまぶしたカクテルをつくる場合、雪が凍りついたような感じがするところから、日本では「砂糖（塩）でスノー・スタイルにする」と指定する。手順としては、完全に乾燥したグラスの縁の外側をレモン（またはライム）の切り口に当てて一回転させ、それを平らな皿に広げた砂糖（または塩）に逆さまにして当て、引き上げ、軽くグラスの縁を指先で叩いて余分な砂糖（または塩）を落とすとできあがる。

　最近では、砂糖や塩の他、ココア・パウダーやチョコ・チップ、アーモンド・パウダーなどさまざまな材料をつけるスノー・スタイルが登場している。また、グラスを濡らす素材にしても、ライムやレモンのフルーツに限らず、シロップなどを使用することもある。

ツイスト（Twist）

　レモン・ピールなどを指先でひねる、つまりツイストさせること。レモンの皮の表面のオイル分が、カクテルの風味を引き締める。アメリカでは、twist of lemonというように表記する。

ダッシュ（Dash）

　ビターズ・ボトルをひと振りしたときに出る分量。1ダッシュは5〜6ドロップに相当する。

ドロップ(Drop)
　ビターズ・ボトルから1滴落とした量のこと。カクテルの味を引き締めるときにしばしば使う。

フィンガー(Finger)
　薄手の8オンス・タンブラーの下部に指を横に当て、その1本分だけ注ぐとシングル(約30ml)、指2本だとダブルに相当する量になる。これをワン・フィンガー、ツー・フィンガーという。

フロート(Float)
　比重を利用して、混ざらないようにつくる手法である。
　　①ある酒の上に、別の酒を浮かべる。
　　②酒、あるいはカクテルの上にクリームを浮かべる。
　　③ソフト・ドリンクの上に酒を浮かべる。
などがある。

Ⅳ　デコレーションの知識と飾り方

1　デコレーションの取り扱い

　カクテルに飾るフルーツなどを、デコレーション、あるいはアクセサリーという。また、アメリカなどではガーニッシュ（Garnish）ということもある。
　いずれにしても、カクテルを飾るデコレーションは、その香りを味わうとともに色彩をも楽しむ大切なバイプレイヤーでもある。
　原則としては、カクテル・ブックのレシピ通りに飾るのが望ましい。カクテルによっては、配合比率が同じでも、デコレーションをつけるかつけないかで、カクテル名が変わることがあるからである。
　初心者の場合、デコレーションの取り扱いは、レシピに指定された通りにするのが無難といえる。
　また、カクテルのデコレーションは、一定のルールがあることも事実である。それは、
　①オリーブは辛口のカクテルに、チェリーは甘口のカクテルに飾る。
　②材料にオレンジ・ジュースを使ったカクテルには、オレンジを飾るというように、材料と飾りの素材をコーディネートして、カクテルの持ち味を引き立てる。
　③デコレーションの大きさや形は、使用するグラスとのバランスを考える。また、原価効率から、無駄なカッティングは避ける。
といったことなどである。
　デコレーションの下ごしらえは、注文があってからではなく、できれば、開店前にその日一日の必要量を予測し仕込み、バットなどの容器に並べ、ラップで包んで、コールド・テーブルなどに保管しておくべきである。また、華やかなデコレーションのカクテル（たとえば、トロピカル風なもの）に使用するデコレーションのフルーツは、ラムなど香りのよい酒をスプレーし、色彩だけでなく、グラスを手にしたときに漂う香りまで演出するという方法なども、一考する価値がある。

2　デコレーションの実際

　デコレーションの飾り方は、あくまで、バーテンダーのセンスが優先されることが大事だが、基本的なスタイルとしては次のようなスタイルがある。

デコレーションの飾り方

オリーブに、カクテル・ピンを突き刺す。	
チェリーに、カクテル・ピンを突き通す。	グラスに差し渡す。
チェリーに切り込みを入れる。	グラスの縁に刺す。

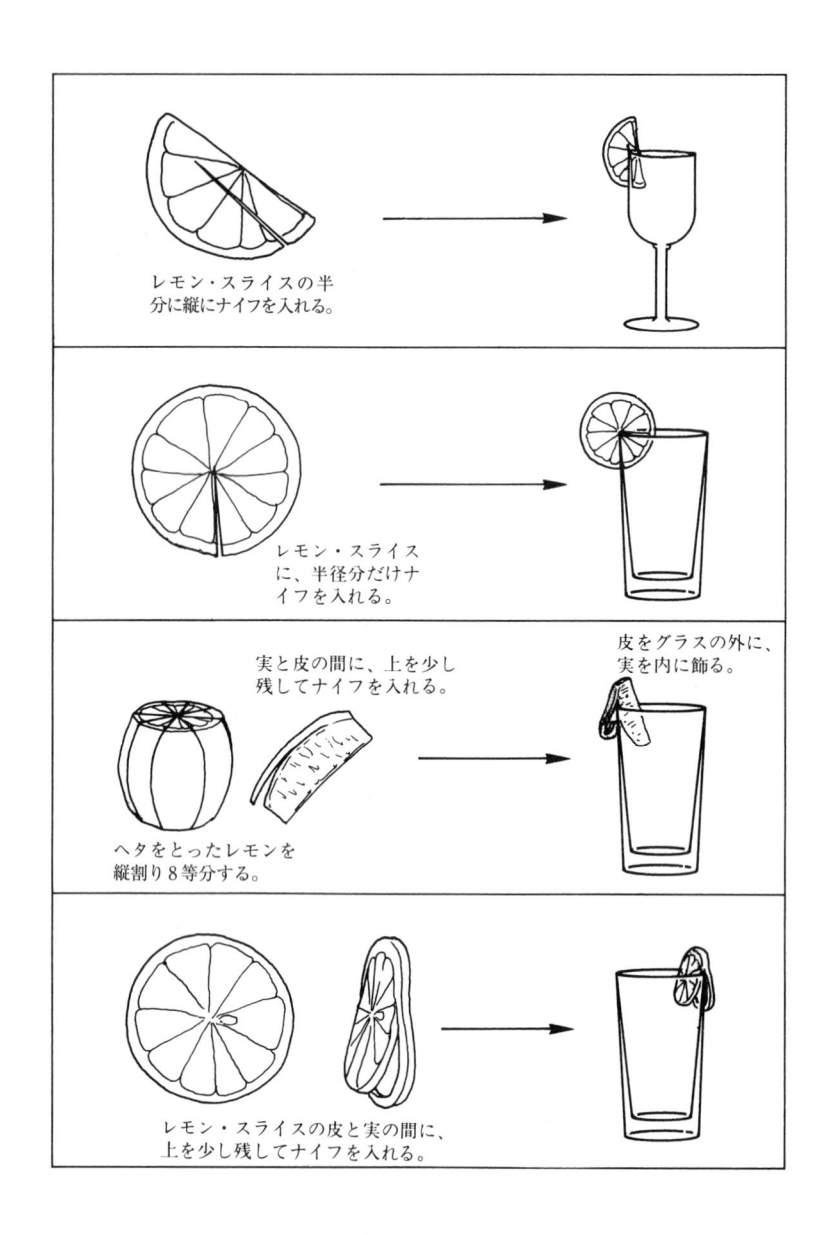

レモン・スライスの半分に縦にナイフを入れる。

レモン・スライスに、半径分だけナイフを入れる。

実と皮の間に、上を少し残してナイフを入れる。

ヘタをとったレモンを縦割り8等分する。

皮をグラスの外に、実を内に飾る。

レモン・スライスの皮と実の間に、上を少し残してナイフを入れる。

レモン・スライスの半分とチェリーを1本のカクテル・ピンに刺す。

レモン・スライスを半分に折り、チェリーと一緒に1本のカクテル・ピンに刺す。

レモンの皮をかつらむきにする。

グラスの縁に掛け、内側へたらす。

リキュール・グラスに、砂糖をバー・スプーン1杯入れる。

レモン・スライスの上にそっとあける。

グラスの上にのせる。

Ⅳ　デコレーションの知識と飾り方

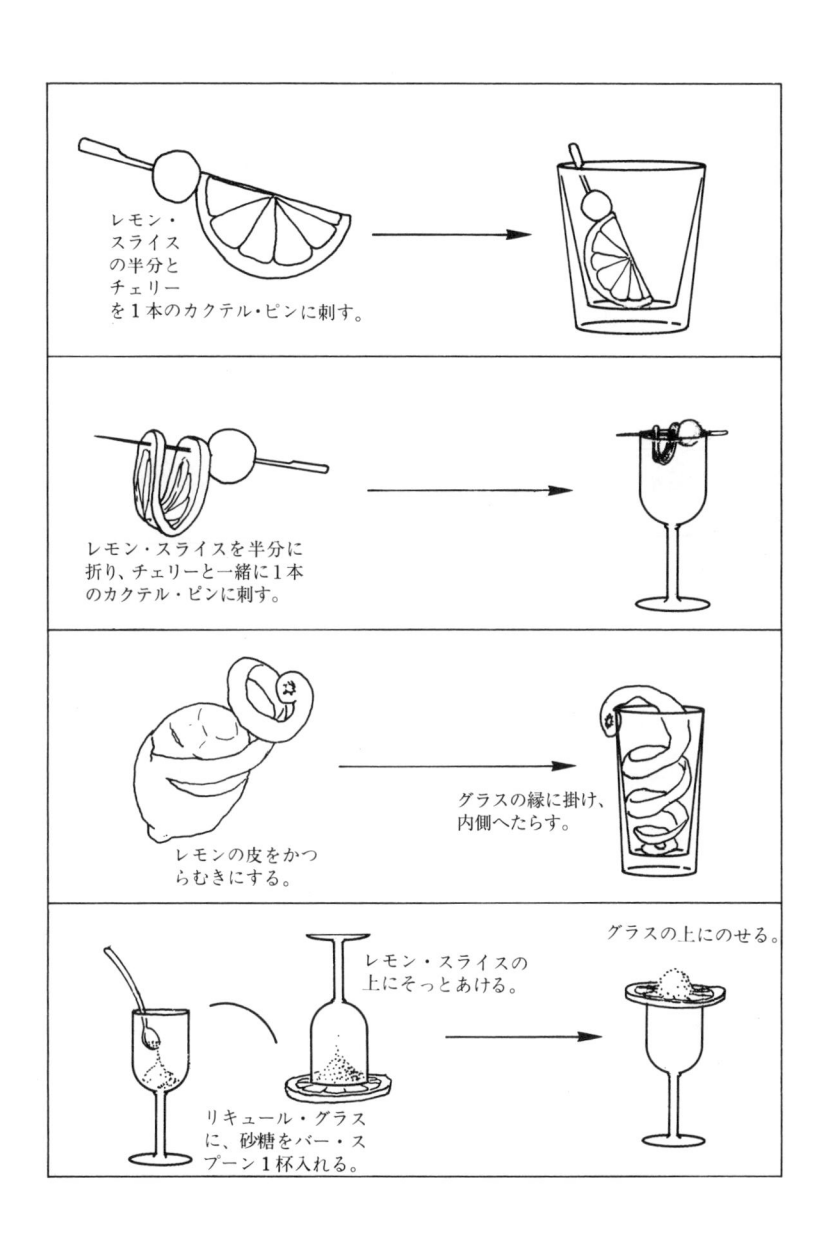

スノー・スタイルのつくり方

(1) 平らな皿に、砂糖を平らに広げる。

(2) 横半分に切ったレモンの上で、グラスの縁を回して濡らす。

(3) (2)のグラスをさかさまにして砂糖の上にのせ、一回まわす。

(4) 砂糖がほどよく、グラスの縁につく。

● パイナップルの切り方

- ● 鮮度のよいものを選ぶ。
- ● まず、頭と尻の部分を切り落とす。
- ● 縦1/4に切る。
- ● 縦に細長く切り、皮を落とす。

① スティック状にする場合
- ● 適当な長さに切る。
- ● カクテル・ピンでレッド・チェリーを飾る。

② 扇状にする場合
- ● 適当な厚さに切る。
- ● カクテル・ピンでレッド・チェリーを飾る。

252　カクテルの基本技術

V　オリジナル・カクテル考と　カクテル・コンペティション

1　オリジナル・カクテルの創造

基本をマスターする

　酒場学の項でも述べたが、プロのバーテンダーとして標準レシピをマスターすることがオリジナル・カクテル創造の第一歩である。

　カクテルの数は無限といっていいほど存在する。それらは、スタンダード・カクテルといわれ、歴史の中で磨かれてきたものばかりで、これを確実に自分の味として、客に提供できるようになったとき、一杯のカクテルに託されたそのカクテルの魅力が光を放ち、客に満足感を与えることになる。

創造の始まり

　オリジナル・カクテルをつくる上で大切なことは、「基本は大切だが、それに束縛される必要もない」ということである。つまり、ミクスト・ドリンクをつくる上での酒の組み合わせなど原則はあるが、それが絶対ではなく、あくまでつくり手のカクテル創造への姿勢が大切といえる。

　オリジナル・カクテルをつくる上での手順は、店づくりの手順と同じで、それなりのステップを踏んでいくことが大切となる。その手順を踏めばオリジナル・カクテルから、誰にでも好まれ、飲み続けられるスタンダード・カクテルへと育っていく可能性が生まれる。

(1)コンセプト

　一番最初にすべきことは、コンセプトの確立である。店づくりと同じで、どんな客に、どんなスタイルでそのカクテルをサービスするのか。もちろん価格(原価率も含め)はどうするのかという根本的な事項も大切となる。それを踏まえて、日本を意識した繊細な味わいにするのか、それとも欧米風の味わいがしっかりと表現された辛口のカクテルか、それとも甘口のカクテルか。また、色合いは原色がいいのか、パステル・カラーがいいのか。シーズン性はどうするのか。そうした基本コンセプトをしっかりと組み立て、さらに、その時代のキーワードも絡め、情報収集をしっかりとすることが重要となる。

（2）ネーミング

　ネーミングがすべてを決めてしまう。客がカクテルを注文するとき、カクテル名から、そのカクテルをイメージして注文を決めるわけである。当然、イメージと違う内容ではギャップが生じてしまう。

　オリジナル・カクテルでは、まずネーミングをし、そのイメージに合った酒、スタイル、味などを決めていかなければならない。最初にカクテルの内容ができ、後からそのカクテルのイメージに合ったネーミングをすると、どうしてもちぐはぐなネーミングとなり、カクテルとしてはいいかもしれないがコンセプトから逸脱してしまう。

　ネーミングをする場合、日本語にするか外国語にするかも問題となる。日本語には「雅」や「侘び」、「寂び」などといった美しい言葉がたくさんあるが、こうした言葉を外国語に置き換えるのは結構至難の業である。どちらかといえば外国語から日本語へ変換するという発想のほうがスムーズにいく場合が多い。

　また、外国語のカクテル名にすると、最近はサブ・タイトルとして日本語を付けることがある。これも十分に配慮する必要がある。自分だけのイメージで付けてしまうと伝わらないことも多い。ネーミングは、できれば言葉はひとつ（1単語）で、すっきりとしたものが望ましい。二つの言葉（2単語）にするならば、意味を十分にチェックしたい。さらに、日本人はプロセスを大事にするので、製作意図（誕生の背景）とネーミングの関連性はつねに意識したい。

（3）味の探求

　味がよくなければオリジナル・カクテルに将来性、普及性はない。味のよさがオリジナル・カクテルの決め手といえる。メインとなるベースの酒やミキサー（副材料）とのコラボレーションを考え、その組み合わせがどのような味をつくり出すのか、創造するという探究心を持つことも必要といえる。そのためには、永きに渡って支持を受けてきたスタンダード・カクテルの標準レシピの味を十分に理解していることが必要となる。

（4）色の研究

　味がオリジナル・カクテルの基本であることはいうまでもないことだが、一杯のグラスを手に取った客が、カクテルを口にする前に最初に感じるのは視覚によるカクテルの評価である。

　一般的に、日本人の色彩感覚は、味覚同様に欧米人より繊細で、原色よりも淡色のほうを好むといわれる。さらに、個々の色にはそれなりのイメージができあ

がっている。たとえば、カクテルのネーミングによく登場する「パッション」という言葉は、赤系統のイメージであり、情熱を感じさせる。同様に、ピンクは「清楚や優しさ」、黄色は「夏や可愛らしさ」、オレンジは「太陽や新鮮さ」、黒はなんといっても「大人」を感じさせる色。基本となる色のイメージは、カラー・コーディネートなどに関する本がたくさん出版されているので参考にするといい。

(5) グラスの考察

　ネーミング、味、色とグラスのイメージがぴったり合っていれば訴求力も強くなる。シャープな逆三角形のグラスのイメージなのか、柔らかさを演出したアールの効いたグラスなのか。ショート・グラスかロング・グラスか。はたまた、カッティング・グラスか色付きのグラスか。また、デザイン的には芸術性を取るか伝統性か、あるいは現在的とか機能性とかかなど、全体的なイメージに落とし込んでグラスを選択する必要がある。さらに、最後となるのがデコレーションによるグラスとの相関関係だ。オーバー・デコレーションは華やかだが、原価率を考えると厳しいものがある。

　これらのことを十分に検証して、大胆な発想を駆使し、オリジナリティーに富んだカクテルづくりにチャレンジしてほしい。それが自己研鑽にもなるし、店に来るお客にとっても魅力ある店づくりに繋がっていくのである。

2　カクテル・コンペティションのために

　カクテルが発展していくためには二つの過程がある。ひとつは、前述のように、ある店で、あるバーテンダーによってつくられたオリジナル・カクテルが、口伝えに普及していく道である。マティーニやサイドカー、新しいところではソルティ・ドックやブラック・レインのようなカクテルである。しかし、普及の道は堅実ではあるがスタンダード・カクテルとして認知されるまでには時間はかかる。

　二つめはカクテル・コンペティションのように公の席で発表され、世間に認知されていく道である。イベントでの発表でもあり、伝達力は強いが、コンペティションのときだけスポット・ライトが当たり、それだけで一生を終わってしまうカクテルもある。

　どちらの道を取るにしても、大事なのはつくり手がクリエイティブな感性を持ち、新しいカクテルの道をつくろうとする姿勢だろう。

　カクテル・コンペティションの歴史は古く、20世紀初頭からアメリカの禁酒法

時代の1930年代にかけて、ヨーロッパを中心に始まったのではないかと考えられている。
　ちょうどこの時代は、禁酒法で職にあぶれたアメリカのバーテンダーがヨーロッパに渡り、お互いの技術を競ったヨーロッパ・カクテルの「黄金時代」であり、また、ヨーロッパでバーテンダーの組織が形成され始めていたことも、カクテル・コンペティションの企画にプラスしたのであろう。
　カクテル・コンペティション（Cocktail Competition）とは、カクテル競技会のことで、世界各地でさまざまな団体により開催されているが、日本ではバーテンダー協会が主催するものと、各洋酒メーカーが主催するものとがある。協会主催のほうは会員対象であり、会員規約があるので、ここではメーカー主催のコンペティションの応募についての心得について触れてみよう。

応募から出場権を得るまで
（1）コンペティションのコンセプトを把握する
　メーカー主催の場合、バーテンダーの調製技術よりも、メーカーの取り扱う酒の将来性にウエイトがおかれる。プロらしいレシピよりも、メーカー取り扱いの酒が、飲み手となる消費者に気に入ってもらえる味をつくり出す技術やレシピが求められると考えるべきだろう。
（2）ネーミング
　ほとんどの場合、テーマ（使用する酒も含め）が決まっているものが多く、そのテーマに沿ったネーミングをまず考える。特に、日本人が発音しやすい、さらには、覚えやすいものがインパクトを与える。
（3）色を決める
　前述のように、ネーミングから連想される色を決める。
（4）味（商品の組み合わせ）
　ベースとなる酒と、その他の酒も含めたミキサー（副材料）との相性を決める。このとき、ベースの酒の色を出すのか、あるいは、まるっきり違う色をつくり出すのかが大事になる。大胆な発想で予期せぬ色を出すなどは評価も高く、そのレシピの内容についてもアピール度が高くなる。
　しかし、いくら大胆に色を演出したとしても、最終的には、使用する酒を含む全材料が、主催するメーカーの商品かどうかである。最近ではジュース類などのミキサー（副材料）に関しては、そのメーカーが取り扱っていないものでも認め

られるようになってきているが、ジュース類はメーカー間で微妙に風味が違うことがあるので、取り扱い品目であるならば、チェックが必要となる。

(5) グラスを決める

　ネーミング、味、色がすばらしくても、グラスに注いだとき、イメージが違ってしまってはなにもならない。グラスの選定も応募の重要な課題のひとつといえよう。

　この他にも、デコレーションの有無、分量など、細かな留意点はたくさんあるが、それ以上に大切なことは、審査する人の身になってきれいな書体、誤字脱字などがないように、応募用紙への記入は最善の注意を払って臨むこと。まずは書類審査という第一関門をクリアしなければならないのだから。

　運よく最終選考に残れたら、あとは本番（本選）である。コンペティション当日の留意点はたくさんあるが、特にウエイトをおきたいのが、出場者の気迫と集中力だろう。コンペティションは人間（審査員）が人間（創作者）を評価するのである。審査員を納得させ、どうしたらおいしい味がつくれるかという探究心を、わずか5分前後の競技時間に集約して表現するのだから、普段の努力の積み重ねこそが、運と実力となって結実し、一杯のカクテルを入賞へと導いてくれるのである。

カクテルレシピ158

COCKTAIL RECIPES
158

A

ABSINTHE COCKTAIL
アブサン・カクテル

材料		
	アブサン	3/5
	ミネラル・ウォーター	2/5
	シュガー・シロップ	1tsp
	アンゴスチュラ・ビターズ	1ダッシュ

作り方　●十分にシェークして、カクテル・グラスに注ぐ。

[メモ]　●ロンドンのジ・エンバシー・クラブのバーテンダー、ロバート・ベルマイヤー氏作。

●上記の他、約45mlアブサンをロック・グラスに注ぎ、砂糖をのせたスプーンをグラスにつけ、アブサンを十分に砂糖に染み込ませ火を付け、カラメル状になるまで待ち、グラスに落とす。好みの量のミネラル・ウォーターを加えてよくステアするABSINTHE DRIP（アブサン・ドリップ）というカクテルもある。

ADONIS
アドニス

材料		
	ドライ・シェリー	2/3
	スイート・ベルモット	1/3
	オレンジ・ビターズ	1ダッシュ

作り方　●ステアして、カクテル・グラスに注ぐ。

[メモ]　●ADONISとは、ギリシャ神話に出てくるアフロディテ（ヴィーナス）に寵愛された美少年の名。ニューヨークで1884年にその名のミュージカルが上演されてヒット。それにちなんで、ニューヨークで生まれた。

●スイート・ベルモットを、ドライ・ベルモットに替えるとBAMBOO（バンブー）になる。バンブーは辛口だが、アドニスはアネモネ（ギリシャ語でアドニス）の赤い花のような色合いで、やや甘みも持ったカクテル。

●マンハッタンのシェリー版といったところ。日本へはバンブーの生みの親ルイス・エッピンガーによって伝えられたといわれている。

A

AFFINITY
アフィニティ

材料	ウイスキー	1/2
	ドライ・ベルモット	1/4
	スイート・ベルモット	1/4
	アンゴスチュラ・ビターズ	2ダッシュ

[作り方] ●ステアして、カクテル・グラスに注ぐ。レモン・ピールを絞りかける。

[メモ] ●アフィニティを辞書で引くと「密接な関係。婚姻関係」とあるように、イギリス、フランス、イタリア3ヵ国の酒を使い、3ヵ国の親密さを表わしているのではと思われる。

ALASKA
アラスカ

材料	ドライ・ジン	3/4
	シャルトリューズ・ジョーヌ（イエロー）	1/4

[作り方] ●シェークして、カクテル・グラスに注ぐ。

[メモ] ●ステアするレシピもあるが、アラスカのイメージからはシェークするほうが適当かと思われる。
●ロンドン、サボイ・ホテルのハリー・クラドック氏が、アメリカのバーで働いていたときにつくられたといわれる。
●ヴェール（グリーン）を使うとGREEN ALASKA（グリーン・アラスカ）。アメリカではEMERALD ISLE（エメラルド・アイル）ともいう。数あるカクテルの中でも、極めてアルコール度数の高いカクテルである。
●上記のグリーン・アラスカにフレッシュ・タイム（香草）を1本添えるとMARTINI THYME（マティーニ・タイム）という新しいスタイルのカクテルになる。

A

ALEXANDER
アレクサンダー

材料		
	ブランデー	1/2
	カカオ	1/4
	生クリーム	1/4

作り方　●十分にシェークして、カクテル・グラスに注ぐ。

[メモ]　●イギリス国王エドワード7世の王妃アレクサンドラに捧げられたカクテル。クリーミーで、口当たりのよい女性向きのカクテルとしてはNo.1。欧米のカクテル・ブックでは、ジン・ベースで、ホワイト・カカオ使用のものも多く見られる。
●バリエーションとしては、ベースのブランデーをジンに替えるとPRINCESS MARY（プリンセス・メリー）、ウオツカにするとBARBARA（バーバラ）、また、ラムにするとPANAMA（パナマ）。
●生クリームも脂肪分の少ないものを使うと、ライトな味わいになる。

AMERICANO
アメリカーノ

材料		
	カンパリ	30ml
	スイート・ベルモット	30ml
	ソーダ	適量

作り方　●氷を入れたタンブラーに、カンパリとスイート・ベルモットを注ぎ、冷やしたソーダで満たし、軽くステアする。レモン・ピール、あるいは、オレンジのハーフ・スライスを飾る。

[メモ]　●イタリア語でアメリカ人のことをアメリカーノという。
●20世紀の初期に生まれ、第二次世界大戦後に流行しだしたカクテル。カンパリ・ソーダの苦みはアメリカ人の舌には強すぎ、ベルモットを混ぜてまろやかにして飲まれたのが始まりとか。日本では大正時代には知られていたアペリティフ向きのカクテル。

A

ANGEL'S KISS
エンジェルズ・キッス

材料　カカオ ……………………………………………………… 3/4
　　　　生クリーム ……………………………………………………… 1/4

作り方　●リキュール・グラスにカカオを注ぎ、上から静かに生クリームをフロートする。レッド・チェリーをカクテル・ピンか楊枝に串刺しにして、グラスの縁に差し渡す。

[メモ]　●日本では一般的なつくり方だが、アメリカなどでは同じレシピでつくったものをANGEL'S TIP（エンジェルズ・ティップ）といっている。
●口の中で、カカオと生クリームが混ざり、のどに流れ込む。ナイト・キャップとしても楽しめるカクテル。
●19世紀にアメリカで生まれたといわれる。

AROUND THE WORLD
アラウンド・ザ・ワールド

材料　ドライ・ジン ……………………………………………………… 2/3
　　　　グリーン・ペパーミント ……………………………………………………… 1/6
　　　　パイナップル・ジュース ……………………………………………………… 1/6

作り方　●シェークして、カクテル・グラスに注ぐ。グリーン・チェリーを飾る。

[メモ]　●アラウンド・ザ・ワールドとは、世界一周という意味。1935年刊の「オールド・ミスター・ボストン・バーテンダーズ・ガイド」に収録されている。実際には1872年、ジュール・ヴェルヌの同名の小説からヒントを得て、アメリカのバーテンダーによって生まれたカクテルと思われる。
●日本では1950年代末にラジオ局のヒット・チャートの上位を占めていたビクター・ヤングによる映画、「80日間世界一周」（1956年）の主題歌曲名として知られ、のちに、ナット・キング・コールやコニー・フランシスによって再リリースされ、支持を受けるようになった。

B

B-52
ビー‐52

材料		
	カルーア	10ml
	ベイリーズ・オリジナル・アイリッシュ・クリーム	10ml
	グラン・マルニエ　コルドン・ルージュ	10ml

作り方　●ショット・グラス、または小さめのグラスに材料を順に注ぐ。

[メモ]　●アメリカのカクテル界では、テキーラやウオツカ、そして、1980年代以降に登場した新しいリキュールを使い、遊び心のあるネーミングのカクテル群（カテゴリー）をシューター（SHOOTER）と呼び、B-52はその代表格。そのまま、あるいは、シェークして元のグラスに注ぎ、一気に飲む。

●1990年代にフレア・バーテンディングやシューターの世界で紹介されるとともに広まる。バリエーションはいろいろだが、グラン・マルニエをアブサンに替えればB-55。今一番の話題はパリ仕立ての、三つの酒をゼリー・スタイルに三層にした遊び感覚のもの。

BACARDI COCKTAIL
バカルディ・カクテル

材料		
	バカルディ・ラム（ホワイト）	3/4
	ライム・ジュース	1/4
	グレナデン・シロップ	1tsp

作り方　●シェークして、カクテル・グラスに注ぐ。

[メモ]　●1933年、ラム・メーカーのバカルディ社が、自社のラムの宣伝用として発表したカクテル。「バカルディ・カクテルには、バカルディ社のラムを使わなければいけない」といったニューヨークの高等裁判所の1936年の判決は有名。

B

BALALAIKA
バラライカ

材料		
	ウオツカ	1/2
	ホワイト・キュラソー	1/4
	レモン・ジュース	1/4

作り方　●シェークして、カクテル・グラスに注ぐ。
[メモ]　●SIDECAR（サイドカー）、WHITE LADY（ホワイト・レディ）、X.Y.Z.（エックス・ワイ・ジー）のウオツカ版。1965年に改定されたSavoy Cocktail Bookに初めて登場した。
●BALALAIKAとはロシアで使われる三角形をしたギターのような弦楽器のこと。

BAMBOO
バンブー

材料		
	ドライ・シェリー	2/3
	ドライ・ベルモット	1/3
	オレンジ・ビターズ	1tsp

作り方　●ステアして、カクテル・グラスに注ぐ。
[メモ]　●明治20年代、横浜のグランド・ホテルでマネージャーをしていたサンフランシスコ出身のルイス・エッピンガー氏作。ADONISの評判にあやかって生まれた辛口カクテル。「竹」を割ったようなクセのない味わいからBAMBOOと名付けられたとか。当時は大型客船が世界の海を周っていた時代。乗船客や船乗りによって、海外へと知られ、ADONISのバリエーションとしてではなく、日本オリジナルのカクテルとして紹介された。
●ADONISに比べ、ドライ・シェリーの風味が、現代の嗜好にマッチしており、シェリーの味も活きている。

B BETWEEN THE SHEETS
ビトウィン・ザ・シーツ

材料	ブランデー	1/3
	ホワイト・ラム	1/3
	ホワイト・キュラソー	1/3
	レモン・ジュース	1tsp

作り方　●シェークして、カクテル・グラスに注ぐ。

[メモ]　●Between the Sheetsとは「寝床に入って」という意味。単なるナイト・キャップと考えるか、あるいはもっとSEXYな考えを持つべきか。
　　　　●ラムの替わりにペルノを使えばNICKY FINN(ニッキー・フィン)という、アニス・フレーヴァーのカクテルとなる。

BLACK RAIN
ブラック・レイン

材料	シャンパン(または、スパークリング・ワイン)	9/10
	ブラック・サンブーカ　オパール・ネラ	1/10

作り方　●フルート型シャンパン・グラスに、冷やした材料を注ぎ、軽くステアする。

[メモ]　●松田優作の遺作となった、マイケル・ダグラス、高倉健共演の同名の映画のタイトルから由来。
　　　　●作者はオーストラリア、シドニーの旧市街、キングス・クロスにあるハイアット・キングスゲート・ホテルのバー支配人ハーブ・メイソンで、1990年の作。
　　　　●ブラック・サンブーカは、1988年にイタリアで発売された新しいリキュール。サンブーカをエルダーベリーの抽出液などで黒くしたもの。ハーブ系リキュールだが、柑橘系のフレーヴァーを持つ。

B

BLACK RUSSIAN
ブラック・ルシアン

材料	
ウオツカ	40ml
カルーア	20ml

作り方 ●氷を入れたロック・グラスに注ぎ、軽くステアする。

[メモ] ●1950年にベルギーのホテル『メトロポール』勤務のギュスターヴ・トップが考案したカクテル。

●上記のカクテルに生クリームをフロートするとWHITE RUSSIAN（ホワイト・ルシアン）というカクテルになる。また、ベースのウオツカをブランデーに替えるとDIRTY MOTHER（ダーティ・マザー）、カルーアをアマレットに替えるとGODMOTHER（ゴッドマザー）になる。

●BLACK RUSSIANをタンブラーにつくり、ソーダで割るとMIND ERASER（マインド・イレーザー）となる。

BLACK VELVET
ブラック・ベルベット

材料	
スタウト	1/2
シャンパン（または、スパークリング・ワイン）	1/2

作り方 ●冷やしておいた材料を上の順に静かにゴブレット（または、タンブラー）に注ぎ、ごく軽くステアする。

[メモ] ●BLACK VELVETとは、黒いビロードという意味。1880年に考案され、当初の名前はシャンパン・ベルベット。

●グラスに両方から二つの材料を同時に注ぐのも演出効果大。ただし、泡の盛り上がりが強く、技術難度は高い。

●各国により呼び方が違い、ビールの本場、イギリスではBISMARK（ビスマルク）という。

●ヴィクトリア女王の夫が亡くなった1800年代後半、ロンドンのクラブではシャンパンがよく飲まれていたが、きらびやかな泡立ちのシャンパンは、喪に服すにはいかがかと、クラブ側がギネス・スタウトをシャンパンに半々に混ぜて「ブラック・ベルベット」として会員に提供したとか。

B BLOODHOUND
ブラッドハウンド

材　料		
	ドライ・ジン	30ml
	ドライ・ベルモット	15ml
	スイート・ベルモット	15ml
	イチゴ	2個
	クラッシュド・アイス	2/3カップ

作り方　●ミキサーにかけ、ロック・グラスに移す。ストローを添える。
[メモ]　●BLOODHOUNDとは、「警察犬」のことをいう。
　　　●ミキサーが開発される前の1900年代初頭にロンドンで生まれた。当時はイチゴではなくラズベリーが使われ、強いシェークにより、フルーツの風味を酒に移してつくられていた。

BLOODY BULL
ブラッディ・ブル

材　料		
	ウオツカ	30ml
	トマト・ジュース	45ml
	ビーフ・ブイヨン	45ml
	レモン・ジュース	1tsp

作り方　●シェークして、氷を入れたタンブラーに注ぐ。
[メモ]　●ネーミングから連想されるように、ブラッディ・メアリーとブル・ショットを混ぜたような味わい。アルコール度数もほどほどで、ヘルシー感覚のカクテル。タバスコ・ソースを好みで加えてもよい。

B BLOODY MARY
ブラッディ・メアリー

材料	ウオツカ	45ml
	トマト・ジュース	適量

作り方　●氷を入れたグラスにウオツカを注ぎ、その2～3倍量のトマト・ジュースで満たし、軽くステアする。

[メモ]　●トマト・ジュースにウースター・ソース、タバスコ・ソース、レモン・ジュース、塩などを好みで入れ、プレ・ミックスをつくってから、ウオツカと混ぜる方法もある。
●Harry's ABC mixing cocktailsによれば、1921年、パリのハリーズ・バーでピート・ペティオの作とある。彼はのちに、ニューヨークのホテルのバーのキャプテンになったことから、アメリカ生まれとも考えられる。このカクテルは、生まれてからいろいろと名前が変わったようだが、ブラッディ・メアリーとなったのは1946年のこと。アーネスト・ヘミングウェイが世界に広めたともいわれている。

BLUE CORAL REEF
青い珊瑚礁

材料	ドライ・ジン	2/3
	グリーン・ペパーミント	1/3

作り方　●シェークして、グラスの縁をレモンの切り口で濡らしたカクテル・グラスに注ぐ。レッド・チェリーをグラスの底に沈める。

[メモ]　●1950(昭和25)年5月3日に東京で開催された第2回オール・ジャパン・ドリンクス・コンクール第1位入賞作品。作者は名古屋の鹿野彦司氏。
●オリジナルは、レシピにあるようにグラスの縁を濡らすだけだが、白い珊瑚の砂浜を連想させるために、グラニュー糖でスノー・スタイルにして提供するところもある。

B

BLUE HAWAII
ブルー・ハワイ

材料		
	ホワイト・ラム	30ml
	ブルー・キュラソー	15ml
	パイナップル・ジュース	30ml
	レモン・ジュース	15ml

作り方 ●シェークして、クラッシュド・アイスをいっぱいに詰めたグラスに注ぎ、パイナップルなどを飾り、ストローを添える。

[メモ] ●エルビス・プレスリーの『ブルー・ハワイ』とともに日本で生まれたカクテルかも。当時はカルピスを使ったレシピもあった。
●現在のレシピは1979年、サントリー㈱が展開した、トロピカル・カクテル・キャンペーンにより定着した。

BLUE LAGOON
ブルー・ラグーン

材料		
	ウオツカ	30ml
	ブルー・キュラソー	45ml
	レモン・ジュース	20ml

作り方 ●シェークして、氷を入れたフルート型シャンパン・グラスに注ぐ。オレンジ、レモン、レッド・チェリーなどを飾り、ストローを添える。

[メモ] ●1960年、パリのハリーズ・バーのアンディ・マッケルホーン（Andy MacElhone）氏作。
●上記の材料を、氷を入れたタンブラーに注ぎ、セブンアップで満たしたものがBLUE LAGOON HIGHBALL（ブルー・ラグーン・ハイボール）。スイートなロング・ドリンクになる。

B

BLUE MOON
ブルー・ムーン

材料	ドライ・ジン	1/2
	バイオレット・リキュール	1/4
	レモン・ジュース	1/4

作り方　●シェークして、カクテル・グラスに注ぐ。

[メモ]　●作者も生まれも不明だが、1929(昭和4)年に出版された、秋山徳蔵著の『コクテール』にレシピが載っているところから、それよりも4〜5年前には生まれていたと思われる。
●生レモンを絞って使用する場合は、茶漉しなどで果肉を漉さないと、カクテルの色が濁って見える。
●第4次カクテル・ブーム時代といわれた1986年、NHKで放送されたブルース・ウイルスの出世作といわれる『こちらブルー・ムーン探偵社』とともに日本ではファンの多くなったカクテル。

BOURBONELLA
バーボネラ

材料	バーボン・ウイスキー	1/2
	ドライ・ベルモット	1/4
	オレンジ・キュラソー	1/4
	グレナデン・シロップ	1ダッシュ

作り方　●ステアして、カクテル・グラスに注ぐ。

[メモ]　●1930年代に、イギリスのバーテンダーであるW.ホイットフィールド氏が考案したといわれる。

B

BRANDY EGGNOG
ブランデー・エッグノッグ

材　料		
	ブランデー	30ml
	ホワイト・ラム	15ml
	砂糖	2tsp
	卵	1個
	牛乳	適量

作り方　●牛乳以外を十分にシェークして、タンブラーに注ぐ。冷たい牛乳で満たし、軽くステアする。ナツメグを振りかけてもよい。

[メモ]　●Eggnogとは、FizzやSourと同じように、カクテルのひとつのタイプ。ここではブランデー・ベースなので頭にBrandyをつけて、BRANDY EGGNOGと呼びたい。
　　　　●アメリカ南部の伝説からクリスマス・ドリンクとして作られたのが起源とか。

BRAVE BULL
ブレーブ・ブル

材　料		
	テキーラ	40ml
	カルーア	20ml

作り方　●氷を入れたロック・グラスに注ぎ、軽くステアする。

[メモ]　●ブラック・ルシアンのテキーラ版。
　　　　●ライム・ジュースを10ml加え、シェークし、カクテル・グラスに注ぐとSOUTH OF THE BORDER（サウス・オブ・ザ・ボーダー）という、ややドライなショート・カクテルになる。

B

BRONX
ブロンクス

材料		
	ドライ・ジン	1/2
	ドライ・ベルモット	1/6
	スイート・ベルモット	1/6
	オレンジ・ジュース	1/6

[作り方] ●シェークして、カクテル・グラスに注ぐ。

[メモ] ●ブロンクスは、ニューヨーク市の区名。ブロンクス動物園があることで有名。

●ブロンクスのレシピに卵黄を加えるとBRONX GOLD(ブロンクス・ゴールド)、卵白を加えるとBRONX SILVER(ブロンクス・シルバー)となる。

BULL SHOT
ブル・ショット

材料		
	ウオツカ	30ml
	ビーフ・ブイヨン	60ml

[作り方] ●シェークして、氷を入れたロック・グラスに注ぐ。

[メモ] ●1953年、アメリカ、デトロイトのレストラン、コーカス・クラブの経営者グルーバー兄弟の作といわれる。ビーフ・ブイヨンを使うというところから、レストランでのアペリティフとして考案されたと思われる。

●別名をオックス・オン・ザ・ロックスといい、オリジナル・バージョンはスミノフ・ウオツカにキャンベルのビーフ・ブイヨン・スープ、リー・ペインのウースター・ソースを使用。セロリ・スティックをマドラー代わりに使用した、当時としてはかなりのヘルシー感覚の飲みものだった。

●東京、新宿のホテル・バーでは、スープ・カップに入れて出すところもある。

C

CACAO FIZZ
カカオ・フィズ

材　料		
	カカオ	45ml
	レモン・ジュース	20ml
	砂糖	1tsp
	ソーダ	適量

作り方　●ソーダ以外をシェークして、氷を入れたタンブラーに注ぎ、ソーダで満たし、軽くステアする。

[メモ]　●カカオのところに、他のリキュールを使ってもおいしいフィズができあがる。リキュール系のフィズと、ジン・フィズの違いは、前者がリキュールの甘みを考えて砂糖を1tspに控えているところ。
●欧米でオーダーすると、ジン・フィズに好みのリキュールを少量プラスしたスタイルで提供するところもある。

CAFÉ ROYAL
カフェ・ロワイヤル

材　料		
	ブランデー	1tsp
	角砂糖	1個
	ホット・コーヒー	適量

作り方　●コーヒー・カップにコーヒーを注ぐ。カップの上に、角砂糖をのせたスプーンを渡し、これにブランデーを注ぐ。
　　　　ブランデーの染み込んだ角砂糖に火を付け、適当に炎がたったら、スプーンをそのままコーヒーの中に沈め、ゆるやかに混ぜる。

[メモ]　●スプーンの上の角砂糖に火が付きづらいという恐れがあるときは、スプーンを熱湯などで温めて使うとよい。

C

CAÏPIRINHA
カイピリーニャ

材料		
	カシャーサ	50ml
	ライム	1/2個
	粉砂糖	2tsp

作り方　●刻んだライムと粉砂糖をグラスに入れてよく混ぜ、クラッシュド・アイスを入れ、カシャーサを注ぎよくステアする。ストローを添える。

[メモ]　●意味は「田舎のお嬢さん」。ベースの酒はピンガとも呼ばれているブラジルの地酒。カシャーサともシュガー・ケイン・ブランデーなどともいう。
　　　●バリエーションはいくつかあるが、中でもホワイト・プエルト・リカン・ラムでつくるCAĪPIRISSIMA(カイピリシマ)はライトなフレーヴァーのカクテルとして知られている。
　　　●ウオッカ・ベースにするとCAĪPIROVSKA(カイピロフスカ)となる。

CAJUN MARTINI
ケージャン・マティーニ

材料		
	ドライ・ジン	4/5
	ドライ・ベルモット	1/5
	ハラペーニョ・ソース	4〜5drop

作り方　●ステアして、カクテル・グラスに注ぐ。オリーブを飾る。

[メモ]　●マティーニのバリエーションはいろいろあるが、その中でも新鮮味を感じさせるのが、このマティーニ。アメリカ南部独特の料理として、フランス系カナダ人の家庭料理をアレンジしたケージャン料理がある。それを食べる前のアペリティフとして考案されたもの。ハラペーニョは、メキシコ産の辛みの強いトウガラシ。
　　　●このケージャン・マティーニのハラペーニョ・ソースの代わりにスタッフド・オリーブが漬かっていた塩水を少々落とすと後味に塩味が感じられるDIRTY MARTINI(ダーティ・マティーニ)となる。1943年、テヘランでの米ソ会議でルーズベルト大統領が考案、スターリンに振舞ったといわれている。

C

CAMPARI & SODA
カンパリ・ソーダ

材　料　　カンパリ 45ml
　　　　　　ソーダ .... 適量

作り方　●氷を入れたグラスにカンパリを注ぎ、冷やしたソーダで満たし、軽くステアする。オレンジ（または、レモン）を飾る。

[メモ]　●カンパリは柑橘系のフルーツとの相性がいい。オレンジ、または、レモンのスライスを飾るのは必須と考えたい。
　　　　　●カンパリは柑橘類のジュースとの相性もよく、オレンジ・ジュースで割ったCAMPARI & ORANGE（カンパリ・オレンジ）、グレープフルーツ・ジュースで割ったCAMPARI &GRAPEFRUIT（カンパリ・グレープフルーツ）もよく飲まれている。

CHAMPAGNE COCKTAIL
シャンパン・カクテル

材　料　　角砂糖 1個
　　　　　　アンゴスチュラ・ビターズ 1ダッシュ
　　　　　　シャンパン（または、スパークリング・ワイン） .... 適量

作り方　●シャンパン・グラスに角砂糖を入れ、アンゴスチュラ・ビターズを振りかける。氷1個を入れ、冷やしたシャンパンで満たし、レモン・ピールを絞る。

[メモ]　●ソーサー型シャンパン・グラスにつくるのが一般的だが、お洒落につくるならば、フルート型シャンパン・グラスにつくるほうがより洒落ている。角砂糖が、シャンパンの泡により、グラスの底に溶け落ちる様が美しい。

C

CHERRY BLOSSOM
チェリー・ブロッサム

材料		
	チェリー・ブランデー	1/2
	ブランデー	1/2
	オレンジ・キュラソー	2ダッシュ
	レモン・ジュース	2ダッシュ
	グレナデン・シロップ	2ダッシュ

[作り方] ●シェークして、カクテル・グラスに注ぐ。

[メモ] ●日本生まれの美しいカクテル。横浜の『パリ』のオーナー田尾多三郎氏作。Savoy Cocktail Bookにも載っている国際的なカクテル。
●バンブー、ヨコハマ、ミリオンダラーと並ぶ、横浜生まれの4大カクテルのひとつ。

CHI-CHI
チチ

材料		
	ウオツカ	30ml
	パイナップル・ジュース	80ml
	ココナッツ・ミルク	45ml

[作り方] ●十分にシェークして、クラッシュド・アイスを詰めた大型グラスに注ぐ。パイナップルとレッド・チェリーを飾り、ストローを添える。

[メモ] ●1959年、ハワイがアメリカの州に昇格した際、ワイキキ・ビーチのザ・ロイヤル・ハワイアンが「サーフ・バー」をクローズして、「マイタイ・バー」としてリニューアル・オープンしたとき、フレッド・ミヤケ氏によりオン・メニューされ、世に知られることとなった。
●CHI-CHIとは、フランス語でシシと発音し、「気取った振る舞い」の意。英語だと「上品」とか「洒落た」の意味。
●ラム・ベースのピニャ・カラーダと偶然にもレシピは同じだが、こちらはプエルト・リコのサンファン市の生まれとか。

C

COSMOPOLITAN
コスモポリタン

材　料		
	ウオツカ ………………………………………………	1/2
	グラン・マルニエ　コルドン・ルージュ …………	1/6
	クランベリー・ジュース ……………………………	1/6
	ライム・ジュース ……………………………………	1/6

作り方　●シェークして、カクテル・グラスに注ぐ。

[メモ]　●1990年代初め、サンフランシスコのジュリーズ・サパー・クラブで考案され、アメリカ東海岸で始まったマティーニ・バリエーションとともにもっとも話題となっているカクテル。
　　　　●コスモポリタンは男性のマティーニに匹敵するほどに、女性の支持を受けているが、その火付け役はマドンナで、ニューヨークとロンドンで催されたイブニング・パーティで愛飲して以来、普及し始めたといわれている。

CUBA LIBRE
クヴァ・リブレ

材　料		
	ホワイト・ラム ………………………………………	45ml
	ライム …………………………………………………	1/2個
	コーラ …………………………………………………	適量

作り方　●グラスにライムを絞り、グラスの中に落とす。氷を加え、ラムを注ぎ、その2～3倍量のコーラで満たし、マドラーを添える。

[メモ]　●一般的にはキューバ・リバーと呼ばれるクヴァ・リブレは、1902年、アメリカの援助でスペインから独立したキューバが、独立運動の合言葉として使った「Viva Cuba Libre！（キューバ万歳）」に由来する。歴史を考えるとキューバ産のホワイト・ラムとアメリカ産のコーラを使って絶妙のハーモニーを楽しみたいカクテル。
　　　　●アンゴスチュラ・ビターズを3～4ドロップ加えるとTRINIDAD（トリニダッド）というカクテルになる。

DAIQURI
ダイキリ

材料	
ホワイト・ラム	3/4
ライム・ジュース	1/4
砂糖	1tsp

作り方　●シェークして、カクテル・グラスに注ぐ。

[メモ]　●1898年(1902年という説もある)、キューバ島の南東にあるダイキリ鉱山で働く鉱山技師団とジェニングス・S・コックスによって考案された。当時のキューバは独立間もない時期で、アメリカから派遣された鉱山技師たちは週末になるとサンチャゴ市のビーナス・ホテルに出て、プランターズ・パンチなどを楽しんでいたが、飽きを感じ、地元の材料であるキューバ特産のラムとライムに、やはりキューバ特産の砂糖をミックスして新しいドリンクを楽しんでいた。そこで生まれたのがダイキリといわれている。

DIRTY MOTHER
ダーティ・マザー

材料	
ブランデー	40ml
カルーア	20ml

作り方　●氷を入れたロック・グラスに注ぎ、軽くステアする。

[メモ]　●酒のイメージからすれば、ブランデーとカルーアの組み合わせは、なにかアンバランスな感じが残る。しかし、ブランデーの樽熟成による樽材から出るバニラの風味は、カルーア製造過程で添加されるバニラの風味とよく合い、絶妙の風味を持ったカクテルとなっている。

D DOG'S NOSE
ドッグズ・ノーズ

材　料	ドライ・ジン	40ml
	ビール	適量

作り方　●ピルスナー・グラスにドライ・ジンを注ぎ、よく冷やしたビールで満たし、軽くステアする。

[メモ]　●DOG'S NOSEとは、犬の鼻の意味。ビールの入ったグラスに鼻をつけ、ジンの香りをクンクン探すところから命名？。
●「酒＋ビール」の組み合わせは現代では気軽に飲まれ、リキュールのカンパリを使ったCAMPARI BEER（カンパリ・ビアー）、グリーン・ペパーミント・リキュールを使ったMINT BEER（ミント・ビアー）などが人気。
●新しい組み合わせとしてはテキーラとビールでつくるミチュラーダがあり、RTD（Ready to drink）と呼ばれる缶入り商品もある。日本ではTEQUILA SUBMARINE（テキーラ・サブマリン）として知られる。

E EL DIABLO
エル・ディアブロ

材　料	テキーラ	40ml
	クレーム・ド・カシス	10ml
	ジンジャー・エール	適量
	ライム	1/4個

作り方　●氷を入れたタンブラーに注ぎ、軽くステアする。ライムを絞り入れる。

[メモ]　●知られるようになったのが20世紀末のため、新しいカクテルに思われるが考案されたのは1940年代、メキシコのメリダの町だといわれる。カクテル名は、スペイン語で悪魔の意。名前の由来はこのカクテルの赤い色からだと思われる。最初は、メキシカン・エル・ディアブロといわれていた。
●クレーム・ド・カシスを入れないものはMEXICAN MULE（メキシカン・ミュール）と呼ばれる。

E EL PRESIDENTE
エル・プレジデンテ

材料　ホワイト・ラム……………………………………………… 1/2
　　　ドライ・ベルモット…………………………………………… 1/4
　　　オレンジ・キュラソー………………………………………… 1/4
　　　グレナデン・シロップ……………………………………… 1ダッシュ

作り方　●ステアしてカクテル・グラスに注ぐ。
［メモ］　●EL PRESIDENTEとは、英語のThe Presidentに当たり、「大統領」とか「社長」の意味。メキシコの首都にこの名のホテルがあり、そこでのオリジナル・カクテル。イギリスではPRESIDENTE COCKTAIL（プレジデンテ・カクテル）ということもある。

F FLORIDA
フロリダ

材料　ドライ・ジン……………………………………………… 15ml
　　　オレンジ・ジュース…………………………………………… 40ml
　　　キルシュヴァッサー…………………………………………… 1tsp
　　　ホワイト・キュラソー………………………………………… 1tsp
　　　レモン・ジュース……………………………………………… 1tsp

作り方　●シェークして、氷を入れたロック・グラスに注ぎ、オレンジを飾る。
［メモ］　●同名のカクテルで、オレンジ・ジュース、レモン・ジュース、砂糖、アンゴスチュラ・ビターズでつくる、ノン・アルコール・カクテルもある。こちらのほうはアメリカの禁酒法時代に流行ったもの。

F FRENCH 75
フレンチ75

材料	ドライ・ジン	45ml
	レモン・ジュース	20ml
	砂糖	1tsp
	シャンパン（または、スパークリング・ワイン）	適量

作り方　●シャンパン以外の材料をシェークして、コリンズ・グラスに注ぐ。氷を加え、冷やしたシャンパンで満たし、軽くステアする。

［メモ］　●第一次大戦時、パリのアンリ・バーで生まれた。フレンチ75とはフランス製の口径75mmの大砲のこと。
●ドライ・ジンをバーボン・ウイスキーに替えると、FRENCH 95、ブランデーにすると、FRENCH125となる。
●ドライ・ジンの代わりにウオツカを使えばDAIAMOND FIZZ（ダイアモンド・フィズ）になる。

FRENCH CONNECTION
フレンチ・コネクション

材料	ブランデー	40ml
	アマレット	20ml

作り方　●氷を入れたロック・グラスに注ぎ、軽くステアする。

［メモ］　●1975年、マルセイユを舞台にジーン・ハックマン主演で封切られた映画『フレンチ・コネクション2』にちなんで生まれた傑作。フランスを舞台に生まれた「シネマ・カクテル」は数多くあるが、フレンチ・コネクションは、その中でもシンプルな味わいが堪能できる逸品。
●映画のタイトルにちなんで生まれたGODFATHER（ゴッドファーザー）、GODMOTHER（ゴッドマザー）のバリエーションのひとつでもある。

F

FROZEN BANANA DAIQUIRI
フローズン・バナナ・ダイキリ

材料		
	ホワイト・ラム	30ml
	ホワイト・キュラソー	10ml
	レモン・ジュース	1tsp
	砂糖	1tsp
	バナナ	1/3本
	クラッシュド・アイス	1カップ

作り方　●バナナは皮をむき、薄切りにする。材料をミキサーにかけ、グラスに移す。バナナを飾り、ストローを添える。

［メモ］　●BANANA DAIQUIRI（バナナ・ダイキリ）と呼ぶこともある。
●バナナの色が変わるため、カットしたバナナにレモンを少し絞りかけてからミキサーに入れるとよい。バナナの量は、約40gが妥当。

FROZEN BLUE MARGARITA
フローズン・ブルー・マルガリータ

材料		
	テキーラ	30ml
	ブルー・キュラソー	15ml
	レモン・ジュース	1tsp
	砂糖	1tsp
	クラッシュド・アイス	1カップ

作り方　●ワイン・グラスの縁を塩でスノー・スタイルにしておく。材料をミキサーにかけ、グラスに移す。レモンを飾り、ストローを添える。

［メモ］　●クラッシュド・アイスを少し多めにして、硬くつくったほうが見栄えがする。しかし、飲みやすさでは、柔らかくしたほうがよく、マルガリータの風味に近い。

F

FROZEN DAIQUIRI
フローズン・ダイキリ

材料	
ホワイト・ラム	40ml
ホワイト・キュラソー	10ml
ライム・ジュース	1tsp
砂糖	1tsp
クラッシュド・アイス	1カップ

作り方　●ミキサーにかけ、大型脚付きグラスに移す。ライム、ミントの葉を飾り、ストローを添える。

[メモ]　●1937年前後、料理用ミキサーの開発とともにハバナのSlopy Joe's（スラッピー・ジョーズ）で生まれたこのカクテルは、ロスト・ジェネレーション作家の一人、アーネスト・ヘミングウェイにより世界にデビューした。

●オリジナル・バージョンはホワイト・キュラソーの替わりにマラスキーノが使われており、パパ・ヘミングウェイは「パパ・ダブレ」と呼んでいた。

FUZZY NAVEL
ファジー・ネーブル

材料	
ピーチツリー・シュナップス	30ml
オレンジ・ジュース	60ml

作り方　●氷を入れたロック・グラスに注ぎ、ステアする。オレンジを飾る。

[メモ]　●1980年代、ヤッピーという言葉が流行っていたアメリカで生まれたカクテル。シュナップスとは天然フレーヴァーを持った無色透明のリキュール。

●FUZZYとは輪郭などのぼやけた状態の意味。コンピューター用語としても使われている。NAVELは、オレンジ・ジュースを使っているため、ネーブル・オレンジから名付けられたと思われる。ピーチともオレンジとも見分けのつかない味、あいまいな味といったところ。

G

GIBSON
ギブソン

材料　ドライ・ジン 4/5
　　　　ドライ・ベルモット 1/5

作り方　●ステアして、カクテル・グラスに注ぎ、パール・オニオンを飾る。
[メモ]　●19世紀末のニューヨークで、プレイヤーズ・クラブのバーテンダー、チャールズ・コノリーの作。イラストレーター、チャールズ・ダナ・ギブソンが愛飲したためギブソンと命名。
　　　　●パール・オニオンは、一般的にオリーブを飾るカクテルよりも辛口のイメージを持ったカクテルに飾られるデコレーション。そういった意味から、このカクテルは、当然、マティーニよりも辛口でなければならないが、とりあえず、I.B.A.（国際バーテンダー協会）のカクテル・レシピの4：1のレシピを取り上げた。

GIMLET
ギムレット

材料　ドライ・ジン 3/4
　　　　ライム・ジュース 1/4

作り方　●シェークしてカクテル・グラスに注ぐ。
[メモ]　●GIMLET（ネジ切り）は、19世紀、イギリス東洋艦隊で飲まれていたドリンクが進化したもの。英国海軍の軍医トーマス・ギムレット卿（Thomas O.Gimlette, 1879～1913年在任）は、1890年、洋上勤務の将校に、健康のためジンをライム・ジュースで薄めて飲むよう提唱。これがギムレットの始まりとなった。このカクテルは、洋上でのビタミンC欠乏による、壊血病に有効とされた。
　　　　●現在では、ロンドン・ドライ・ジンを使うのが一般的になっているが、こだわるならば、当時のイギリス海軍に積み込まれていた海軍（ロイヤル・ネイヴィー）ご用達のプリマス・ジンでどうぞ。ライム・ジュースとコーディアル・ライムをブレンドして使うところもある。

G GIN & BITTERS
ジン・アンド・ビターズ

材　料　プリマス・ジン..60ml
　　　　アンゴスチュラ・ビターズ..................................1ダッシュ

作り方　●ロック・グラスにビターズを注ぎ、グラスの内側を満遍なく濡らす。余分なビターズを振り切って捨て、氷を入れ、ジンを注ぐ。

[メモ]　●別名をPINK GIN（ピンク・ジン）とも呼ぶ。これは、アンゴスチュラ・ビターズの影響で、淡いピンク色になるからである。アンゴスチュラ・ビターズの代わりにオレンジ・ビターズを使うとYELLOW GIN（イエロー・ジン）となる。このときはよく冷やしたジンを使い、氷なしでシェリー・グラスなどにつくる。
　　　　●ジン&ビターズは、イギリス海軍の将校たちの間で、胃腸障害を治すために発明されたといわれる。

GIN & IT
ジン・アンド・イット

材　料　ドライ・ジン..1/2
　　　　スイート・ベルモット..1/2

作り方　●あらかじめ冷やしておいたカクテル・グラスにジンを注ぎ、ベルモットで満たす。

[メモ]　●GIN ITALIAN（ジン・イタリアン）と呼ばれることもある。これは、イタリアン・ベルモット（昔はスイート・ベルモットをそう呼んだ）を使っているからで、このイタリアンが縮まってIT（イット）となった。
　　　　●1850年ごろには、ヨーロッパで飲まれるようになったらしく、イタリアのベルモット・メーカーのマルティーニ・エ・ロッシ社が自社のベルモットのPRに利用。これがマティーニの起源ともいわれている。
　　　　●このカクテルは、製氷機発明以前のカクテルのため、氷なしでつくる。現在ではスイート・マティーニとしてつくるところもある。

G GIN & LIME
ジン・ライム

| 材料 | ドライ・ジン | 45ml |
| | コーディアル・ライム | 15ml |

作り方　●氷を入れたロック・グラスに注ぎ、軽くステアする。

［メモ］　●GIMLETのオリジナル版ともいえるカクテル。日本では1960（昭和40）年代後半から流行した。当時、生ライムの供給が難しかったため、正式のギムレットをつくるのは困難で、こちらのジン・ライムのほうをカジュアルな気分で飲んだ。現在では生ライムを絞ったスタイルや、コーディアル・ライムに生ライムの絞ったものを混ぜたスタイルなどバーテンダーの感性でつくられている。

GIN & TONIC
ジン・トニック

| 材料 | ドライ・ジン | 45ml |
| | トニック・ウォーター | 適量 |

作り方　●氷を入れたタンブラーにジンを注ぎ、冷やしたトニック・ウォーターで満たし、軽くステアする。ライム（またはレモン）を飾る。

［メモ］　●ビールと並び、「とりあえずの一杯」の飲みものとしても世界的に人気がある。だが、ジンの銘柄、トニック・ウォーターの銘柄に何を選ぶか、それらの比率をどうするか。そして、デコレーションはライムかレモンか、あるいはスライスかカットか。考えようによっては、これほど奥の深いカクテルも少ない。バーテンダー泣かせのカクテルのひとつといえよう。

G GIN FIZZ
ジン・フィズ

材　料	ドライ・ジン	45ml
	レモン・ジュース	20ml
	砂糖	2tsp
	ソーダ	適量

作り方　●ソーダ以外の材料をシェークして、氷を入れたタンブラーに注ぎ、ソーダで満たし。軽くステアする。

[メモ]　●FIZZとは、炭酸ガスを含んだ液体がシューシューと泡立つ音のこと。
●1888年に、ニュー・オーリンズのインペリアル・キャビネット・サロンのヘンリー・ラモス氏が、レモン・スカッシュにジンを入れたのが始まり。
●作者であるヘンリー・ラモス氏は1919年、禁酒法開始とともに兄弟で経営していた「ジン・フィズ・パレス」を閉店し、そのとき、それまで秘密にしてきたRAMOS GIN FIZZ（ラモス・ジン・フィズ）の処方を発表したことでも有名。

GIN RICKEY
ジン・リッキー

材　料	ドライ・ジン	45ml
	ライム	1/2個
	ソーダ	適量

作り方　●グラスの上でライムを絞り、グラスの中に落とす。氷を加え、ジンを注ぎ、冷やしたソーダで満たす。マドラーを添える。

[メモ]　●アメリカ、ワシントン市のシューメーカーズというレストランで初めてつくられ、それを最初に飲んだジム・リッキーという人の名にちなんで命名された。

G GODFATHER
ゴッドファーザー

材　料	
スコッチ・ウイスキー	45ml
アマレット	15ml

作り方　●氷を入れたロック・グラスに注ぎ、軽くステアする。

[メモ]　●故国シチリアで、両親と兄を殺され、親類にかくまわれてアメリカに亡命した9歳のヴィトー・アンドリーニ（後のヴィトー・コルレオーネ）の復讐劇と、全米最大のマフィアの首領、ゴッドファーザーと呼ばれた男とその息子たちの織り成すファミリーの血の凄惨なドラマを描いたフランシス・コッポラの三部作『ゴッドファーザー』の第一作の映画公開（1972年）とともに、同名のカクテルも誕生。最初はスコッチ・ウイスキーがベースだったが、映画のストーリーから考えるとバーボン・ウイスキーのほうが逸話的にはピッタリとくる。
●ウイスキーをウオツカに替えたバリエーションがGODMOTHER（ゴッドマザー）。アマレットの優しさが、ウオツカを使うことにより、より鮮明に表れている。

GOLDEN CADILLAC
ゴールデン・キャデラック

材　料	
ホワイト・カカオ	1/3
ガリアーノ	1/3
生クリーム	1/3

作り方　●シェークして、カクテル・グラスに注ぐ。

[メモ]　●バー・カウンターに是非ともほしいボトルがガリアーノ。しかし、思ったほどカクテルには使われない。ガリアーノの個性が強すぎるためだろうか。そんな中、アニスとバニラ、そして、薬草の風味を十分に活かした味わいにできあがっているのがこのカクテル。

G　GRSSHOPPER
グラスホッパー

材　料　グリーン・ペパーミント……………………………………1/3
　　　　ホワイト・カカオ………………………………………………1/3
　　　　生クリーム………………………………………………………1/3

作り方　●シェークして、カクテル・グラスに注ぐ。
[メモ]　●シェークして、カクテル・グラスにつくるのが一般的だが、プース・カフェ・スタイルにつくることもあった。20世紀末のシューター・ブームでリメイクされた感じ。ショット・グラスに三層のプース・カフェ・スタイルにつくり、その後ボストン・シェーカーでシェークして再びショット・グラスに注いで提供するところもある。

GREEN EYES
グリーン・アイズ

材　料　ゴールド・ラム………………………………………………30ml
　　　　ミドリ　メロン・リキュール………………………………25ml
　　　　パイナップル・ジュース……………………………………45ml
　　　　ココナッツ・ミルク…………………………………………15ml
　　　　ライム・ジュース……………………………………………15ml
　　　　クラッシュド・アイス………………………………………1カップ

作り方　●ミキサーにかけ、ゴブレットに移す。ライムを飾り、ストローを添える。
[メモ]　●1983年全米カクテル・コンテストのロング部門、西部地域第1位。カリフォルニアのル・プルミエールのバーテンダー、アルバート・レペティー氏作。翌年のロサンゼルス・オリンピックのオフィシャル・ドリンクにもなった。

G GREEN FIELDS
グリーン・フィールズ

材料		
	ウオツカ	1/3
	グリーンティ・リキュール	1/3
	牛乳	1/3

作り方　●シェークして、カクテル・グラスに注ぐ。

［メモ］　●1960年発売された、ヘルメス・グリーンティ・リキュールをベースにしたサントリー・オリジナルのカクテル。ブラザーズ・フォーの『グリーン・フィールズ』のヒットとともに生まれた。

H HARVEY WALLBANGER
ハーベイ・ウォールバンガー

材料		
	ウオツカ	45ml
	オレンジ・ジュース	適量
	ガリアーノ	1〜2tsp

作り方　●氷を入れたコリンズ・グラスにウオツカとオレンジ・ジュースを注ぎ、軽くステアする。ガリアーノをフロートする。

［メモ］　●スクリュードライバーに、アニス、バニラ、薬草の風味が調和したガリアーノを加えたもので、大人の雰囲気を持ったスクリュードライバーといったところ。

●名前の由来は、カリフォルニアのハーベイというサーファーが、いつもスクリュードライバーにガリアーノを入れて飲んでいたが、たまたま激しい波乗りのあと、壁（ウォール）に立て掛けようとしたサーフ・ボードが壁にぶつかり（バング）、それを見たサーファー仲間が、彼のお気に入りのこのカクテルをハーベイ・ウォールバンガー（壁にうるさい音を立てるハーベイ）と命名したともいわれる。

HAWAIIAN
ハワイアン

材料		
	ドライ・ジン	2/3
	オレンジ・ジュース	1/3
	オレンジ・キュラソー	1tsp

作り方　●シェークして、カクテル・グラスに注ぐ。

[メモ]　●アメリカの「オールド・ミスター・ボストン・バーテンダーズ・ガイド」では、オレンジ・ジュースの代わりにパイナップル・ジュースを使用。このほうがハワイらしい。実際にアメリカから伝わるカクテルの中には、日本ではオレンジ・ジュース処方だが、パイナップル・ジュース使用のものが結構多い。

HIGH LIFE
ハイ・ライフ

材料		
	ウオツカ	45ml
	ホワイト・キュラソー	10ml
	パイナップル・ジュース	10ml
	卵白	1個分

作り方　●十分にシェークして、ソーサー型シャンパン・グラスに注ぐ。

[メモ]　●アフリカ、ガーナのアクラ市にある、アンバサダー・ホテルのグスターブ・ミンタ氏作。
　　　●ハイ・ライフとは上流階級という意味。

H HOLE IN ONE
ホール・イン・ワン

材料　ウイスキー ……………………………………………… 2/3
　　　ドライ・ベルモット ………………………………………… 1/3
　　　レモン・ジュース …………………………………… 2ダッシュ
　　　オレンジ・ジュース ………………………………… 1ダッシュ

作り方　●シェークして、カクテル・グラスに注ぐ。
［メモ］　●ドライ・マンハッタンをちょっと改良したカクテル。アメリカで生まれたカクテルなので、ウイスキーはバーボン・ウイスキーか、アメリカン・ブレンデッド・ウイスキーなどを使いたい。

HORSE'S NECK
ホーセズ・ネック

材料　ブランデー ………………………………………………… 45ml
　　　レモンの皮（螺旋むき） …………………………………… 1個分
　　　ジンジャー・エール ………………………………………… 適量

作り方　●レモンの皮の一端をグラスの縁に掛け、内側にカールさせてたらす。氷を入れ、ブランデーを注ぎ、ジンジャー・エールで満たす。
［メモ］　●ホーセズ・ネックは好みのスピリッツにレモンの皮を添え、ジンジャー・エールで割って飲むのが基本的なパターン。日本ではほとんどが、ブランデー・ベースでつくられる。ブランデー・ベースにするならば「ブランデー・ホーセズ・ネック」というように、スピリッツ名を頭に冠するのがいい。また、ノン・アルコールの場合は、PLAIN HORSE'S NECK（プレーン・ホーセズ・ネック）という。

HOT BUTTERED RUM
ホット・バタード・ラム

材料	
ゴールド・ラム	45ml
角砂糖	1個
バター（角砂糖大）	1片
熱湯	適量

作り方　●あらかじめ温めておいたタンブラーに、角砂糖を入れ、少量の湯で溶かす。ラムを注ぎ、熱湯で満たし、軽くステアする。バターを浮かべ、ロング・スプーンを添える。

[メモ]　●本来は、ジャマイカ産のヘビー・ラムを使うべきだろうが、ライト化志向の日本の現状では、ゴールド・ラムのほうがふさわしいと思われる。

HOT WHISKY TODDY
ホット・ウイスキー・トデー

材料	
ウイスキー	45ml
角砂糖	1個
熱湯	適量

作り方　●あらかじめ温めておいたタンブラーに、角砂糖を入れ、少量の湯で溶かす。ウイスキーを注ぎ、熱湯で満たし、軽くステアする。レモンを飾り、ロング・スプーンを添える。

[メモ]　●トデーとは、グラスに砂糖と好みのスピリッツを加え、水、または、湯で割った飲みもの。ホット・トデーの場合は、レモンのほかに、シナモン、クローブ、ナツメグなどのスパイスを加え、芳香を楽しみながら飲むこともある。

H HUNTER
ハンター

材料　ウイスキー 2/3
　　　　チェリー・ブランデー 1/3

作り方　●ステアして、カクテル・グラスに注ぐ。
[メモ]　●日本では、ウイスキー・カクテルとしてポピュラーだが、欧米のカクテル・ブックにはあまり紹介されていない。

I IRISH COFFEE
アイリッシュ・コーヒー

材料　アイリッシュ・ウイスキー 30ml
　　　　ブラウン・シュガー 1tsp
　　　　ホット・コーヒー .... 適量
　　　　生クリーム .... 適量

作り方　●ワイン・グラスにブラウン・シュガーを入れ、コーヒーを七分目まで入れ、ウイスキーを加えて軽くステアし、軽くホイップした生クリームを3mmぐらいの厚さにフロートする。
[メモ]　●アイルランド西海岸にあるシャノン空港のラウンジのシェフ、ジョー・シェリダン氏作。航空機がヨーロッパの大都市からアメリカまで、大西洋をノン・ストップで飛べなかった時代、この空港に給油に立ち寄り、乗客が寒さしのぎに好んだのが世間に広まったきっかけ。
　　　　●アメリカ西海岸では、CALIFORNIA COFFEE（カルフォルニア・コーヒー）とも呼ばれる。

I ISLA DE PINOS
イスラ・デ・ピノス

材　料	ホワイト・ラム	45ml
	グレープフルーツ・ジュース	45ml
	砂糖	1tsp
	グレナデン・シロップ	1tsp

作り方　●シェークして、氷を入れたワイン・グラスに注ぐ。

[メモ]　●1970年代後半のトロピカル・カクテル・ブーム時代に日本へ紹介された。マイ・タイなどと違い、グレープフルーツ・ジュースの苦みが、現代人にマッチする味わいだ。
●カクテル名はスペイン語。英語でいうならアイル・オブ・パイン、つまり松の生い茂る島の意味。

J JACK ROSE
ジャック・ローズ

材　料	カルヴァドス	30ml
	レモン・ジュース	20ml
	グレナデン・シロップ	10ml

作り方　●シェークして、カクテル・グラスに注ぐ。

[メモ]　●ハンフリー・ボガートの大のお気に入りのカクテルとして有名。1910年ごろニューヨークで考案されたといわれる。また、一説によると、暗黒街の顔役でありボールド・ジャック・ローズといわれていたジェーコブ・ローゼンワイツというギャングのためにつくられたともいわれている。
●1853年に、改良品種として誕生したジャック・ミノというバラの花の色に似ていたから名付けられたともいわれる。

K KAHLÚA & MILK
カルーア・ミルク

材料		
	カルーア	45ml
	牛乳	適量

作り方　●氷を入れたタンブラーに注ぎ、軽くステアする。

［メモ］　●コーヒー・リキュールとして世界的に有名なカルーアは、メキシコ高原で採れるアラビカ種のコーヒー豆を使い、バニラ風味も豊かなリキュール。

●上記のレシピが日本では一般的だが、カルーアのオン・ザ・ロックスに牛乳をフロートし、バーディング・ストローを添えたレシピもある。このレシピは、アメリカで1970年代、カルーアのオン・ザ・ロックスに少量のハード・クリーム（生クリーム）をフロートしたレシピに近いものだ。

●もともと、カルーア・ミルクは第二次大戦後、プレ・ミックスとして商品化されたものがルーツともいわれる。

KAMIKAZE
カミカゼ

材料		
	ウオツカ	20ml
	ホワイト・キュラソー	20ml
	ライム・ジュース	20ml

作り方　●シェークして、氷を入れたロック・グラスに注ぐ。

［メモ］　●シューターの中では、もっとも定着したカクテルといえる。

●カミカゼ（神風）は、第二次大戦中、日本の特攻機に付けられた名称。

K KING'S VALLEY
キングズ・バレー

材料	スコッチ・ウイスキー	2/3
	ホワイト・キュラソー	1/6
	ライム・ジュース	1/6
	ブルー・キュラソー	1tsp

作り方　●シェークして、カクテル・グラスに注ぐ。

[メモ]　●1986年に開催された第1回スコッチ・ウイスキー・カクテル・コンテスト優勝作品。作者は、東京、銀座のTENDER BARのオーナー・バーテンダー上田和男氏。

●材料に緑色の酒を使わないで、スコットランドの荒涼とした原野を連想させるグリーンに仕上げたカクテル。

KIR
キール

材料	白ワイン	5/6
	クレーム・ド・カシス	1/6

作り方　●あらかじめ冷やしておいた材料をワイン・グラスに注ぎ、軽くステアする。

[メモ]　●1945年、フランス・ディジョン市の戦後初めての市長となったキャノン・フェリックス・キール氏にちなんで生まれた。当初はブルゴーニュ・アリゴテが使われていた。日本では1964年、羽田空港内にあったエアターミナル・ホテルのレストランが日本の表玄関のホテルとしていち早くこのカクテルをオン・メニューしたのが始まりといわれる。

●1904年、ディジョンのバーテンダー、フェーブルが白ワインとクレーム・ド・カシスでつくったヴァン・ブラン・カシスが、オリジナルといわれる。

●白ワインをボジョレーに替えるとCARDINAL(カーディナル、枢機卿)、白ワインをミュスカデに、カシスをクレーム・ド・フランボアーズに替えるとMARQUIS(マルキ)になる。

K KIR ROYAL
キール・ロワイヤル

材　料　シャンパン（または、スパークリング・ワイン）……………… 4/5
　　　　クレーム・ド・カシス ……………………………………………… 1/5

作り方　●あらかじめ冷やしておいた材料を、フルート型シャンパン・グラス
　　　　に注ぎ、軽くステアする。

［メ モ］　●キール・ロワイヤルは、キールの白ワインをシャンパンに替えたも
　　　　の。しっかりとした味を求めるならシャンパンでもいいが、カジュア
　　　　ルに楽しむならば、各国のスパークリング・ワインでも構わない。
　　　　●ウイーンのインターナショナルのフーベルト・ドヴォルシャク氏作。
　　　　●クレーム・ド・カシスをクレーム・ド・フランボアーズに替えると
　　　　KIR IMPÉRIAL（キール・アンペリアル）となる。

KISS OF FIRE
キッス・オブ・ファイアー

材　料　ウオツカ ………………………………………………………………… 1/3
　　　　スロージン ……………………………………………………………… 1/3
　　　　ドライ・ベルモット …………………………………………………… 1/3
　　　　レモン・ジュース ……………………………………………………… 1tsp

作り方　●シェークして、グラニュ糖でスノー・スタイルにしたカクテル・グ
　　　　ラスに注ぐ。

［メ モ］　●1953（昭和28）年、第5回オール・ジャパン・ドリンクス・コンクー
　　　　ル第1位。石岡賢司氏作。

L LEONARD
レオナルド

材料		
	クレーム・ド・フレーズ	30ml
	シャンパン(または、スパークリング・ワイン)	適量

作り方　●フルート型シャンパン・グラスにクレーム・ド・フレーズを注ぎ、よく冷やしたシャンパンを注ぎ、軽くステアする。

[メモ]　●イタリアでは、クレーム・ド・フレーズの替わりにフレッシュ・イチゴを10個ほどピューレにし、同量のシャンパンで満たしたものをROSSINI(ロッシーニ)と呼んでいる。
●映画「プリティ・ウーマン」でイチゴをかじりながらシャンパンを飲むシーンが見られてから話題になった。

LONG ISLAND ICED TEA
ロング・アイランド・アイス・ティ

材料		
	ドライ・ジン	15ml
	ウオツカ	15ml
	ホワイト・ラム	15ml
	テキーラ	15ml
	ホワイト・キュラソー	15ml
	レモン・ジュース	30ml
	コーラ	40ml

作り方　●クラッシュド・アイスを詰めたゴブレットに材料を注ぎ、軽くステアする。レモンとレッド・チェリーを飾り、ストローを添える。

[メモ]　●1970年代後半、アメリカ、ニューヨーク州ロングアイランドでロバート・バット氏が考案。紅茶をいっさい使わないで、アイス・ティの色と味を出したことで、一躍有名となった。一説にはサンフランシスコのバルボア・カフェで1980年代中ごろに生まれたともいわれている。

M MAI-TAI
マイ・タイ

材料
- ホワイト・ラム …………………………………… 45ml
- ホワイト・キュラソー ……………………………… 1tsp
- パイナップル・ジュース …………………………… 1tsp
- オレンジ・ジュース ………………………………… 1tsp
- レモン・ジュース ………………………………… 1/2tsp
- ダーク・ラム ……………………………………… 2tsp

作り方 ●ダーク・ラム以外をシェークして、クラッシュド・アイスを詰めた大型グラスに注ぎ、ダーク・ラムをフロートする。パイナップル、オレンジ、レッド・チェリーなどを飾り、ストローを添える。

[メモ] ●マイ・タイとは、タヒチ語で最高 (The Best) という意味。発祥地はいろいろあるが、アメリカのトレーダー・ヴィックスのオーナー、ビクター・J・バージロンが、自分がつくったと主張している。

MALIBU BEACH
マリブ・ビーチ

材料
- マリブ ……………………………………… 30〜45ml
- オレンジ・ジュース ………………………………… 適量

作り方 ●氷を入れたタンブラーにマリブを注ぎ、冷やしたオレンジ・ジュースを満たし、軽くステアする。

[メモ] ●マリブは、1980年に開発されたラムとココナッツを主体としたリキュール。若年層の人たちが、家庭の冷蔵庫に入っている清涼飲料水で気軽に割って飲めるように品質設計をして生まれた。

●現在、世界的に見れば、MALIBU & COLA (マリブのコーラ割り) が一番人気だろう。それに次ぐのが、このマリブ・ビーチ。また、他のジュース割りも人気がある。

M MANHATTAN
マンハッタン

材　料		
	ウイスキー	2/3
	スイート・ベルモット	1/3
	アンゴスチュラ・ビターズ	1ダッシュ

作り方　●ステアして、カクテル・グラスに注ぐ。レッド・チェリーを飾る。

[メモ]　●このカクテルの起源について有力なのは、故チャーチル英国首相の母堂説。第19代アメリカ大統領選の講演会のパーティーが、ニューヨークのマンハッタン・クラブで催されたときに、彼女が提唱したレシピといわれる。

●スイートの代わりにドライ・ベルモットを使うDRY MANHATTAN（ドライ・マンハッタン）もお薦め。この場合はレッド・チェリーの代わりにオリーブを飾る。

MARGARITA
マルガリータ

材　料		
	テキーラ	1/2
	ホワイト・キュラソー	1/4
	ライム・ジュース	1/4

作り方　●シェークして、塩でスノー・スタイルにしたカクテル・グラスに注ぐ。

[メモ]　●このカクテルの由来で一般的なのは、1949年ロサンゼルスのバーテンダー、ジャン・デュレッサー氏が考案。不幸にも流れ弾にあたり死亡した若いころの恋人の名前を付けたとも。

●同時期、アカプルコのマルガリータ・セイムズという女性が考案したとも。またティファナの町で1930年代に生まれたともいわれる。

●世界中に知られるようになるのは1968年、メキシコ・シティで開催されたメキシコ・オリンピック以降ともいわれる。

M MARTINI
マティーニ

材料　ドライ・ジン ··· 5/6
　　　ドライ・ベルモット ·· 1/6

作り方　●ステアして、カクテル・グラスに注ぐ。レモン・ピールを絞る。

[メモ]　●マティーニのルーツは定かではないが、現在のレシピに近いものが登場するのは1851年以降とか。それまではジン&イットと呼ばれていたカクテルが、フランスから初めて辛口のベルモット、ノイリー・プラットがニュー・オーリンズに陸揚げされてから、辛口スタイルのマティーニの原型がアメリカでできたといわれる。
　　　　●全般的にドライ傾向のマティーニだが、超ドライにつくるならば、ドライ・ベルモットだけをステアし、それをいったん捨て、その中にジンだけを注ぎ、ステアするVERMOUTH RINSE（ベルモット・リンス）や、ジンだけをステアしたものに、ベルモットをスプレーするだけのVERMOUTH SPRAY（ベルモット・スプレー）などがある。

MATADOR
マタドール

材料　テキーラ ··· 30ml
　　　パイナップル・ジュース ··· 45ml
　　　ライム・ジュース ·· 15ml

作り方　●シェークして、氷を入れたロック・グラスに注ぐ。パイナップルを飾ってもよい。

[メモ]　●テキーラとパイナップル・ジュースで爽やかな口当たりに。
　　　　●マタドールとは、闘牛士の役名。

M MELONBALL
メロンボール

材　料		
	ウオツカ	30ml
	ミドリ　メロン・リキュール	60ml
	パイナップル・ジュース	120ml

作り方　●氷を入れた大型グラスに注ぎ、軽くステアする。
[メモ]　●シューターのひとつとして1980年代に日本に紹介された。当時はパイナップル・ジュースが一般的でなかったためオレンジ・ジュース使用のレシピだったが、現在ではアメリカ処方のパイナップル・ジュース使用が一般的。
●クラッシュド・アイスを使用のもの、シェークしてつくるものなど、レシピはいまだフィックスしていない。
●カクテル名の意味は、胸の大きな女性のことをいうアメリカン・スラング。

METROPOLITAN
メトロポリタン

材　料		
	ブラックカラント・ウオツカ	2/3
	クランベリー・ジュース	1/3
	ホワイト・キュラソー	1tsp
	ライム・ジュース	1tsp

作り方　●シェークして、カクテル・グラスに注ぐ。
[メモ]　●フレーヴァード・ウオツカを使ったカクテル。同じようなレシピにコスモポリタンがあるが、コスモポリタンほど世界中には浸透をしていない。
●ホワイト・キュラソーの代わりにグラン・マルニエを使うとコクのあるカクテルとなる。

M MIAMI
マイアミ

材料		
	ホワイト・ラム	2/3
	ホワイト・キュラソー	1/3
	レモン・ジュース	1tsp

作り方　●シェークして、カクテル・グラスに注ぐ。

[メモ]　●ラム版「ホワイト・レディ」であるX.Y.Z.というカクテルを、やや甘口化したものと考えることができる。X.Y.Z.と区別するために、このMAIAMIは、レモン・ジュースではなくライム・ジュースでつくるところもある。

MILLION DOLLAR
ミリオン・ダラー

材料		
	ドライ・ジン	45ml
	スイート・ベルモット	15ml
	パイナップル・ジュース	1tsp
	グレナデン・シロップ	1tsp
	卵白	1個分

作り方　●十分にシェークして、シャンパン・グラスに注ぐ。パイナップルを飾る。

[メモ]　●横浜グランド・ホテル、ルイス・エッピンガー氏作。日本生まれで、世界的にも有名になったカクテル。

M MIMOSA
ミモザ

材料	シャンパン（または、スパークリング・ワイン）	1/2
	オレンジ・ジュース	1/2

作り方　●あらかじめ冷やしておいたフルート型シャンパン・グラスに注ぎ、軽くステアする。

[メモ]　●フランスでは、昔からCHAMPAGNE A L' ORANGE（シャンパン・ア・ロランジュ）として、人々に知られていたシャンパン・カクテル。初夏に咲くミモザの花の色に似ているところからこの名が付いた。
●シュガー・シロップを5mlプラスするとBUCK'S FIZZ（バックス・フィズ）になる。このカクテルは1922年、ロンドンにあるバックス・クラブのバーテンダー、マクギャリー氏が、シャンパン・ア・ロランジュをメニューに載せるとき名を付けて発表した。

MINT FRAPPÉ
ミント・フラッペ

材料	グリーン・ペパーミント	約30ml
	クラッシュド・アイス	1グラス

作り方　●グラスにクラッシュド・アイスを詰め、ペパーミントを七～八分目まで注ぎ、ミント・リーフとストローを添える。

[メモ]　●フラッペとは、フランス語で「氷で冷やした」という意味。どんなリキュールでもフラッペとして楽しめるが、ペパーミントやブルー・キュラソーなど色彩の美しいリキュールが好まれる。
●原型は、クラッシュド・アイスをギューギューに詰め、中央に穴を開け、リキュールを注ぎ、ストローを立てた形で飲むスタイルだった。アメリカのカンザス・シティのピーター・スローボディー氏が考案した。

M MINT JULEP
ミント・ジュレップ

材料　バーボン・ウイスキー……………………………………60ml
　　　砂糖……………………………………………………………2tsp
　　　ミントの葉……………………………………………………3枚
　　　ミネラル・ウォーター………………………………………30ml

作り方　●ミントの葉、砂糖、ミネラル・ウォーターをグラスに入れ、バースプーン（ペストル等）でよく潰しながら砂糖を溶かす。クラッシュド・アイスを詰めバーボン・ウイスキーを注ぎ、よくステアする。ミントの葉を飾り、ストローを添える。

[メモ]　●バーボン・ウイスキーが使われるようになるのは南北戦争（1861～1865年）のころ。それ以前はラムやブランデーの他、クラレット（ボルドーの赤ワイン）やマデイラ・ワインなども使われていたが、愛国心が強い南部の愛飲家にとってはそれらがすべて北軍からの輸入品であり、それらに金を払うよりも自国（南部）のバーボン・ウイスキーをという愛国心から、19世紀後半以降バーボン・ウイスキーが主流となった。

MOCKINGBIRD
モッキンバード

材料　テキーラ………………………………………………………1/2
　　　グリーン・ペパーミント……………………………………1/4
　　　ライム・ジュース……………………………………………1/4

作り方　●シェークして、カクテル・グラスに注ぐ。

[メモ]　●モッキンバードとは、アメリカ南部に生育するメキシコ産のものまね鳥（マネシツグミ）のこと。

M MOJITO
モヒート

材料		
	ホワイト・ラム	40ml
	ライム・ジュース	20ml
	砂糖	2tsp
	ミントの葉	約10枚
	ソーダ	適量
	クラッシュド・アイス	適量

作り方　●グラスにミントの葉を入れ、ペストルで潰し、砂糖を加えよく混ぜる。クラッシュド・アイスを入れ、ラム、ジュース、ソーダを注ぎ、よくステアする。

[メモ]　●アメリカの禁酒法時代に、キューバに滞在したアメリカ人がよく飲んでいたミント・ジュレップをお手本に、同地のボデギータ・デル・メディオなどでつくられた改良版といわれ、ヘミングウェイが飲んでいたことでも有名になった。MOJITOとはブードゥー教の「MOJO」に由来し、スペイン語で「麻薬の虜」や「魔力のあるお守り」の意味。

MOSCOW MULE
モスコー・ミュール

材料		
	ウオツカ	45ml
	ライム・ジュース	15ml
	ジンジャー・エール	適量

作り方　●氷を入れたタンブラーに注ぎ、軽くステアする。ライムを飾る。

[メモ]　●もともとは、スミノフ・ウオツカのプロモーション用として、1941年、ハリウッドのレストラン、コックン・ブルで、オーナーのジャック・モーガンが銅製マグにて売り出したのが始まりとされる。オリジナルは、ジンジャー・ビアーだが、現在ではジンジャー・エール使用が一般的になっている。

●MULE（ミュール）とは、「度数の強い酒、刺激の強い酒」の意味。本来は雄のロバと雌馬との混血のラバのこと。普通の馬よりも馬力があり、開拓時代のアメリカで幌馬車用の馬として重宝された。アメリカ人には親愛の情を抱かせる動物。

N NEGRONI
ネグローニ

材料		
	ドライ・ジン	30ml
	カンパリ	30ml
	スイート・ベルモット	30ml

作り方　●氷を入れたロック・グラスに注ぎ、軽くステアする。オレンジを飾る。

[メモ]　●イタリアのフィレンツェの老舗レストラン、カソーニで、ネグローニ伯爵がアペリティフとして飲んでいたのを見て、バーテンダーのフォスコ・スカルセリ氏が1919年に発表した。

●辛口嗜好への変化とともに、スイート・ベルモットの代わりにドライ・ベルモットを使ったDRY NEGRONI(ドライ・ネグローニ)も生まれているが、海外ではCARDINAL(カーディナル。日本で、カーディナルといえばボジョレーとクレーム・ド・カシスのカクテルをいう)ともいう。

NEW YORKER
ニューヨーカー

材料		
	バーボン・ウイスキー	40ml
	ライム・ジュース	20ml
	グレナデン・シロップ	10ml

作り方　●シェークして、カクテル・グラスに注ぐ。

[メモ]　●上記材料に砂糖を1tsp加え、シェークしてカクテル・グラスに注いだ後、オレンジ・ピールを絞りかけるとNEW YORK(ニューヨーク)というカクテルになる。

N NIKOLASCHIKA
ニコラシカ

材　料		
	ブランデー	1グラス
	レモン・スライス	1枚
	砂糖	1tsp

作り方　●リキュール・グラスの九分目までブランデーを注ぎ、砂糖をのせたレモン・スライスを上にのせる。

[メモ]　●20世紀初めに、ドイツのハンブルクで生まれたといわれる。ニコラシカはニコライの愛称。
●ブランデーはどれでもいいが、カルヴァドスでつくるのもおもしろい。
●飲み方は砂糖ののったレモン・スライスを口に含み、噛んでからブランデーを一気に飲む。

O OLD FASHIONED
オールド・ファッションド

材　料		
	バーボン・ウイスキー	45ml
	角砂糖	1個
	アンゴスチュラ・ビターズ	1ダッシュ

作り方　●ロック・グラスに角砂糖を入れ、ビターズを振りかける。氷を入れ、ウイスキーを注ぐ。オレンジ、レモン・ピール、レッド・チェリーを飾り、マドラーを添える。

[メモ]　●このカクテルは、バーテンダーが材料をグラスに入れただけで出し、あとは客がマドラーを使って、好みの味加減にして楽しむ。
●1900〜1907年ごろ、ケンタッキーのルイビルのペンデニス・クラブのバーテンダーが考案という説と、同じクラブのメンバーの一人である「オールド1776」というバーボン・メーカーのオーナー、ジェームズ・E・ペッパー考案説がある。
●ベースのスピリッツは好みのものでも楽しめる。

O OLD PAL
オールド・パル

材料	カナディアン・ウイスキー	1/3
	ドライ・ベルモット	1/3
	カンパリ	1/3

作り方　●ステアして、カクテル・グラスに注ぐ。

[メモ]　●OLD PALL（オールド・パル）とは古い仲間という意味。
　　　　●誕生は、1929年（アメリカは禁酒法時代）のパリ。作者はスパロー・ロビンソンというニューヨーク・ヘラルド・トリビューン誌のパリ特派員。
　　　　●ベースをスコッチ・ウイスキーに、ベルモットをスイートに替え、レモン・ピールをするとHONDARRIBIA（ホンダリビア）というちょっとスイートなカクテルに。

OLYMPIC
オリンピック

材料	ブランデー	1/3
	オレンジ・キュラソー	1/3
	オレンジ・ジュース	1/3

作り方　●シェークして、カクテル・グラスに注ぐ。

[メモ]　●1924年、パリで開催された第8回オリンピックの際に、パリの有名ホテル・リッツのチーフ・バーテンダー、フランク・ヴェルマイヤー氏が考案したという。フランク・ヴェルマイヤー氏は、当時著名であったハリー・マッケルホーン氏が考案したサイドカーの作者ともいわれていたほどの有名人で、ホテル・リッツの「バー・ヘミングウェイ」黄金期のスタッフの一人でもある。

O ORANGE BLOSSOM
オレンジ・ブロッサム

材　料　　ドライ・ジン 2/3
　　　　　オレンジ・ジュース 1/3

作り方　●シェークして、カクテル・グラスに注ぐ。
[メモ]　●禁酒法時代のピッツバーグ市で、ビリー・マロイ氏によってつくられた。FBI捜査官に踏み込まれても、オレンジ・ジュースで通せるように考案したという。
　　　　●スクリュードライバーと同様に、タンブラーにつくるスタイルもある。
　　　　●オレンジ・ブロッサムとは、オレンジの花の意味で、花言葉が「純潔」。そのため、欧米では、結婚式のパーティーにこのカクテルを出すことがある。

P PARADISE
パラダイス

材　料　　ドライ・ジン 1/2
　　　　　アプリコット・ブランデー 1/4
　　　　　オレンジ・ジュース 1/4

作り方　●シェークして、カクテル・グラスに注ぐ。
[メモ]　●1920年代に生まれたカクテル。ネーミング通り、楽園のように甘酸っぱく、ふくよかな味わい。
　　　　●アメリカのレシピには、ホワイト・ラムとオレンジ・ジュースでつくるパラダイスもあり、ラムのほうがイメージとしては合っているかもしれない。

P

PARISIAN
パリジャン

材料	ドライ・ジン	1/2
	ドライ・ベルモット	1/3
	クレーム・ド・カシス	1/6

作り方　●シェークして、カクテル・グラスに注ぐ。

[メモ]　●1920年代、クレーム・ド・カシスのプロモーションのひとつとして生まれた。

●パリジャンに使われるクレーム・ド・カシスは、19世紀末〜20世紀初めにかけ名声を馳せた大舞台女優のサラ・ベルナールが、自宅でミルク割りを飲んでいたことでも知られるフランス生まれの低アルコール・リキュール。

PASTIS WATER
パスティス・ウォーター

材料	パスティス	1/6
	ミネラル・ウォーター	5/6

作り方　●氷を入れたタンブラーにパスティスを注ぎ、その5倍量の冷やしたミネラル・ウォーターを加え、ステアする。

[メモ]　●パスティスとは、アニスなどの薬草を使ったリキュールの総称。19世紀末にフランスで人気のあったアブサンは、原料のニガヨモギその他に由来する成分が有毒のため、20世紀初頭に製造禁止になった。それに代わるものとして、アブサンに似た風味の酒が南仏でつくられ、「似せる（se pastiserス・パスティゼ）」というプロヴァンスの方言から、パスティスの名が起こった。現在発売されているものでは、リカール、パスティス51、ペルノが有名銘柄。

P

PIÑA COLADA
ピニャ・カラーダ

材　料	ホワイト・ラム	30ml
	パイナップル・ジュース	80ml
	ココナッツ・ミルク	45ml

作り方　●十分にシェークして、クラッシュド・アイスを詰めた大型グラスに注ぐ。パイナップルとレッド・チェリーを飾り、ストローを添える。

[メモ]　●ピニャとは「パイナップル」の意味。カラーダとは「漉す」の意味。パイナップル果肉を漉してから使ったためにこの名が付けられた。チチのホワイト・ラム版といえる。
　　　●1963年、プエルト・リコのサンファン市にあったバラキーナ・バーのラモン・ボルタス・ミンガというバーテンダーが考案したとされているが、1954年に同地のカリブ・ヒルトン・ホテルのラモン・マレーロというバーテンダーがつくったともいわれている。

PINK LADY
ピンク・レディ

材　料	ドライ・ジン	45ml
	グレナデン・シロップ	20ml
	卵白	1個分

作り方　●十分にシェークして、ソーサー型シャンパン・グラスに注ぐ。

[メモ]　●1912年に、ロンドンで生まれたカクテル。この年、ロンドンで「ピンク・レディ」というドラマが上演され、大当たりをとった。その千秋楽の夜、関係者一同が開いた打ち上げパーティーの席上、ドラマでヒロイン役を演じたヘイズル・ドーン嬢に捧げられたのがこのカクテル。残念ながら創作者の名は不明。

P

POLAR SHORT CUT
ポーラー・ショート・カット

材料		
	ゴールド・ラム	1/4
	ホワイト・キュラソー	1/4
	チェリー・ブランデー	1/4
	ドライ・ベルモット	1/4

作り方　●ステアして、カクテル・グラスに注ぐ。

[メモ]　●カクテル名は「極圏最短コース」の意味。1957年にSAS（スカンジナビア航空）が、コペンハーゲンと東京を結ぶ北極圏コース開設を記念して、ピーター・ヒーリング社と協賛したカクテル・コンペティションで第1位になった作品。作者はコペンハーゲンのバーテンダー、ポール・ドシャール氏。

POUSSE-CAFÉ
プース・カフェ

材料		
	グレナデン・シロップ	1/6
	メロン・リキュール	1/6
	バイオレット	1/6
	ホワイト・ペパーミント	1/6
	ブルー・キュラソー	1/6
	ブランデー	1/6

作り方　●リキュール・グラスに順に積み上げていく。

[メモ]　●プース・カフェをつくるときのポイントは、使う酒の比重（エキス分とアルコール度数による）をしっかりと把握して、混ざり合わないように細心の注意で積み上げる点にある。現在ではエキス分の表示がされていない製品もあり、上記の処方でも事前にテストをしてみないと難しい。

●プース・カフェとはフランス語。プースは「押しやる」、カフェは「コーヒー」のこと。つまり、コーヒーのあとに飲む飲みものという意味。

P PRESBYTERIAN
プレスビテリアン

材料	バーボン・ウイスキー	45ml
	ジンジャー・エール	60ml
	ソーダ	60ml

作り方　●氷を入れたタンブラーに注ぎ、軽くステアする。レモン・ピールを絞りかける。

[メモ]　●プレスビテリアンとは、キリスト教徒の長老派教会員のこと。
　　　　●ジンジャー・エールをトニック・ウォーターに替えると、WHISKY SONIC（ウイスキー・ソニック）になる。
　　　　●同様に、ジン・トニックのトニック・ウォーターをソーダと半々にするとちょっと辛口のジン・トニックのプレス・スタイルになる。

PUSSYFOOT
プッシーフット

材料	卵黄	1個分
	グレナデン・シロップ	1tsp
	レモン・ジュース	20ml
	オレンジ・ジュース	20ml

作り方　●シェークして、カクテル・グラスに注ぐ。

[メモ]　●1920年、ロンドンにあるエンバシー・クラブのバーテンダー、バート・バーミアによって考案された。
　　　　●プッシーフットとは、「子猫のようにこっそりと歩く人」の意のニック・ネームで、アメリカ禁酒法時代の運動家ウイリアム・ジョンソンに賞賛の意味で贈ったとか。

R

RED BIRD
レッド・バード

材　料	ウオツカ	30ml
	トマト・ジュース	60ml
	ビール	60ml

作り方　●氷を入れたタンブラーに、冷やした材料を注ぎ、軽くステアする。

[メモ]　●ブラッディ・メアリーのビール割りと考えれば、すぐに記憶することができる。

RED EYE
レッド・アイ

材　料	ビール	1/2
	トマト・ジュース	1/2

作り方　●材料をよく冷やした上で、タンブラーにトマト・ジュースを注ぎ、ビールで満たし、軽くステアする。

[メモ]　●レッド・アイとは、酒を飲みすぎて、目が赤く充血した様を指す。そういうときに、気付けに飲むのにふさわしい味わいをしているから、このカクテル名になった。

R RED LION
レッド・ライオン

材　料	ドライ・ジン	30ml
	グラン・マルニエ　コルドン・ルージュ	25ml
	オレンジ・ジュース	10ml
	レモン・ジュース	5ml

作り方　●シェークして、カクテル・グラスに注ぐ。

[メモ]　●1890年、ロンドンのレッド・ライオンというバーでつくられたともいわれるが、実際には、1933年、ジン・メーカーのブース社主催によるカクテル・コンペティションでアーサー・A・ターリングが創作し、優勝したもの。カクテル名はブース社の蒸留所名に由来。
●1935年刊の「オールド・ミスター・ボストン・バーテンダーズ・ガイド」に収録されている古いカクテル。

RED VIKING
レッド・ヴァイキング

材　料	アクアビット	25ml
	マラスキーノ	20ml
	ライム・ジュース	20ml

作り方　●シェークして、氷を入れたロック・グラスに注ぐ。

[メモ]　●デンマークではポピュラーなカクテル。1958年、コペンハーゲンのトロカデロ・バーのバーテンダー、ガストン・ヌアール氏作。ベルギーのブリュッセルで開かれたEXPOのカクテル・コンペティションで第1位に入賞の作品。

R ROADRUNNER
ロードランナー

材料　ウオツカ ………………………………………………… 1/2
　　　アマレット ………………………………………………… 1/4
　　　ココナッツ・ミルク ……………………………………… 1/4

作り方　●シェークして、カクテル・グラスに注ぐ。
［メモ］　●アメリカのパーム・スプリングスのカテドラル・キャニオン・クラブのアル・アルテガ氏作。
　　　　●ロードランナーとは、アメリカにいるホトトギス科の鳥ミチバシリのこと。

ROB ROY
ロブ・ロイ

材料　スコッチ・ウイスキー ……………………………………… 3/4
　　　スイート・ベルモット ……………………………………… 1/4

作り方　●ステアして、カクテル・グラスに注ぐ。レッド・チェリーを飾る。
［メモ］　●マンハッタンのウイスキーをスコッチ・ウイスキーにしたもの。ロンドン、サボイ・ホテルのハリー・クラドック氏作。毎年11月末に同ホテルで開かれるセント・アンドリュース祭のパーティーのために考案されて、捧げられているのがこのカクテル。
　　　　●カクテル名は、スコットランドの義賊、ロバート・マクレガーのあだ名から。
　　　　●スコッチ・ウイスキーの代わりに、アイリッシュ・ウイスキーを使うとRORY O'MORE（ロリー・オーモア）となる。

R RUSSIAN
ルシアン

材料		
	ウオツカ	1/3
	ドライ・ジン	1/3
	カカオ・リキュール	1/3

作り方　●シェークして、カクテル・グラスに注ぐ。

[メモ]　●ブラック・ルシアンの原型となったといわれるアフターディナー・ドリンクだが、蒸留酒を2種類使う複雑さと、重いカカオ・リキュールの味わいから見て、古典的カクテルといえるだろう。

RUSTY NAIL
ラスティ・ネール

材料		
	スコッチ・ウイスキー	40ml
	ドランブイ	20ml

作り方　●氷を入れたロック・グラスに注ぎ、軽くステアする。

[メモ]　●ラスティ・ネールとは、「錆びた釘」という意味。俗語では「古めかしい飲みもの」となる。このカクテルの場合、色合いから錆びた釘を連想して付けられたもののようだ
　　　　●未来の若きバーテンダーの生き様を取り上げながら展開するアーサー・ヘイリーの小説「ホテル」で世界に知られるようになるラスティ・ネールは、どこで生まれたかは定かではないが、シンプルな味わいを好むアメリカン・スタイルであることは確かではなかろうか。
　　　　●ドランブイをジンジャー・ワインに替えるとWHISKY MAC（ウイスキー・マック）に、サザン・カンフォートに替えるとGOLDEN NAIL（ゴールデン・ネール）になる。

S

SALTY DOG
ソルティ・ドッグ

材料	ウオツカ	45ml
	グレープフルーツ・ジュース	適量

作り方　●塩でスノー・スタイルにしたタンブラーに氷を入れ、ウオツカを注ぎ、2～3倍のジュースで満たし、軽くステアする。

[メモ]　●生まれは、1940年代のイギリス。ジンとグレープフルーツ・ジュースに、少量の塩を加え、シェークし、ソーサー型シャンパン・グラスにつくったのが原型といわれる。この処方がアメリカに渡り、塩はスノー・スタイルにし、ジンをプレーンな味わいのウオツカに替え、作り方もビルドのスタイルにするように変わった。それ以降は、このスタイルが世界に広がった。

●スノー・スタイルの起源は、いくつかのカクテル・ブックから推察すると、1920年代に生まれたといわれるCHICAGO（シカゴ）あたりではないかと思われる。

SAMBUCA CON MOSCA
サンブーカ・コン・モスカ

材料	サンブーカ	1グラス
	焙煎したコーヒー豆	3粒

作り方　●リキュール・グラス、あるいはショット・グラスにサンブーカを注ぎ、焙煎したコーヒー豆を3粒浮かべ、火を付ける。20秒ほど炎をたて、消してから飲む。

[メモ]　●カクテル名は、イタリア語で「ハエ付きのサンブーカ」の意味。グラスに浮かぶコーヒー豆をハエにたとえて、この名が付いた。イタリア料理の後にふさわしい食後の飲みもの。火を消した直後は、グラスの縁が熱いので、しばらく冷ましてから飲むとよい。

●コーヒー豆は、噛んだときパリッと感じるフレッシュなものが、歯触りもよく味もいい。

S SCORPION
スコーピオン

材料		
	ホワイト・ラム	45ml
	ブランデー	30ml
	オレンジ・ジュース	20ml
	レモン・ジュース	20ml
	コーディアル・ライム	15ml

[作り方] ●シェークして、クラッシュド・アイスを詰めた大型グラスに注ぎ、オレンジ、レモンなどを飾り、ストローを添える。

[メモ] ●ハワイ生まれ、ハワイ育ちのカクテル。SCORPIONとは、蠍座の意味。

SCOTCH KILT
スコッチ・キルト

材料		
	スコッチ・ウイスキー	2/3
	ドランブイ	1/3
	オレンジ・ビターズ	2ダッシュ

[作り方] ●ステアして、カクテル・グラスに注ぐ。レモン・ピールを絞りかける。

[メモ] ●ラスティ・ネールにオレンジ・ピールをちょっと絞りかけただけのカクテルだが、こちらはカクテル・グラスに優雅に、そしてフォーマルに仕上げている。

●名の由来は、スコットランド人の着用する短いスカート(キルト)から。

S　SCREWDRIVER
スクリュードライバー

材　料		
	ウオツカ	45ml
	オレンジ・ジュース	適量

作り方　●氷を入れたタンブラーにウオツカを注ぎ、2～3倍のジュースで満たし、軽くステアする。オレンジを飾る。

［メモ］　●スクリュードライバーとは、ネジ回しの意味。誕生説はいろいろあるが、テキサスの油田労働者が商売道具のネジ回し（SCREWDRIVER）でかき回して飲んでいたことからとか、イランの油田で働くアメリカ人技師が、同じようにネジ回しで混ぜて飲んでいたとかとも。どちらにしてもネーミングの由来は「ネジ回し」というところか。
●「ウオツカ＋フルーツ・ジュース」のパターンは1960年のアメリカに生まれ、さまざまなバリエーションがあるが、リンゴ・ジュースとの組み合わせのBIG APPLE（ビッグ・アップル）は、リンゴの香り豊かなカクテルとして知られ、大都会ニューヨークの愛称としても知られている。

SEA BREEZE
シー・ブリーズ

材　料		
	ウオツカ	30ml
	グレープフルーツ・ジュース	45ml
	クランベリー・ジュース	45ml

作り方　●シェークして、クラッシュド・アイスを入れた大型グラスに注ぐ。ストローを添える。

［メモ］　●1980年代にアメリカの西海岸で流行りだしたカクテル。
●カクテル名のシー・ブリーズは、海軟風のこと。グレープフルーツ・ジュースの代わりにパイナップル・ジュースを使うとBAY BREEZE（ベイ・ブリーズ）、グレープフルーツ・ジュースを使わず、ウオツカとクランベリー・ジュースだけでつくるとCAPE CODDER（ケープ・コッダー）となる。三つともに、アメリカで流行のカクテル。

S SEX ON THE BEACH
セックス・オン・ザ・ビーチ

材料	
ウオツカ	15ml
ミドリ　メロン・リキュール	20ml
クレーム・ド・フランボアーズ	10ml
パイナップル・ジュース	80ml

作り方　●氷を入れたタンブラーに注ぎ、軽くステアする。

[メモ]　●トム・クルーズ主演「カクテル」という映画に登場してから日本でも知られるようになったカクテル。ミドリのメロン風味、フランボアーズのキイチゴ風味と、パイナップル・ジュースの酸味が心地よいカクテル。

●国土が大きなアメリカ生まれのカクテルだけに、都市ごとに、また、店ごとにさまざまなレシピがあり、いまだレシピがフィックスしていない。このレシピは、日本人向きの味わいのレシピともいえる。

SHANDY GAFF
シャンディ・ガフ

材料	
ビール	1/2
ジンジャー・エール	1/2

作り方　●あらかじめ冷やしておいた材料を上の順にゆっくりグラスに注ぐ。

[メモ]　●シャンデー・ガフの語源は不明。

●ビールは、スタウトなどの濃色タイプのものを使ってもよい。その場合は、風味がやや濃厚で、かなりイギリス風な味わいとなる。

●ジンジャー・エールの替わりに柑橘系フレーバーの無色透明炭酸飲料（セブンアップ、スプライトなど）を使うとPANACHĒ（パナシェ）となる。

S

SHERRY FLIP
シェリー・フリップ

材　料		
	ドライ・シェリー	45ml
	砂糖	1tsp
	卵黄	1個分

作り方　●十分にシェークして、サワー・グラス、または、小ぶりのワイン・グラスに注ぐ。

[メモ]　●FLIP（フリップ）とは、酒に砂糖と卵黄を加え、シェークしたカクテル。好みによりナツメグを振りかけて飲む。エッグ・ノッグに似ているが、フリップには牛乳は入れない。
●フリップのベースとなる酒として、シェリーの代わりにブランデーを使ったBRANDY FLIP（ブランデー・フリップ）、ポートを使ったPORT FLIP（ポート・フリップ）などがある。

SHIRLEY TEMPLE
シャーリー・テンプル

材　料		
	グレナデン・シロップ	1tsp
	ジンジャー・エール	適量

作り方　●氷を入れたタンブラーにグレナデン・シロップを注ぎ、ジンジャー・エールで満たし、軽くステアする。レモン・ピールを絞りかける。

[メモ]　●ノン・アルコール・カクテルのひとつ。日本ではあまり使われないが、こうしたアルコールを含まないカクテルをMOCKTAIL（モクテル）と呼ぶことがある。これは、「mock（模倣する）」と「cocktail」を合わせた造語。
●MOCKTAILの語源としては、モナン社のシロップを使ったカクテル（monin cocktail）をアメリカでMOCKTAILというようになったからだという説もある。

S SHOYO JULING
照葉樹林

材　料	グリーンティ・リキュール	45ml
	ウーロン茶	適量

作り方　●氷を入れたタンブラーに注ぎ、軽くステアする。

[メモ]　●カクテル名の照葉樹林とは、東南アジアから日本西南部に広がる照葉樹林文化圏の二つの産物、緑茶とウーロン茶を使ったことから名付けられた。

●1980年、サントリー㈱が日本で初めて缶入りウーロン茶を発売したときに、飲み方のソフト・ウェアとして誕生したもの。材料のどちらも"茶"を原料としているところから、カクテル名が生まれた。上記のレシピにホワイト・ラムを15ml加えたものもある。

SIDECAR
サイドカー

材　料	ブランデー	1/2
	ホワイト・キュラソー	1/4
	レモン・ジュース	1/4

作り方　●シェークして、カクテル・グラスに注ぐ。

[メモ]　●パリのハリーズ・ニューヨーク・バーでは、初代オーナーのハリー・マッケルホーンが、1931年に、サイドカーに乗ってバーへやってきた、ある陸軍大尉に捧げて、このカクテルを生み出したと主張している。しかし、1922年に刊行されたRobert Vermeier著「Cocktail-How to Mix Them」に、ちゃんとSide-Carの処方が載っているので、マッケルホーンの創案だとすると疑問が残る。また、創案者はロンドンのバックス・クラブのチーフ・バーテンダー、マクギャリーともいわれている。

●ブランデー（コニャック）をカルヴァドスに替えるとAPPLE CAR（アップル・カー）となる。

S

SINGAPORE SLING
シンガポール・スリング

材料		
	ドライ・ジン	45ml
	レモン・ジュース	20ml
	砂糖	1 1/2tsp
	チェリー・ブランデー	15ml
	ソーダ	適量

作り方　●チェリー・ブランデー、ソーダ以外をシェークして、氷を入れたタンブラーに注ぎ、ソーダで満たし、軽くステアする。チェリー・ブランデーを静かに落とす。レモン、レッド・チェリーなどを飾る。

[メモ]　●1915年、シンガポールのラッフルズ・ホテルのニャン・トン・ブーンによって生み出された。最初はベネディクティンを含む9種類の材料を巧みに使ってつくられ、1920年代には、ストレーツ・スリングと呼ばれ、イギリスで人気だったが、1939年、フルーティーなRaffles Sling（ラッフルズ・スリング）として生まれ変わって飲まれている。

SLEDGE HAMMER
スレッジ・ハンマー

材料		
	ウオツカ	3/4
	ライム・ジュース	1/4
	砂糖	1tsp

作り方　●シェークして、カクテル・グラスに注ぐ。

[メモ]　●スレッジ・ハンマーとは、両手で振り下ろすような大きな金槌のこと。それで叩かれたようなインパクトのある口当たりを感じたところからのカクテル名だろう。このカクテルを「ウオツカ・ギムレット」と理解している人もいる。

S　SPRITZER
スプリッツァー

材　料	白ワイン	3/5
	ソーダ	2/5

作り方　●氷を入れたグラスに注ぎ、軽くステアする。
[メモ]　●1980年代にアメリカでヒットしたライトで、ヘルシーなカクテル。生まれは、モーツァルト誕生の地、オーストリアのザルツブルク市。
　　　　●スプリッツァーとは、ドイツ語のシュプリッツェン（Spritzen、はじけるの意）からきている。
　　　　●ベースとなる白ワインは、ドイツワイン・タイプのフレッシュ＆フルーティーな味わいのものがお薦め。レモン・スライスやレモン・ピールをするレシピもある。

SPUMONI
スプモーニ

材　料	カンパリ	30ml
	グレープフルーツ・ジュース	45ml
	トニック・ウォーター	60ml

作り方　●氷を入れたタンブラーに注ぎ、軽くステアする。
[メモ]　●イタリア生まれのカクテル。スプモーニとは、イタリア語のスプマーレ（SPUMARE、泡立つ）からきている。

S　STINGER
スティンガー

材　料　ブランデー 3/4
　　　　ホワイト・ペパーミント 1/4

作り方　●シェークして、カクテル・グラスに注ぐ。
[メモ]　●1900年代のニューヨークで話題となっていたカクテルで、ニューヨークのコロニー・レストランのオリジナル・カクテルといわれる。ステアでつくるレシピもある。
　　　　●スティンガーとは、針という意味。皮肉をいう人を指すこともある。
　　　　●ホワイト・ペパーミントをグリーン・ペパーミントに替えるとEMERALD（エメラルド）、それにレッド・ペッパーを振りかけると、DEVIL（デヴィル）というカクテルになる。

T　TANGO
タンゴ

材　料　ドライ・ジン 2/5
　　　　ドライ・ベルモット 1/5
　　　　スイート・ベルモット 1/5
　　　　オレンジ・キュラソー 1/5
　　　　オレンジ・ジュース 1tsp

作り方　●シェークして、カクテル・グラスに注ぐ。
[メモ]　●ロンドン、シローズ・クラブ出身のバーテンダー、ハリー・マッケルホーンが、パリでハリーズ・ニューヨーク・バーをオープンしたあとに発表したもの。

TEQUILA SUNRISE
テキーラ・サンライズ

材料	テキーラ	1/3
	オレンジ・ジュース	2/3
	グレナデン・シロップ	2tsp

[作り方] ●氷を入れたフルート型グラスにテキーラとオレンジ・ジュースを注ぎ、軽くステアする。グレナデン・シロップを静かに注ぎ、底に沈める。オレンジを飾る。

[メモ] ●1972年、ローリング・ストーンズが北アメリカツアーの際、このカクテルに出会い、特にミック・ジャガーは熱烈なファンとなり、ツアー先で愛飲し、世界のロック・ファンの間に広めた。また、ロサンゼルスを中心に活動していたイーグルスもセカンド・アルバム「デスペラード」の中に同名の曲を収録し、広めたともいわれている。
●1988年には、メル・ギブソン、カート・ラッセル、ミシェル・ファイファーらが出演した同名の映画で後押しした。

TIZIANO
ティツィアーノ

材料	スプマンテ（または、スパークリング・ワイン）	3/4
	グレープ・ジュース（赤）	1/4

[作り方] ●フルート型シャンパン・グラスにジュースを入れ、冷やしたスプマンテを3倍量注ぎ、軽くステアする。

[メモ] ●イタリア・フィレンツェのハリーズ・バー生まれ。
●フィレンツェのハリーズ・バーのもうひとつのスプマンテ・カクテルがLEONARD（レオナルド）。完熟したイチゴのピューレをスプマンテで割ったもの。イタリアではROSSINI（ロッシーニ）とも呼ばれる。ピューレの代わりにクレーム・ド・フレーズでつくることが多い。

T

TOM & JERRY
トム・アンド・ジェリー

材料		
	ホワイト・ラム	30ml
	ブランデー	15ml
	砂糖	2tsp
	卵	1個
	熱湯	適量

作り方　●卵は卵黄と卵白を別々に泡立てる。卵黄に砂糖を加え、艶が出るまでホイップし、卵白と和える。さらに、ラムとブランデーを加えてステアし、タンブラーに注ぐ。熱湯で満たし、軽くステアする。

[メモ]　●クリスマス・ドリンクとしてイギリスとアメリカで有名。19世紀初頭、ロンドンでラム・グロッグ（ラムの熱湯割り）のバリエーションとして生まれたといわれる。

　　　　●一方では1847年、ジェリー・トーマスがカリフォルニアで顧客の要望に応えてつくった、ともいわれている。

TOM COLLINS
トム・コリンズ

材料		
	ドライ・ジン	60ml
	レモン・ジュース	20ml
	砂糖	2tsp
	ソーダ	適量

作り方　●ソーダ以外の材料をシェークして、コリンズ・グラスに注ぎ、ソーダで満たし、軽くステアする。レモン、レッド・チェリーを飾る。

[メモ]　●19世紀初頭、ロンドンのコンデュイット通りにあった「リマーズ・コーナー」のジョン・コリンズ氏によって、ウイスキー・ベースで生まれたのが始まり。当時はウイスキーよりもジンの時代。それで複雑な風味のオランダ・ジン、ジュネバを使ってつくられたが、のちに少し甘みを持ったオールド・トム・ジンが登場し、トム・コリンズが誕生した。現在ではロンドン・ドライ・ジンを使うのが一般的になっている。

T

TURKISH HARLEM COOLER
ターキッシュ・ハーレム・クーラー

| 材料 | ロゼ・ワイン | 90ml |
| | トニック・ウォーター | 適量 |

作り方　●氷を入れたタンブラーに注ぎ、軽くステアする。レモンを飾る。

［メモ］　●21世紀になり再び話題になっている、ロゼ・ワインを使ったシンプルな味わいのワインカクテル。

　　　　●トニック・ウォーターの代わりにソーダを使った、辛口のロゼ・ワイン・ハイボールもある。

V

VALENCIA
バレンシア

材料	アプリコット・ブランデー	40ml
	オレンジ・ジュース	20ml
	オレンジ・ビターズ	1/2tsp

作り方　●シェークして、氷を入れたロック・グラスに注ぐ。オレンジを飾る。

［メモ］　●このレシピはカジュアルに楽しむためにロック・スタイルになっているが、オーセンティックなバーでは、ストレート・アップ・スタイルで、カクテル・グラスに注ぐところもある。

　　　　●同名のカクテルで、よく冷やしたシャンパン80ml、オレンジ・ジュース30ml、アプリコット・ブランデー10mlをフルート型シャンパン・グラスに注ぐものもある。このほうが現代的な感じがする。

V VERMOUTH & CASSIS
ベルモット・アンド・カシス

材　料　ドライ・ベルモット 60ml
　　　　クレーム・ド・カシス 15ml
　　　　ソーダ .... 適量

作り方　●氷を入れたタンブラーに注ぎ、軽くステアする。レモンを飾る。

[メモ]　●フランスで人気のカクテル。POMPIER（ポンピエ）とも呼ぶ。ポンピエとは消防士、あるいは、大酒飲みといった意味。

W WHISKY & SODA
ウイスキー・ソーダ

材　料　ウイスキー 45ml
　　　　ソーダ .... 適量

作り方　●氷を入れたグラスにウイスキーを注ぎ、冷やしたソーダで満たし、軽くステアする。

[メモ]　●ウイスキー・ソーダというよりも、HIGHBALL（ハイボール）のほうが、通りがいいかもしれない。ここにあげたレシピは、基本を記したものであり、使うウイスキーのタイプにより、ソーダの割合は加減したい。また、使うソーダの銘柄により水の硬度が違う、この硬度によっても味わいは変わってくる。

W WHISKY FLOAT
ウイスキー・フロート

材料	ウイスキー	45ml
	ミネラル・ウォーター	グラス7分目

作り方　●氷を入れたタンブラーに、ミネラル・ウォーターを注ぐ。上からウイスキーをフロートする。

［メモ］　●アルコールの比重を利用した楽しい飲み方。使うウイスキーとしては、重厚なモルト・ウイスキーなどが現代人には好まれている。

WHISKY MIST
ウイスキー・ミスト

材料	ウイスキー	60ml
	クラッシュド・アイス	1グラス

作り方　●ロック・グラスにクラッシュド・アイスを詰め、ウイスキーを注ぎ、よくステアする。レモン・ピールを絞りかけ、グラスの中に落とし、ストローを添える。

［メモ］　●ミストとは「霧」とか「霧で覆われた」とかの意味。グラスの表面が白く霞むところから付いた名称。
　　　　●霧のイメージから、スコッチ・ウイスキーでもいいが、華やかな香りを秘めたバーボン・ウイスキーでつくるのもお薦め。
　　　　●ウイスキーだけでなく、ポート・ワインなども、ミストにするとちょっと趣きを持った味わいになる。

W　WHISKY SOUR
ウイスキー・サワー

材料	バーボン・ウイスキー	45ml
	レモン・ジュース	20ml
	砂糖	1tsp

作り方　●シェークして、サワー・グラスに注ぎ、オレンジ、レッド・チェリーを飾る。

[メモ]　●SOUR（サワー）とは、酸っぱいの意味。当然、砂糖の量は抑える。
●このサワーの場合、使うバーボン・ウイスキーは、ストレート向きの硬い感じの銘柄よりも、ソフトな感じの柔らかい風味の銘柄のほうが、おいしく感じられると思う。
●上記処方は、アメリカで一般的につくられているもので、グラスは細身のロック・グラスにつくることが多い。また、イギリスでは最後に少量のソーダを浮かべ、炭酸ガスの刺激で酸味をより際立たせるように仕上げることが多い。

WHITE LADY
ホワイト・レディ

材料	ドライ・ジン	1/2
	ホワイト・キュラソー	1/4
	レモン・ジュース	1/4

作り方　●シェークして、カクテル・グラスに注ぐ。

[メモ]　●ファースト・バージョンは1919年のロンドン、シローズ・クラブまで遡る。ここで、バーテンダーのハリー・マッケルホーンは、ベースの酒にホワイト・ペパーミント（コニャックという説もある）を使いホワイト・レディをつくった。彼はのちにパリに移り、ハリーズ・ニューヨーク・バーのオーナーとなる。そこで、1929年、セカンド・バージョンとして、ホワイト・ペパーミントの替わりにジンをベースにして紹介するようになり、それ以後、広く愛飲されるようになる。
●ベースのジンをホワイト・ラムに替えると、X.Y.Z.というカクテルになる。

Y

YOKOHAMA
ヨコハマ

材料		
	ドライ・ジン	1/3
	オレンジ・ジュース	1/3
	ウオツカ	1/6
	グレナデン・シロップ	1/6
	アブサン	1ダッシュ

作り方　●シェークして、カクテル・グラスに注ぐ。

[メモ]　●昭和初期の日本のカクテル・ブックに紹介されているが、作者は不明。カクテル名は日本の地名だが、極東航路の船内バーあたりが出生地ではないかと思われる。

YOSHINO
吉野

材料		
	ウオツカ	60ml
	キルシュヴァッサー	1tsp
	グリーンティ・リキュール	1tsp

作り方　●シェークして、カクテル・グラスに注ぎ、塩抜きした桜の花の塩漬けを、グラスの底に沈める。

[メモ]　●東京、銀座のMORI BARのオーナー・バーテンダー、毛利隆雄氏が、1982年に発表した作品。

Y YUKIGUNI
雪国

材　料		
	ウオツカ	1/2
	ホワイト・キュラソー	1/4
	コーディアル・ライム	1/4

作り方　●シェークして、グラニュ糖でスノー・スタイルにしたカクテル・グラスに注ぎ、グリーン・チェリーを飾る。

[メモ]　●1958年、寿屋（現サントリー）主催のカクテル・コンクールで第1位に入賞した作品。作者は、山形県の井山計一氏。

INDEX

＜ア行＞

アイスヴァイン (Eiswein) ——61
アイス・クラッシャー (Ice Crusher) ——210
アイス・クリーム——183
アイス・シャベル (Ice Shovel) ——210
アイス・トングズ (Ice Tongs) ——210
アイス・ピック (Ice Pick) ——211
アイス・ペール (Ice Pail) ——211
アイラ・モルト (Islay Malt) ——105
アイリッシュ・ウイスキー (Irish Whiskey) ——107
アイリッシュ・コーヒー (Irish Coffee) ——295
アイリッシュ・ミスト (Irish Mist) ——162
アウスレーゼ (Auslese) ——61
青い珊瑚礁 (Blue Coral Reef) ——269
赤ワイン (Red wine) ——52
アクアビット (Aquavit) ——148
アクア・ビテ (Aqua vitae) ——39、86、118、148
アグアルディエンテ (Aguardiente) ——130
アグリコール・ラム (Agricole Rum) ——144
アスキボー (Usquebaugh) ——86
アップル・カー (Apple Car) ——326
アップル・ブランデー——132
アーティフィシャル (Artificial) ——155
アドヴォカート (Adovocaat) ——168
アドニス (Adonis) ——260、265
アニェホ (Añejo) ——146
アニゼット (Anisette) ——159
アフィニティ (Affinity) ——261
アブサン (Absinthe) ——159

アブサン・カクテル (Absinthe Cocktail) ——260
アプリコット・ブランデー (Apricot Brandy) ——164
アプリコット・リキュール (Apricot Liqueur) ——164
アペロール (Aperol) ——161
アボカド (Avocado) ——193
アマレット (Amaretto) ——167
アメリカーノ (Americano) ——262
アメリカのワイン——64
アメリカン・ウイスキー (American Whisky) ——109
アメリカン・プルーフ (American Proof) ——43
アメール・ピコン (Amer Picon) ——160
アモンティリャード (Amontillado) ——54
アラウンド・ザ・ワールド (Around the World) ——263
アラスカ (Alaska) ——261
アラック (Arrack、Arak) ——149
アール (Ahr) ——62
アルコール発酵——40
アルコール分 (アルコール度) ——42、43
アルザス (Alsace) ——58
アルゼンチンのワイン——67
アルト——79
アルノー・ド・ヴィルヌーヴ (Arnaud de Villeneuve) ——118、156
アルマニャック (Armagnac) ——127
アレクサンダー (Alexander) ——262
泡盛——153
アンゴスチュラ・ビターズ (Angostura Bitters) ——163
アンジュ・ロゼ (Anjou rosé) ——58
アンドリュー・アッシャー (Andrew Usher) ——87
アントル・ドゥ・メール (Entre-Deux-Mers) ——57
イエーガーマイスター (Jägermeister) ——162
イェネーフェル (Genever) ——137
壱岐焼酎——154
イスラ・デ・ピノス (Isla de Pinos) ——296
イタリアのワイン——62

イチゴ (Strawberry) ——195
イーニアス・コフィー (Aeneas Coffey) ——42、87
イモ焼酎——154
ウアアルト (Uralt) ——129
ヴァイツェン・ビール——78
ヴァインブラント (Weinbrand) ——129
ヴァッティング (Vatting) ——95
ヴァッテッド・モルト・ウイスキー (Vatted Malt Whisky) ——101
ヴァルポリチェッラ (Valpolicella) ——63
ヴァン・ショー (Vin chaud) ——228
ヴァン・ジョーヌ (Vin Jaune) ——60
ヴァン・ド・ターブル (Vin de table) ——55、56
ヴァン・ブリュレ——119
ヴァン・ムスー (Vin mousseux) ——53
ウイスキー (Whisky) ——86
ウイスキー・グラス (Whisky Glass) ——216
ウイスキー・サワー (Whisky Sour) ——335
ウイスキー・ソーダ (Whisky & Soda) ——333
ウイスキー・フロート (Whisky Float) ——334
ウイスキー・マック (Whisky Mac) ——320
ウイスキー・ミスト (Whisky Mist) ——334
ヴィオニエ (Viognier) ——50
ウイーン・ビール——77
ヴェルメンティーノ (Vermentino) ——51
ウォッシュ (Wash) ——92
ウオツカ (Vodka) ——139
ウシュクベーハ (Uisgebeatha) ——86
ウゾ (Ouzo) ——160
ヴュルテムベルク (Württemberg) ——62
ウーロン茶——181
エー・オー・ピー (A.O.P.) ——56
エクストラ・アニェホ (Extra Añejo) ——146
エクスポート・ビール——77
エスプーマ (Espuma) ——232、234、237、245

エスプーマ・マシーン（Espuma Machine）——211
エチル・アルコール——40
エッグノッグ（Eggnog）——237
エバ・ミルク——182
エー・ブイ・エー（A.V.A.）——66
エメラルド・アイル（Emerald Isle）——261
エライジャ・クレーグ——88、110
エル・ディアブロ——280
エル・プレジデンテ（El Presidente）——281
エルミタージュ（Hermitage）——59
エンジェルズ・キッス（Angel's Kiss）——263
エンジェルズ・ティップ（Angel's Tip）——263
大麦麦芽——92
オーストラリアのワイン——66
オー・タルマニャック（Haut-Armagnac）——128
乙類焼酎——152
オー・ド・ヴィー（Eau-de-vie）——118
オー・ド・ヴィー・ド・ヴァン（Eau-de-vie de vin）——128
オー・ド・ヴィー・ド・シードル（Eau-de-vie de cidre）——132
オニオン（Onion）——187
オパール・ネラ（Opal Nera）——161
オーバー・ロックス（Over Rocks）——224
オランダ・ジン——137
オリーブ——199
オリンピック（Olympic）——311
オールド・トム・ジン（Old Tom Gin）——138
オールド・パル（Old Pal）——311
オールド・ファッションド（Old Fashioned）——310
オールド・ファッションド・グラス——217
オールド・ラミー（Old Rummy）——143
オレンジ（Orange）——188
オレンジ・ビター（Orange Bitter）——163
オレンジ・ブロッサム（Orange Blossom）——312
オロロソ（Oloroso）——54

＜カ行＞

ガイスト（Geist）——133
カイピリーニャ（Caïpirinha）——275
カオール（Cahors）——60
カカオ・フィズ（Cacao Fizz）——274
カカオ・リキュール（Cacao Liqueur）——167
角砂糖（キューブ・シュガー）——200
カクテル（Cocktail）——224、237
カクテル・グラス（Cocktail Glass）——218
カクテル・コンペティション——253、255
カシス（Cassis）——60、197
果実飲料——177
ガスコーニュ（Gascogne）——127
カップ（Cup）——237
カナディアン・ウイスキー（Canadian Whisky）——114
カバ（CAVA）——53
カビネット（Kabinett）——61
カフェ・ロワイヤル（Café Royal）——274
カベルネ・ソーヴィニヨン（Cabernet Sauvignon）——48
カベルネ・フラン（Cabernet Franc）——49
カミカゼ（Kamikaze）——297
ガム・シロップ（Gum Syrup）——201
ガメ（Gamay）——49
下面発酵ビール——72、75
ガリアーノ（Galliano）——161
カリフォルニア・ワイン——65
カルーア（Kahlúa）——167
カルーア・ミルク（Kahlúa & Milk）——297
カルヴァドス（Calvados）——118、132
カルミ（Calmi）——227
カンパリ（Campari）——160
カンパリ・オレンジ（Campari & Orange）——276
カンパリ・ソーダ（Campari & Soda）——276

生もとづくり——83
キウイフルーツ（Kiwifruit）——191
キッス・オブ・ファイヤー（Kiss of Fire）——299
ギブソン（Gibson）——285
ギムレット（Gimlet）——285
キャラメル・リキュール（Caramel Liqueur）——168
キャンティ（Chianti）——63
キャンベルタウン・モルト（Campbeltown Malt）——105
キュウリ（Cucumber）——187
キューブ・アイス（Cube Ice）——202
キュラソー（Curaçao）——163
キュンメル（Kümmel）——162
キール（Kir）——298
キール・アンペリアル（Kir Impérial）——299
ギルガメシュ叙事詩——38
キルシュ（Kirsch）——133
キルシュヴァッサー（Kirschwasser）——133
キール・ロワイヤル（Kir Royal）——299
キングス・バレー（King's Valley）——298
禁酒法——89、110
吟醸酒——84
グアバ（Guava）——192
クヴァ・リブレ（Cuba Libre）——278
クオリティ・コントロール——22、27
クナワラ（Coonawara）——67
クー・ベー・アー（Q.b.A.）——61
球磨焼酎——153
クーラー（Cooler）——238
グラーヴ（Graves）——56
クラッシュド・アイス（Crushed Ice）——202
グラス（Glass）——215
グラス・タオル（Glass Towel）——211
グラス・フリーザー——207
グラスホッパー（Grasshopper）——290

グラス・ホルダー (Glass Holder) ——212
クラックド・アイス (Cracked Ice) ——202
グラッパ (Grappa) ——130
グラニュ糖——200
グランド・シャンパーニュ (Grande Champagne) ——124
クランベリー (Cranberry) ——196
グラン・マルニエ (Grand Marnier) ——164
クリスタル・グラス——216
グリューヴァイン (Glühwein) ——228
グリーン・アイズ (Green Eyes) ——290
グリーン・アラスカ (Green Alaska) ——261
グリーン・ティ (Green Tea) ——162
グリーン・フィールズ (Green fields) ——291
クリンリネス・スタンダード——27、28
グルート——72
グレッグ (Glögg) ——228
グレナデン・シロップ (Grenadine Syrup) ——201
グレープフルーツ (Grapefruit) ——189
クレーム・ド・カシス (Crème de Cassis) ——165
クレーム・ド・フランボアーズ (Crème de Framboise) ——165
クレーム・ド・ミルティーユ (Crème de Myrtilles) ——165
グレーン・ウイスキー (Grain Whisky) ——95、105
グレーン・スピリッツ (Grain Spirit) ——96
クローヴ (Clove) ——186
黒ビール——77
ケージャン・マティーニ (Cajun Martini) ——275
ケープ・コッダー (Cape Codder) ——323
ケルシュ——77
コアントロー (Cointreau) ——163
甲州 (Koshu) ——51
後熟——95
紅茶——180
酵母——40
甲類焼酎——152

氷――201

黒糖焼酎――154

ココア――179

ココヤシ（Coconut Palm）――192

コショウ（Pepper）――186

コスモポリタン（Cosmopolitan）――278

ゴッドファーザー（Godfather）――289

ゴッドマザー（Godmother）――289

コート・シャロネーズ（Côte Chalonnaise）――58

コート・デュ・ローヌ（Côtes du Rhône）――59

コート・ド・ニュイ（Côte de Nuits）――58

コート・ド・ボーヌ（Côte de Beaune）――58

コニャック（Cognac）――123

コーヒー――178

コブラー（Cobbler）――238

ゴブレット（Goblet）――219

コモン・オーク――94

米焼酎――153

コーラ（Cola）――176

コーラ・デ・ガジョ――225

コラム・スチル（Column Still）――42

コリンズ（Collins）――238

コリンズ・グラス（Collins Glass）――217

コルクスクリュー（Corkscrew）――212

ゴールデン・キャデラック（Golden Cadillac）――289

ゴールデン・ネール（Golden Nail）――320

コールド・テーブル――205

ゴールド・ベルベット（Gold Velvet）――232

ゴールド・ラム――143

コルマ（Korma）――227

コルン（Korn）――149

コロンバール（Colombard）――119、120、124

混成酒――46

コンティニュアス・スチル（Continuous Still）――42

コンデンス・ミルク——182
コント (Compte) ——125

<サ行>

サイダー (Cider) ——176
サイドカー (Sidecar) ——265、326
再留——93
サイレント・スピリッツ——96
サウス・オブ・ザ・ボーダー (South of the Border) ——272
サクランボ (Cherry) ——195
ザクロ (Pomegranate) ——199
サザン・カンフォート (Southern Comfort) ——165
薩摩焼酎——154
サトウキビ——142
サービス・マネジメント——28
サマー・ドリンク (Summer Drinks) ——237
サルーン——17
サロン——17
サワー (Sour) ——238
サワー・グラス (Sour Glass) ——219
サワー・マッシュ法——112
サンガリー (Sangaree) ——238
サングリア (Sangria) ——54
サンテミリオン (St-Émilion) ——57、119、124
サンブーカ (Sambuca) ——161
サンブーカ・コン・モスカ (Sambuca con Mosca) ——321
シェーカー (Shaker) ——33、208
シェーク (Shake) ——234、243
シェーブド・アイス (Shaved ice) ——202
シェリー (Sherry) ——54、64
シェリー・グラス (Sherry Glass) ——218
シェリー・フリップ (Sherry Flip) ——325

自然発酵ビール——78
シードル (Cidre) ——85、132
シナモン (Cinnamon) ——186
シー・ブリーズ (Sea Breeze) ——323
シャウムヴァイン (Schaumwein) ——53
ジャック・ローズ (Jack Rose) ——296
シャブリ (Chablis) ——57
シャーリー・テンプル (Shirley Temple) ——325
シャルドネ (Chardonnay) ——49
シャルトリューズ (Chartreuse) ——158
シャルマ法 (Méthode Charmat) ——53
シャンディ・ガフ (Shandy Gaff) ——324
シャンパン (Champagne) ——53
シャンパーニュ (Champagne) ——59
シャンパン・カクテル (Champagne Cocktail) ——276
シャンパン・グラス (Champagne Glass) ——218
シャンパン・ストッパー (Champagne Stopper) ——212
シャンボール・リキュール (Chambord Liqueur) ——165
シュガー・シロップ (Suger Syrup) ——200
重量%——43
酒税法——42
酒造好適米——81
シューター (Shooter) ——232、238
シュタインヘーガー (Steinhäger) ——137
シュナップス (Schnapps) ——149
ジュニエーヴル——135
ジュニパー・ベリー (Juniper Berry) ——135
ジュネヴァ——137
シュペートレーゼ (Spätlese) ——61
ジュラ (Jura) ——60
ジュラソン (Juraçon) ——60
ジュレップ (Julep) ——238
純米酒——84
上双目 (じょうざらめ) ——200

醸造酒——45
焼酎——151
上白糖——199
上面発酵ビール——78
照葉樹林（Shoyo Juling）——326
蒸留——41、93、120
蒸留酒——46
ジョッキ（Jug）——217
ショット・バー——19
ショート・ドリンク——237
初留——93
シラー（Syrah）——49
白ワイン（White wine）——52
ジン（Gin）——135
ジン・アンド・イット（Gin & It）——286
ジン・アンド・ビターズ（Gin & Bitters）——286
シンガポール・スリング（Singapore Sling）——327
シングル・バレル・バーボン（Single Barrel Bourbon）——114
シングル・モルト・ウイスキー（Single Malt Whisky）——92
ジンジャー・エール（Ginger Ale）——177
新ジャンル——79
ジン・トニック（Gin & Tonic）——287
ジン・フィズ（Gin Fizz）——288
ジン・ライム（Gin & Lime）——287
ジン・リッキー（Gin Rickey）——288
スイカ（Watermelon）——194
ズィズネーニャ・ワダ（Zhiznennia Voda）——139
スウィッズル（Swizzle）——239
スクイザー（Squeezer）——212
スクリュードライバー（Screwdriver）——323
スコッチ・ウイスキー（Scotch Whisky）——101
スコッチ・キルト（Scotch Kilt）——322
スコーピオン（Scorpion）——322
スーズ（Suze）——160

ズースレゼルベ (Süssreserve) ——60
スタウト——78
ステア (Stir) ——234、243
スティル・ワイン (Still wine) ——51
スティンガー (Stinger) ——329
ストレート・アップ (Straight Up) ——224
ストレート・コーン・ウイスキー (Straight Corn Whisky) ——113
ストレート・ドリンク (Straight Drink) ——224
ストレート・バーボン・ウイスキー (Straight Bourbon Whisky) ——111
ストレート・ライ・ウイスキー (Straight Rye Whisky) ——113
ストレーナー (Strainer) ——209
ストーンズ・ジンジャー・ワイン (Stones Ginger Wine) ——162
スノー・スタイル (Snow Style) ——246
スパイス (Spice) ——185
スパークリング・ワイン (Sparkling wine) ——53
スピークイージー (Speakeasy) ——230
スピリッツ (Spirits) ——135
スピンドル・ミキサー (Spindle Mixer) ——210
スプマンテ (Spumante) ——53、63
スプモーニ (Spumoni) ——328
スプリッツァー (Spritzer) ——328
ズブロッカ——139
スペイサイド・モルト (Speyside Malt) ——103
スペインのワイン——63
スポーツ・ドリンク——183
ズーム (Zoom) ——239
スムージー——239
スモール・バッチ・バーボン (Small Batch Bourbon) ——114
スリング (Sling) ——239
スレッジ・ハンマー (Sledge Hammer) ——327
スリヴォヴィッツ (Slivovitz) ——134
清酒——81
製氷機——206
清涼飲料——171

ゼクト (Sekt) ——53
セックス・オン・ザ・ビーチ (Sex on the Beach) ——324
セット・バック ——112
セミヨン (Sémillon) ——50
セロリ (Celery) ——187
ソアヴェ (Soave) ——63
ソーヴィニヨン・ブラン (Sauvignon Blanc) ——50
ソーダ水 (Soda Water) ——175
ソーダ石灰グラス (ソーダ・ライム・グラス) ——216
ソーテルヌ (Sauternes) ——57
ソバ焼酎 ——154
ソフト・ドリンク (Soft Drink) ——169
ソルティ・ドッグ (Salty Dog) ——321

<タ行>

ダイキリ (Daiquiri) ——279
ターキッシュ・ハーレム・クーラー (Turkish Harlem Cooler) ——332
ダッシュ (Dash) ——246
ダーティ・マザー (Dirty Mother) ——279
ダーティ・マティーニ (Dirty Martini) —— 275
タバーン ——16、17
タブラー ——112
タンゴ (Tango) ——329
炭酸飲料 ——175
単式蒸留器 ——41
ダンダー (Dunder) ——143
単発酵 ——40
タンブラー (Tumbler) ——217
チェリー・ブロッサム (Cherry Blossom) ——277
チズム (Zythum) ——227
チチ (Chi-Chi) ——277
チップド・アイス (Chipped Ice) ——202

チナール (cynar) ——161
チャコール・メローイング (Charcoal Mellowing) ——113
チャールストン (Charleston) ——166
チリのワイン ——67
ツイスト (Twist) ——246
ディー・オー・シー (D.O.C.) ——62
デイジー (Daisy) ——239
ディタ (Dita) ——166
ティツィアーノ (Tiziano) ——330
ティフィン (Tiffin) ——162
テキーラ (Tequila) ——145
テキーラ・サブマリン (Tequila Submarine) ——280
テキーラ・サンライズ (Tequila Sunrise) ——330
テキーラ・レポサド (Tequila Reposado) ——146
デコレーション ——248
テナレーズ (Ténarèze) ——128
テネシー・ウイスキー (Tennessee Whisky) ——113
テール・オブ・コック ——225
ドイツのワイン ——60
トウガラシ (Red Pepper) ——186
ドウロ (Douro) ——64
ドッグズ・ノーズ (Dog's Nose) ——280
トデー (Toddy) ——239
トニック・ウォーター (Tonic Water) ——177
トマト (Tomato) ——187
トム・アンド・ジェリー (Tom & Jerry) ——331
トム・コリンズ (Tom Collins) ——331
ドライ・ジン (Dry Gin) ——136
トラディショナル方式 (Méthode traditionnelle) ——53
ドランブイ (Drambuie) ——162
トリス・バー ——19
トリニダッド (Trinidad) ——278
トリプル・セック (Triple Sec) ——163
トロッケンベーレンアウスレーゼ (Trockenbeerenauslese) ——61

ドロップ (Drop) ——247
トロンセ (Tronçais) ——122

＜ナ行＞

ナシ (Pear) ——197
ナツメグ (Nutmeg) ——185
生酒——83
生貯蔵酒——83
生詰め酒——83
ニーガス (Negus) ——228
ニコラシカ (Nikolaschika) ——310
二条大麦——92
ニッキー・フィン (Nicky Finn) ——266
日本のウイスキー——90
日本のワイン——68
ニュージーランドのワイン——67
ニュー・ポット (New Pot) ——93
ニューヨーカー (New Yorker) ——309
ニューヨーク (Newyork) ——309
ヌーベル (Nouvelle) ——121
ネグローニ (Negroni) ——309
濃色ビール——77
濃色ボック・ビール——77
ノックアウト・パンチ (Knockout Punch) ——228
ノン・アルコーリック・ドリンクス——169

＜ハ行＞

バー (BAR) ——16
バイオレット (Violet) ——160
パイチュウ (白酒) ——150

パイナップル（Pineapple）——**190**
ハイボール（Highball）——**240**、**333**
ハイ・ライフ（High Life）——**292**
ハイランド・モルト（Highland Malt）——**102**
バガス（bagasse）——**143**
バカルディ・カクテル（Bacardi Cocktail）——**264**
バーキーパー——**20**
バ・ザルマニャック（Bas-Armagnac）——**127**
パスティス（Pastis）——**159**
パスティス・ウォーター（Pastis Water）——**313**
バー・スプーン（Bar Spoon）——**209**
バック（Buck）——**240**
発酵——**40**、**92**、**120**
パッションフルーツ（Passionfruit）——**191**
パッションフルーツ・リキュール（Passionfruit Liqueur）——**166**
バット（Butt）——**94**
発泡酒——**79**
バーデン（Baden）——**62**
バーテンダー——**20**、**22**
パテント・スチル（Patent Still）——**42**、**87**
ハード・ドリンクス（Hard Drinks）——**169**
パナシェ（Panaché）——**324**
バナナ（Banana）——**193**
バナナ・リキュール（Banana Liqueur）——**166**
パナマ（Panama）——**262**
パパイヤ——**190**
バーバラ（Barbara）——**262**
バー・バルブ（バー・ガン）——**207**
ハーブ——**185**
ハーベイ・ウォールバンガー（Harvey Wallbanger）——**291**
バーボネラ（Bourbonella）——**271**
バーマン——**20**
パラダイス（Paradise）——**312**
バラライカ（Balalaika）——**265**

パリジャン (Parisian) ——313
バルバレスコ (Barbaresco) ——63
パルフェ・タムール (Parfait Amour) ——160
バーレル (Barrel) ——94
バレンシア (Valencia) ——332
バロッサ・ヴァレー (Barossa Valley) ——67
パロミノ (Palomino) ——119
バローロ (Barolo) ——63
ハワイアン (Hawaiian) ——292
ハンター (Hunter) ——295
パンチ (Punch) ——240
パンチョン (Puncheon) ——94
バンブー (Bamboo) ——260、265
ハンムラビ法典——16
ビアー・グラス (Beer Glass) ——219
ビー・52 (B-52) ——264
ピサン・ガルーダ (Pisang Garoeda) ——166
ピスタチオ (Pistachio) ——192
ビスマルク (Bismark) ——267
ビター・エール——78
ビターズ・ボトル (Bitters' Bottle) ——213
ピーチ・リキュール (Peach Liqueur) ——165
ビッグ・アップル (Big Apple) ——323
ピート (Peat) ——87
ビトウィン・ザ・シーツ (Between the Sheets) ——266
ピニャ (Piña) ——146
ピニャ・カラーダ (Piña Colada) ——314
ピノ・グリ (Pinot Gris) ——50
ピノ・ノワール (Pinot Noir) ——49
ピュア・モルト・ウイスキー (Pure Malt Whisky) ——95、97
ビール (Beer) ——71
ビール純粋令——72
ピルスナー・ビール——77
ビルド (Build) ——234、242

ピンガ (Pinga) ──145
ピンク・ジン (Pink Gin) ──286
ピンク・レディ (Pink Lady) ──314
ヒンベーアガイスト (Himbeergeist) ──134
ファジー・ネーブル (Fuzzy Navel) ──284
ファルツ (Pfalz) ──62
ファン・ボア (Fins Bois) ──124
フィズ (Fizz) ──240
フィックス (Fix) ──240
フィーヌ・シャンパーニュ (Fine Champagne) ──124
フィノ (Fino) ──54
フィンガー (Finger) ──247
フェルネット・プレソラーナ (Fernet-Presolana) ──161
フォーティファイド・ワイン (Fortified wine) ──53
フォル・ブランシュ (Folle Blanche) ──119、120、127
複発酵──40
プース・カフェ (Pousse-Café) ──240、315
プチット・シャンパーニュ (Petite Champangne) ──124
プッシーフット (Poussyfoot) ──316
ブドウ (Grape) ──194
ブラック・ベルベット (Black Velvet) ──267
ブラック・ルシアン (Black Russian) ──267
ブランク・レイン (Black Rain) ──266
ブラッディ・ブル (Bloody Bull) ──268
ブラッディ・メアリー (Bloody Mary) ──269
ブラッドハウンド (Bloodhound) ──268
フラッペ (Frappé) ──241
フランケン (Franken) ──62
フランジェリコ・リキュール (Frangelico Liqueur) ──167
フランスのワイン──55
ブランデー (Brandy) ──118
ブランデー・エッグノッグ (Brandy Eggnog) ──272
ブランデー・グラス (Brandy Glass) ──218
ブランデウィン (Brandewijn) ──119

プリオラート (Priorato) ——64
フリップ (Flip) ——241
ブリティッシュ・プルーフ (British Proof) ——43
プリンセス・メリー (Princess Mary) ——262
ブルゴーニュ (Bourgogne) ——57
ブル・ショット (Bull Shot) ——273
フルーツ・ブランデー——132
ブルネッロ・ディ・モンタルチーノ (Brunello di Montalcino) ——63
ブルー・ハワイ (Blue Hawaii) ——270
プルーフ (Proof) ——43
ブルーベリー (Blueberry) ——196
ブルー・ムーン (Blue Moon) ——271
ブルー・ラグーン (Blue Lagoon) ——270
ブルー・ラグーン・ハイボール (Blue Lagoon Highball) ——270
フレーヴァード・シロップ (Flavored Syrup) ——201
フレーヴァード・ジン (Flavored Gin) —— 138
フレーヴァード・ワイン (Flavored wine) ——54
フレーヴァリング・ウイスキー (Flavoring Whisky) ——115
プレスビテリアン (Presbyterian) ——316
プレディカーツヴァイン (Prädikatswein) ——61
ブレーブ・ブル (Brave Bull) ——272
ブレンダー (Blender) ——210
フレンチ・コネクション (French Connection) ——282
フレンチ75 (French 75) ——282
フレンチ・ブランデー (French Brandy) ——128
ブレンデッド・ウイスキー (Blended Whisky) ——96、106、114
ブレンド (Blend) ——234、244
プロヴァンス (Provence) ——59
フローズン・ダイキリ (Frozen Daiquiri) ——284
フローズン・バナナ・ダイキリ (Frozen Banana Daiquiri) ——283
フローズン・ブルー・マルガリータ (Frozen Blue Margarita) ——283
ブロック・オブ・アイス (Block of Ice) ——202
フロート (Float) ——247
フロリダ (Florida) ——281

ブロンクス (Bronx) ——273
ブロンクス・ゴールド (Bronx Gold) ——273
ブロンクス・シルバー (Bronx Silver) ——273
粉糖 (パウダー・シュガー) ——200
ベース・ウイスキー (Base Whisky) ——115、116
ベイ・ブリーズ (Bay Breeze) ——323
ベイリーズ・オリジナル・アイリッシュ・クリーム (Bailey's Original Irish Cream) ——167
ペストル (Pestle) ——213
ベネディクティンD.O.M. (Bénédictine) ——158
ペネデス (Penedès) ——64
ペパーミント (Peppermint) ——160
ヘビー・ラム ——143
ペールエール ——77
ペルノ (Pernod) —— 159
ベルモット (Vermouth) ——54
ベルモット・アンド・カシス (Vermouth & Cassis) ——333
ベルモット・スプレー (Vermouth Spray) ——303
ベルモット・リンス (Vermouth Rinse) ——303
ヘレス ——64、77
ベーレンアウスレーゼ (Beerenauslese) ——61
ポアラー (Pourer) ——213
黄酒 (ホアンチュウ) ——85
ホグスヘッド (Hogshead) ——94
ボジョレー (Beaujolais) ——58
ホーセズ・ネック (Horse's Neck) ——241、293
ポーター ——78
ホット・ウイスキー・トデー (Hot Whisky Toddy) ——294
ポット・スチル (Pot Still) ——93
ホット・ドリンク (Hot Drinks) ——237
ホット・バタード・ラム (Hot Buttered Rum) ——294
ホップ ——73
ポート (Porto) ——54、64
ボトルド・イン・ボンド (Bottled in Bond) ——112
ボヘミアン・クリスタル・グラス ——216

ボーム・ド・ヴニーズ（Beaumes de Venise）――59
ポムロール（Pomerol）――57
ポーラー・ショート・カット（Polar Short Cut）――315
ポーランド・ウオツカ――141
ホール・イン・ワン（Hole in One）――293
ボルドー（Bordeaux）――56
ポルトガルのワイン――64
ボルドリ（Borderies）――124
ホワイト・ラム――143
ホワイト・ルシアン（White Russian）――267
ホワイト・レディ（White Lady）――265、335
本醸造酒――83
ホンダリビア（Hondarribia）――311
ポンピエ（Pompier）――333
ボンボンヌ（Bombomme、Bonbonne）――122

＜マ行＞

マイアミ（Maiami）――305
マイクロ・ディスティラリー――116
マイ・タイ（Mai-Tai）――301
マインド・イレーザー（Mind Eraser）――267
マコネー（Mâconnais）――58
マスカット・ベリーA（Muscat Bailey A）――49
マセラシオン・カルボニーク（Maceration Carbonique）――52
マタドール（Matador）――303
マティーニ（Martini）――303
マティーニ・タイム（Martini Thyme）――261
マデイラ（Madeira）――54、64
マドラー（Muddler）――213
マラガ・ミスト（Malaga Mist）――231
マラスキーノ（Maraschino）――164
マリブ（Malibu）――166

マリブ・ビーチ (Malibu Beach) —— 301
マルガリータ (Margarita) —— 302
マルサラ (Marsala) —— 54、63
マルティニク (Martinique) —— 144
マルティーニ・ビター (Martini Bitter) —— 161
マンゴ (Mango) —— 191
マンハッタン (Manhattan) —— 302
ミキシング・グラス (Mixing Glass) —— 208
ミクスト・ドリンク (Mixed Drink) —— 224
ミスト (Mist) —— 241
ミディアム・ラム —— 143
ミード (Mead) —— 85
ミドリ (Midori) —— 165
南アフリカのワイン —— 68
ミネラル・ウォーター (Mineral Water) —— 171
ミモザ (Mimosa) —— 306
ミリオン・ダラー (Million Dollar) —— 305
ミント (Mint) —— 185
ミント・ジュレップ (Mint Julep) —— 307
ミント・フラッペ (Mint Frappé) —— 306
麦焼酎 —— 154
麦茶 —— 182
ムーン・シャイナー —— 110
メキシカン・ミュール (Mexican Mule) —— 280
メジャー・カップ (Measure Cup) —— 209、234
メドック (Médoc) —— 56
メトロポリタン (Metropolitan) —— 304
メルロ (Merlot) —— 49
メロン (Melon) —— 193
メロン・ウォーターメロン (Melon Watermelon) —— 166
メロンボール (Melonball) —— 304
モスコー・ミュール (Moscow Mule) —— 308
モーゼル (Mosel) —— 61
モーツアルト・チョコレート・クリーム・リキュール

（Mozart Chocolate Cream Liqueur）——168
モッキンバード（Mockingbird）——307
モニュマン・ブルー——38、71
モヒート（Mojito）——308
モモ（Peach）——198
モラセス（Molasses）——143
モルト・ウイスキー（Malt Whisky）——91、102
モンバジャック（Monbazillac）——60

＜ヤ行＞

野菜飲料——183
山廃づくり——83
雪国（Yukiguni）——337
ユニ・ブラン（Ugni blanc）——119、124
容量％——43
ヨコハマ（Yokohama）——336
吉野（Yoshino）——336

＜ラ行＞

ライト・ウイスキー（Light Whisky）——114
ライト・ピルスナー・ビール——77
ライト・ラム——143
ライム（Lime）——189
ライム・ストーン——112
ラインガウ（Rheingau）——61
ラインヘッセン（Rheinhessen）——62
ラウド・スピリッツ——91
ラガー——76
ラスティ・ネール（Rusty Nail）——320
ラズベリー（Raspberry）——196

ラム (Rum) —— 141

ラムネ (Lemonade) —— 176

ラモス・ジン・フィズ (Ramos Gin Fizz) —— 288

ラングドック (Languedoc) —— 60

ランバリオン (Rumbullion) —— 142

ランビック —— 79

ランプ・オブ・アイス (Lump of Ice) —— 202

ランブルスコ (Lambrusco) —— 63

リアス・バイシャス (Rias Baixas) —— 64

リオハ (Rioja) —— 64

リカール (Ricard) —— 159

リキュール (Liqueur) —— 33、155

リキュール・グラス (Liqueur Glass) —— 218

リースリング (Riesling) —— 50

リーチ・イン冷蔵ショーケース —— 206

リッキー (Rickey) —— 241

リニエ・アクアビット (Linie Aquavit) —— 148

リープフラウミルヒ (Liebfraumilch) —— 62

リムーザン (Limousin) —— 122

リモンチェッロ (Limoncello) —— 164

竜舌蘭 —— 145

緑茶 —— 181

リンゴ (Apple) —— 197

ルシアン (Russian) —— 320

ルーション (Roussillon) —— 60

レオナルド (Leonard) —— 300

レッド・アイ (Red Eye) —— 317

レッド・ヴァイキング (Red Viking) —— 318

レッド・バード (Red Bird) —— 317

レッド・ライオン (Red Lion) —— 318

レポサド (Reposado) —— 146

レモネード (Lemonade) —— 176

レモン (Lemon) —— 189

錬金術 —— 39、86

連続式蒸留機——42
ロシアン・ウオツカ——140
ロゼ・ワイン（Rosé wine）——52
ローゼン・リケール（Rosen Likör）——161
ロック・グラス（Rock Glass）——217
ロッシーニ（Rossini）——300
ロードランナー（Road Runner）——319
ロバート・スタイン（Robert Stein）——87
ロブ・ロイ（Rob Roy）——319
ローランド・モルト（Lowland Malt）——103
ロワール（Loire）——58
ロング・アイランド・アイス・ティ（Long Island Iced Tea）——300
ロング・スプーン（Long Spoon）——213
ロング・ドリンク——237

＜ワ行＞

ワイン（Wine）——47
ワイン・グラス（Wine Glass）——70、218
ワイン・ディスペンサー——206
ワニンクス・アドヴォカート（Warninks Advocaat）——168

主要参考図書一覧(出版年度順)

Cocktail How to Mix Them・・・・・・・・・・・・Robert of the Embassy Club,London
The U.K.B.G.Guide to Drinks・・・・・・・・・・・・・・・・・・・・・・・・・・・・・・・・・・・・London,1965
Grossman's Guide to Wine,Spirits and Beers・・Harold J.Grossman,New York,1977
The Penguin Book of Sprits and Liqueures・・・Pamela Vandyke Price,London,1979
The Bartender Cocktail Book・・・James Macquade,Marilyn Harvey,New York,1984
The Savoy Cocktail Book・・・・・・・・・・・・・・・・・・・The Savoy Hotel Ltd,London,1988
Harry's ABC of Mixing Cocktails・・・・・・・・・・・・・・・・・・・・・・・・・・・・・・・・・Paris,1989
The New International Guide to Drinks・・・・・・・・・・・・・・・・・・・・・・・London,1989
Tropical Bar Book・・・・・・・・・・・・・・・・・・・・・・・・・・・・Charles Schumann,New York,1989
The Bartender's Bible・・・・・・・・・・・・・・・・・・・・・・・・・・・・Gray Regan,New York,1991
Guide to Cognac & Other Brandies・・・・・・・・・・・・・・・・・Nicholas Faith,London,1992
The Bartender's Companion・・・・・・・・・・・・・・・Robert Plotkin,Toucson,Arizona,1993
The Complete Book of Drinks・・・・・・・・・・・・・・・・Anthony Dias Blue,New York,1993
Mr.Boston Official Bartender's and Party Guide
　　　　　　　　　　・・・・・・・・・・・・・・・・・Mr.Boston Distiller Corp,New York,1994
The New York Bartender's Guide・・・・・・・・・・・・・・・・Sally Ann Berk,New York,1994
Bar & Cocktail Companion・・・・・・・・・・・・・・・・・・・・・・・Michael Jackson's,London,1995
Vintage Cocktails・・・・・・・・・・Susan Waggoner and Robert Markel,New York,1999
Champagne Cocktails・・・・・・・・・・・・・・・A.Miller,J.Brown,D.Gatterdam,New York,1999
Il Dizionario del Cocktails
　　　　　　　・・・・・・・・・・Associazioni Italiana Barmaen e Sostenitori,Mirano,2001
Cocktails Idées Laurent Greco・・・・・・・・・・・・・・・・・・・・・・・・・・・・・・Bordeaux,2003
Larousse Cocktails・・・・・・・・・・・・・・・・・・・・・・・・・・Fernando Castellon,London,2005

酒場の時代・・・・・・・・・・・・・・・・・・・・・・・・・・・・常磐新平、サントリー博物館文庫、1981
酒場の文化史・・・・・・・・・・・・・・・・・・・・・・・・・・・海野弘、サントリー博物館文庫、1983
カクテル・コレクション・・・・・・・・・・・・・・・・・・・・・・・・・・オキ・シロー、ナツメ社、1988
上田和男のカクテルノート・・・・・・・・・・・・・・・・・・・・・・・・・上田和男、柴田書店、1989
ザ・サントリー・カクテル・ブック・・・・・・・・・・・・・・・・・・・・・TBSブリタニカ刊、1990

フルーツカットと盛り合わせのテクニック	天野秀二他、柴田書店、1992
カクテルズ	福西英三、ナツメ社、1994
新版NBA Official Cocktail Book	NBA編、柴田書店、1994
ミネラルウォーター・ガイドブック	早川光、新潮社、1994
酒の科学	吉澤淑、朝倉書店、1995
新版バーテンダーズ・マニュアル	福西英三監修、柴田書店、1995
リキュールブック	福西英三、柴田書店、1997
リキュールの世界	福西英三、河出書房新社、2000
樽とオークに魅せられて	加藤定彦、TBSブリタニカ、2000
泡盛大全	主婦の友編、主婦の友社、2000
焼酎王国	金羊社編、金羊社、2000
マザーウォーター「酒と水の話」	酒文化研究所編、2003
世界の一流ビール500	マイケル・ジャクソン著、ブルース原田訳、ネコ・パブリッシング、2003
ワインを楽しむ基本大図鑑	辻調理師専門学校、山田健監修、講談社、2007
『洋酒天国』とその時代	小玉武、筑摩書房、2007
世界の名酒事典	講談社刊、2009
ウイスキーの教科書	橋口孝司、新星出版、2009
世界のワイン事典	講談社刊、2010
The Master of Whisky	輿水精一監修、サントリー㈱(非売品)、2010
ウイスキーコニサー資格認定試験教本	スコッチ文化研究所編、2010
ジャパニーズウイスキー	土屋守、茂木健一郎、輿水精一、新潮社、2010
日本ソムリエ協会教本	日本ソムリエ協会編、2010
日本のワイナリーに行こう	石井もと子監修、イカロス出版、2010
新世代日本酒が旨い	かざまりんぺい、角川SSC新書、2010
新版ワインの事典	大塚謙一、山本博、戸塚昭、東條一元、福西英三、柴田書店、2010
Whisky World	ゆめメディア、2011

●監修者
福西 英三（ふくにし えいぞう）
1930年北海道旭川生まれ。24年にわたりサントリースクールで教鞭をとり、校長職を最後に1993年退職。
「カクテルズ」(ナツメ出版)「リキュール・ブック」(柴田書店)などがある。また訳書に「シューマン　バー・ブック」(河出書房新社)などがある。

●著者
花崎 一夫（はなざき かずお）
1949年東京都生まれ。明治大学文学部文学科卒業。
サントリースクール校長を退職後、現在、㈱エスポア特別顧問。
「もっとワインが好きになる」(小学館)「ラルース新カクテル事典」(監訳・メディアプラン同朋舎)「バーテンダーDS」(監修・ニンテンドー)「今宵も大人はバーで癒される」(監修・角川マガジンズ)などがある。

山﨑 正信（やまざき まさのぶ）
1958年高知県生まれ。元サントリースクール講師。現在、飲食業コンサルタント。

江澤 智美（えざわ ともみ）
1972年東京都生まれ。大妻女子短期大学卒業。
スペイン語学留学後、サントリースクールに勤務。現在は講師としてワインやウイスキー、焼酎、カクテル等様々なジャンルのセミナーを全国各地で行なっている。
「ワインの事典」(柴田書店)でスペインワインの執筆。
ワインアドバイザー［(社)日本ソムリエ協会認定］
ウイスキーエキスパート［スコッチ文化研究所認定］
ウイスキーアンバサダー［サントリー酒類㈱認定］

装丁・デザイン／矢内 里（fungus）
表紙・本文扉切り絵／成田一徹
口絵撮影／早川 哲
イラスト／山川直人
編集／長澤麻美

THE BARTENDER'S MANUAL
新バーテンダーズマニュアル

初版発行	2011年10月5日
8版発行	2022年3月10日

著者Ⓒ　福西英三（ふくにし えいぞう）・花崎一夫（はなざき かずお）・
　　　　山﨑正信（やまざき まさのぶ）・江澤智美（えざわ ともみ）

発行者　丸山兼一

発行所　株式会社 柴田書店
　　　　東京都文京区湯島3-26-9　イヤサカビル　〒113-8477
　　　　電話　営業部　03-5816-8282（注文・問合せ）
　　　　　　　書籍編集部　03-5816-8260
　　　　URL https://www.shibatashoten.co.jp

印刷・製本　図書印刷 株式会社

本書収録内容の無断掲載・複写（コピー）・引用・データ配信等の行為は固く禁じます。
乱丁・落丁本はお取替えいたします。

ISBN978-4-388-06129-7
Printed in Japan